삶의 여정 가운데

지은이 남궁선

 엘맨
하나님의 사람을 만들어 가는 ELMAN

삶의 여정 가운데

초판1쇄 2020년 8월 20일

지은이 : 남궁선
펴낸이 : 이규종
펴낸곳 : 엘맨출판사
등록번호 : 제13-1562호(1985. 10. 29.)
등록된곳 : 서울시 마포구 토정로222
          한국출판콘텐츠센터 422-3
전화 : (02) 323-4060, 6401-7004
팩스 : (02) 323-6416
이메일 : elman1985@hanmail.net
www.elman.kr

ISBN : 978-89-5515-657-7 03230

값 15,000 원

삶의 여정 가운데

지은이 남궁선

하나님의 사람을 만들어 가는 ELMAN

목차

Ⅰ. 발간사 - 이광재 교수 (한국열린사이버대학교)

남궁선 교수님의 책에 발간사라는 글을 쓰게 되어 큰 기쁨과 함께 행복하다는 생각이 먼저 듭니다. 오랜 세월 지인으로 머문 덕이겠지요.

30여 년 전에는 어린이들에게 복음을 전하기 위한 사역을 통해 첫 만남이 있었고 그러다 서울한영대학교 사회복지학 박사과정에 입학을 하면서 그 관계성을 더욱 돈독해지지 않았나 싶습니다. 논문지도 교수로의 만남으로 이어졌기 때문입니다.

학부 학생들에게는 단순한 자상한 아버지 같은 교수님으로 기억될 수 있습니다. 그러나 좀 더 오랫동안 지도를 받은 대학원생들에게는 논문의 토씨까지 고쳐주고 인생을 같이 고민하는 자상한 교수님으로 기억되는 것으로 압니다.

30여 년의 세월 동안 한결같이 신실하시고 또한 지성과 인성으로 많은 사람들에게 존경받는 모습을 보면서 나의 인생 멘토로서 닮고자 노력하며 살아왔던 참 스승이셨습니다.

남궁선 교수님은 어떤 직에서나 현명한 지혜로 실질적인 공헌을 하였습니다. 한국상담복지실천학회의 자립기반을 마련하셨고, 대학원장 등을 맡으실 때는 비전의 수립과 실행을 통하여 사회복지 및 연구중심대학으로서의 서울한영대학교 발전에 큰 공헌을 하셨습니다.

이제 37년의 교직 생활을 마무리 하시며 퇴임을 준비하는 교수님의 모습을 보며 '제자로서 무엇으로 은혜를 갚을 수 있을까?'고민하던 중 제자들은 퇴임기념도서를 만들자고 뜻을 모았고 교수님께 강청하여 겨우 허락을 받았습니다.

교수님은 37년간 강단에서 주옥같은 하나님의 말씀을 선포하셨던 설교 원고와 각종 언론에 게제하였던 칼럼과 논문 등 귀한 자료를 기꺼이 내어 주셨습니다.
스승님의 정년퇴임을 기념하기 위하여 제자들이 마음을 모아 책으로 엮어 '삶의 여정 가운데'라는 역작을 탄생시켰습니다.

'실락원'을 쓴 영국 시인 Miiton은 "얼마나 오래 사느냐가 중요한 것이 아니라 얼마나 잘 사느냐가 중요하다"고 했습니다. 감히 말씀드리건데 남궁선 교수님은 인생의 1막을 목사로서 그리고 학자로서 훌륭히 사셨습니다. 이제 퇴임 후 맞이하시는 제2의 인생도 후학들의 본이 되는 색다른 삶을 건강히 영위하시기를 간절히 기도합니다.

마지막으로 '삶의 여정 가운데' 라는 귀한 도서가 나올 수 있도록 뜻을 모아주신 제자들에게 다시 한번 감사드리며 귀한 옥고를 정리해 주신 교수님께 이 책을 바치며 발간사를 마무리합니다.
모든 영광 하나님께 드립니다.

2020년 8월 11일
한국열린사이버대학교 교수 이 광 재 배상

II. 축사 - 오세호 학장 (한영유니온개혁신학교)

　주님의 종으로서의 삶은 정년이란 없는 것 같은데 교수로서의 삶은 정해진 기한동안 최선을 다하고 그 자리를 떠나는 것을 정년퇴임이라 하는 것 같습니다. 오늘 이 자리에 선지학교에서 주님의 생도들을 길러 목회 현장에 이르기까지 노심초사 기도하며 헌신하셨던 낭궁선 교수님께서 이제 그 직책을 내려놓으시고 정년퇴임을 하시게 되어 축하를 드립니다.

　한영의 기둥으로 대학 강단에서부터 총회에 총회장의 막중한 임무를 매끄럽게 감당하시고 이제는 자유롭게 제자들의 현장 목회에 스승으로서 지도편달 하시게 되어 더욱 기쁜 마음입니다. 오늘날까지 한영 선지동산에서에서 총회인준 신학교 제자들까지 마음과 정성을 다해 지도하셨던 헌신을 모두 잊지 않을 것입니다.

　또한 오늘까지 선지학교와 총회 부흥성장을 위해서 부단히 노력하셨고 후학들을 잘 길러내기 위해서 노심초사하셨던 수고들이 오늘 모인 제자들을 통해 더욱 빛나게 될 것으로 믿고 다시 한번 더 감사를 드립니다.

　이제 남은 생애는 자신을 위한 목양을 감당하시길 부탁드립니다. 또한 건강을 잘 관리하시고 가족들과도 멋진 생애가 만들어 지시길 기도하며 축사를 대신하고자 합니다.

　주안에서 늘 강건하시고 평안하시길 기원합니다.

　　　　　　　　　　　　　　　　　　　　　　　　감사합니다.

　　　　　대한예수교장로회(한영) 전 총회장/한영유니온개혁신학교 학장
　　　　　　　　　　　　　　　　　　　　　　오세호 목사

축사 - 차명자 회장 (한국상담복지실천학회)

　　남궁선 교수님의 은퇴 출판기념물인 "삶의 여정 가운데"를 출간하는데 부족한 사람이 축사의 글을 맡게 되어 무한한 영광으로 생각하며 감사를 드립니다.

　　교수님하면 먼저 서번트 리더십과 진정성 리더십이 생각납니다. 매사 당황하지 않으시고 온유함으로 미래의 가능성까지 계산하시며 진리의 바른 틀과 시간 약속을 철저히 지키시며 책임감을 몸소 몸으로 보이시며 '깊은 영성, 이왕이면 자신의 인격은 물론 상대방의 인격도 만들어 주는 명품 인간 리더가 되자' 하시며 전쟁 속에서도 피아노를 칠 수 있는 여유를 심어주며 삶의 용기와 도전을 주며 학생지도와 학교일에 충성하신 분 이렇게 말하고 싶습니다.

　　그리고 이 지면을 통해 평생 교육에 몸담아 후진들 양성에 열과 성을 다해 애쓰신 교수님께 이 세상에서 가장 아름다운 언어로 존경을 드립니다.

　　은퇴는 과정을 마치는 것이 아니라 새로운 시작이라는 의미 있는 말을 들은 적이 있습니다. 마찬가지로 교수님의 은퇴식은 인생의 끝이 아니라 새로운 일의 출발점이 되었으면 하는 바램입니다. 다만 예전과 다르게 사시기를 기대해본다면 지금부터는 지난날의 인생을 돌아보시며 전통과 위기와 시대의 변화를 잘 연결하셔서 자신도 중요하게 현재를 즐기시는 삶이 되셔서 남은 날들이 여전히 향기를 남기시는 보람과 가치로 채워지시기를 바라며 늘 평안과 행복이 가득 차시기를 바랍니다.

2020년 8월 11일

한국상담복지실천학회 학회장 차명자

Ⅲ. 서문(序文) - 남궁선

삶은 사람인 듯합니다.

오래전 워드로 사람을 치다 오류로 발견한 단어가 '삶'이었습니다.

이 세상에 사는 모든 사람들은 '삶'의 한 가운데서 나름대로 최선의 삶을 살고 있습니다. 각양 다른 직업, 다른 마음, 다른 모습으로 말입니다.

좋아하는 사람을 짝사랑하기도 하며, 그 짝사랑이 드러나면 만나지도 못하는 것이 아닌가 하는 소심한 마음에 거두는 마음도 있을 것입니다.

자신이 원하던 직장에 들어가 성취감을 느끼는 사람도 있겠지만 인간관계 속에서 상사, 동료와의 갈등을 이기지 못하고 사임하는 사람도 있을 것입니다. 그래서인지 첫 직장에서의 이직률은 상당히 높다고 합니다. 그리고 직장에 근무하면서 사표를 양복상의 안주머니에 품고 다니지 않는 직장인이 없다고 하는 말이 있습니다.

하긴 최저임금제와 코로나19로 인해 경제적 어려움 속에 알바자리 조차 구하기 어렵게 된 요즘에는 '가슴에 사표를 품고 다닐 수 있는 직장이라도 있으면 좋겠다'며 오히려 부러워하는 청년이 있을지도 모르겠습니다. 이런 일련의 과정을 거쳐 정년퇴임을 하게 되었다는 것은 큰 복일 것입니다.

부족한 자이기에 엄두도 내지 않았던 「교수퇴임기념도서」를 논문제자들의 강청에 의해 원고를 정리하고 발간을 앞두고 서문을 적을 수 있는 것도 큰 의미를 지닐 수 있을 것 같습니다. 작고 부족한 글들입니다. 하지만 짧은 글 속에서 제가 지나온 목사요 교수로 살아온 세월의 족적(足跡)이 드러날 수 있는 글을 선정했습니다.

이 중에서 「靈의 自由」는 군 생활 하던 제게 당시 구원파가 대학가를 중심으로 뿌리를 내리는 때에 함께 신앙생활 하던 후배가 가족이 그곳에 출석한다고 하며 보내준 '양심의 자유'에 답변의 글을 1978년 발간했던 책

내용을 게재한다는 면에서 의미를 더해 주는 것은 아닌가 하는 생각이 듭니다.

책 제목은「삶의 여정 가운데」로 정했습니다. 베이비부머(Baby Boomer)로 태어나 신학을 하여 목사로서, 사회복지학을 전공하여 교수로서 정년퇴직을 앞두고 지나온 시간을 반추해 보면, 그동안 읽어왔던 책, 설교원고, 논문 등 모든 것이 의미가 있기에 소중하다고 느끼며 그 속에 섭리하신 하나님의 은혜를 깨닫게 됩니다.

이 삶의 여정 가운데 작은 자를 부르시고 삶의 목적을 주시며 그 사명을 이루도록 동행하셨던 주님의 은총이 너무나도 큼을 느낍니다. 이 삶의 여정 가운데 함께 하셨던 모든 분들이 소중하신 분들임을 깨달으며 감사의 마음을 전합니다.

그리고 이 기념 책을 발간하도록 강청으로 동기를 마련해 주신 준비위원장 이광재 교수와 모든 준비위원들과 교정을 해준 서울한영대학교 도서관 직원에게도 감사를 드리며 서문에 가름하고자 합니다.

감사합니다.
2020년 7월 23일
학산 연구실에서

Ⅳ. 프롤로그(prologue) - 남궁선

어느 덧 교수정년을 앞두고 원고를 정리하고 있다.

지나온 시간들을 뒤돌아 보건데 영욕의 시간이 없었겠느냐마는 모두 다 소중한 추억으로 남아있는 것을 보면, 나이가 들긴 든 모양이다.

전쟁 직후의 세대여서 지금은 우리세대(1955년~1963년생)를 베이비부머(Baby boomer)라고 멋있게 부르고 있어도 꿈을 꾸기도 힘든, 아니 어쩌면 꿈이 무엇인지도 모르고 부모님 보호아래 그렇게 살면 되는 것인 줄 알았던 그 시절이었다. 그렇기에 동남아 지역으로 선교여행을 갔을 때 느끼는 그 감정은 동행했던 젊은이들과는 달랐던 것을 기억한다. 펼쳐지는 그 풍경은 바로 우리가 어렸을 때 가졌던 익숙한 환경이었기 때문이다. 아마도 1974년도에 한국민속촌이 생겼을 때, 일본인 관광객이 많이들 찾아왔다. 그 이유야 다양했겠지만 '자기들이 지배했던 한국에 대한 향수를 느끼는 것'이라는 글을 보면서 참 씁쓸했던 적이 있었다. 하지만 우리나라가 경제적 부흥을 이루고 찾아가는 제3국에 대해 재단(裁斷)하며 우리조차 가난했던 그 시절을 향수로 느끼고 있는 것은 아닌가 하는 생각이 드는 언행들을 통해 과거를 추억하며 오늘의 잣대로 그들에 대해 오만한 것은 아닌가 하는 생각에 미안한 마음이 들며 몸가짐을 더욱 조심 하려하곤 했었다.

원고를 정리하며 삶의 여정 속에서 관계를 맺은 부분이 꽤 많았다는 점을 알게 되었다. 그저 단순하게 서울한영대학교를 중심으로 살아왔다고 생각했었는데, 그 사이 사이마다 굴곡이 있었고 애환이 있었던 것이다. 한영신학대학교(전신)를 졸업하고 신학대학교회에서 전도사 사역을 하며 결혼하고, 1982년 각종학교였던 신학교에서 근무를 시작하며 상급학교 진학 학력인정 신학교를 거쳐 1997년 정규대학으로 승급하는 과정 속에서 겪은 일들이 다 추억의 한 장면으로 이어진 것이다. 누구나 삶의 여정이 쉬운 때가 있었겠느냐마는 그 때는 꿈을 꾸며 일을 하였기에 힘들고 어려움을 느끼지 못한 것은 아닌가 싶기도 하다(아니다. 추억이 아름다운 것은 힘든 여정을 반증하는 것이리라).

이젠 교수로서 정년을 앞두고 있는 내게 질문을 던지곤 한다.

질문의 요지는 정년퇴임 후 '뭐 하실거냐?' '요즘은 어떠시냐?' '이젠 홀가분하시겠다.'라는 내용이 주를 이룬다. '뭘 해야 할까?'. 퇴직 후 몇 개월은 그냥 쉬고 싶어 아는 지인들에게 선교지에서 1개월, 과수원을 하시는 분에게 1개월을 가 있겠다고 말하고 승인을 얻었었는데 꼭 뭘 해야 할 것 같은 마음에 부담이 든다. '요즘은 어떨까?' 퇴직을 1년 정도 앞두고 무수한 계획들을 세우고 수정하고 정정하며 무슨 일을 해야만 하는 것 같은 부담이 있었으나, 나의 욕심은 아닌가? 하나님의 뜻은 무엇일까? 를 곱씹고 되뇌면서 얻은 결과는 광야에서 불기둥과 구름기둥이 움직일 때 움직이면 되고 움직이지 않으면 움직이지 않는 것이 순종이건만, 꼭 무엇인가를 해야만 하나님의 일을 하는 것이란 생각은 자만이라는 생각에 회개를 하였었다. 이럴 때, 퇴직할 때가 되면 알려달라는 전화가 오기에 '아 이런 방법도 있었구나.' 하는 생각이 들며 미래의 계획은 하나님께 있다는 사실을 인정하였던 적이 있다. 물론 현재는 코로나19로 인해 해외 목회의 길은 담보 상태가 되긴 했지만 목양지를 알아봐 주겠다는 지인도 있으니 일의 결과는 하나님께 있음을 인정하며 기다림의 인내가 필요한 듯하다(잠언16:9 '사람이 마음으로 자기의 길을 계획할지라도 그의 걸음을 인도하시는 이는 여호와시니라').

이 프롤로그를 쓰면서 내 자신이 '은퇴'라는 단어를 쓰지 않고 있음을 느낀다. 아마 이것은 하나님의 소명과 사명에 대해서는 마음의 문을 열어두고 있는 것이 아닌가 싶다.

V.

「靈의 自由」

(1977.10.)

「靈의 自由」 - 남궁선

권목사-경북 노회에서는 목사안수 사실이 없다고 하는데 자신의 주장에 따르면 목사안수 사실이 있다 하여(이 글을 씀은 오직 신앙의 오류만을 지적하고자 함이기에 그의 인격적 문제를 손상치 않기 위해) 그 자신의 주장대로 부르겠다. -에 대한 첫 소식을 들은 지 꽤 오래된다.

그 뒤 "기독신보"사에서 연재했던 관련 기사를 읽었고 그 후에 책으로 나온 것을 읽는 기회도 가졌으나 이것은 나에게 하나의 스침에 불과하였다.

그러나 군에 입대한 지도 벌써 2년이 가까워지는 오늘에 이 글을 쓰지 않으면 안되는 사건이 나의 주위에서 일기 시작한 것이다.

그것은 다름이 아닌 신앙의 형제들이 그 집회에 참석한다는 소식을 편지로 전해들은 지 벌써 1년 6개월이 되었다. 소식을 듣고 이들이 다시 동심케 -웨슬레적 동심의 용어가 아닌 오직 지금 그들이 참석하고 있는 집회에서 다시 현재의 교회로 돌아오는-되기를 원했으나 그들에게 권면하는 사람이 없었고 버려진 탕자처럼 제 발로 돌아오거나 말거나 하는 무관심 상태에 놓여 있음을 보고는 심히 영의 슬픔을 느끼는 생활을 해야만 했었다. 이러고 있을 때 이들로부터 권목사 저서의 "양심의 해방"이라는 소책자가 나에게 등기로 날아 들었을 때 나의 생각은 두 가지였다.

첫째- 이 책을 읽고 형도-(그들이 나를 호칭하는 말이다.) 자기처럼 양심의 자유를 얻기 바란다는 것과, 둘째- 자신의 신앙의 노선을 잘 변호해 주고 있는 글이니 읽어 주기 바란다는 것이다. 그러나 나는 이 글을 읽고 그들의 결정이 신앙의 진취적 같으나 퇴보적인 슬픈 일임을 알아 이제는 이런 일이 나와 주위에서 일어나지 않게 되기를 바라는 마음이 간절해짐을 느꼈다

이 간절함이 모아져 군인에게 있어 가장 중요한 시간이랄 수 있는 취침 시간을 이용하여 이 작은 글을 기록하였다.

　나는 이 여백을 답변서로 기록하면서 간절히 느끼는 것은, 답도 중요하지만 이제 내 주위의 신앙인들에게서 또 다른 비애 갖기를 원치 않는 것이었다.

　이 원치 않음이 나로 하여금 군 생활을 통해 이 글을 쓰게 하는가 보다... (주님 지혜의 영으로 도우소서 " 단순한 글이나마 돌들의 외침처럼(눅 19:40) 하나님의 진리를 기록케 하옵소서...

주후 1977년 10월

서 론

내가 이 글을 기록하지 않으면 안되게 되는 심적 상태에 이르게 된 과정
은 다음과 같다.

첫째 –꽤 오래된 일이다. 본인이 주일학교 교사직을 맡아 봉사하고 있을
때 초등부 2학년의 여자 어린이로부터 이사야서 1장 10절에서 17절의 말
씀이 정확한 뜻이 무엇이냐는 질문이 주어졌었다. 하나님께서 '현대교회의
예배를 받지 않으시며 (현대교회의) 헌금 같은 것은 가증스러운 것이니 하
지 말라'고 하는데 어떻게 된 것이냐고 눈물을 글썽이며 말하는 것이 아닌
가, 나는 놀라움을 금치 못했다. 왜냐하면 하나의 새로운 메시지가 인간에
게 주어졌든지 아니면 이단의 전형적 수단과 방불 하기에...

둘째– 이것은 오히려 첫 번째보다 먼저 진행되어 있던 것이다 그러나 본
인에게 들어온 두 번째의 말이므로 둘째로 적는다. 교육전도사로 수고하
시던 이전도사께 주일학교 교사로 함께 수고하던 분으로부터 편지가 인편
을 통해 온 것이다. 오랫동안 신앙생활을 함께 해왔으므로 그분의 성품과
됨됨이를 잘 알고 있고 성경의 성취를 순순히 믿으며 교회를 무척 아끼며
현 교사의 믿음의 행함 없음에 비감을 갖던 중 그 집회의 –이하 집회라 칭
한다. –"오직 구원과 교회의 부패성" 지적에 동감케 되어 참석하여 교사
에 대해 꽤나 공격적이 되고만 사람의 기록이다

현 목사와 기독교인들이 각성해야할 문제점들이 꽤 적나라하게 전개되
고 있는 것으로 기억된다. 그 기록자 자신은 교회를 비판하되 불신자적 입
장에서 기록한 것이 아니고 오직 신자의 입장에서 사실 그대로를 직시하던
그 예리한 관찰을 정확 단순한 필체로 엮는 것이기 때문이다

나는 이 글을 읽고 그분의 영혼을 위해 많은 기도를 했으며, 그리고 많

은 신도들의 귀감을 살 수 있는 그 공격성의 타당성을 인정은 하지만 구원받은 신도의 교회 떠남의 부당성을 지적하는 글을 신학적 및 학적인 것은 아니나 오직 심적인 안타까움을 기록한 것이 새삼스레 생각된다.

셋째 - 본인이 그 집회에 참석했던 기록이다.

현재 신흥종교 문제를 연구하는 곳이 몇 군데 있어 매우 눈부신 활동을 하고 있는 것으로 안다. 그러나 내가 종교문제 연구소를 이곳에 비친 이유는 우리의 선입관이 그들이 이단적집회에 참석하는 것은 "당연한 것"으로 통념되지만 일단 평신도가 참석하는 것은 그들의 물이 듦과 같이 생각해서이다.

말씀을 정경으로 삼고 있을 때 이단적 설명은 결코 침투치 못하는 것이다. 비록 자신이 속해있는 존경하는 목사님의 설교에서 나온다 해도 나 자신도 교회에 의해 이단으로 정죄된 집회에 참석하는 것이 무척 꺼림직 했으나 자신의 누나를 위해 어떻게 말해야 좋을지 모르니 참석하여 듣고 조언을 부탁한다는 간곡한 청을 받고 M대학 강당에서 집회할 때 첫 번째 참석해보았다. 그날의 강해는 사53장이었다. 정시보다 꽤 늦게 시작되었는데 나는 의자에 착석한 후 기도했다

"주님 무식에서 나온 판단보다 앞에서 바른 견해를 갖게 하소서 말씀의 확실한 기반 속에서 이단적 설명은 침투치 못하게 하소서"

이것은 예수께서 습관에 의해 기도하러 가신 것과 같은 교회에서만 순수하게 신앙이 성장한 나에게는 당연한 것이었는데 그들에게서 준비기도가 없음을 보고 나는 의아하게 생각했었다. 여기에 대한 의문은 휴가 때 그들의 집회에 두 번째로 참석했을 때 어렴풋이나마 풀어졌다. 이때는 "양심의 해방"의 소책자를 우송해준 P가 "듣기 전에 논하지 말자"는 뜻의 말을 듣고 참석했을 때 목사의 부인에게 그 집회에 참석했던 한 청년이 '왜 준비기도가 없는가?'라고 묻자 대답하길 "예수께서 십자가상에서 다 이루었다고 하였는데 이는 우리의 모든 것을 이루셨다는 것이므로 기도도 이미 다 하

신 것이다"라는 말을 듣고 그들의 기도 없음–내면적 기도가 있다고 주장은 하겠지만–을 이해했다. 그날도 준비 기도를 함으로 그 집단으로부터 이방인의 행동을 보였다는 것을 느껴보기도 했다.

그들의 집회에 두 번 참석했던 것만으로 집단을 평한다는 것은 무리일 것이다.

그러나 신흥종교 문제 연구소의 입장에서 보는 일방 통행적 사고방식도 아니며, 비평의식에서 바라본 것도 아니라 오직 나의 가장 사랑하는 신우들이 그 집단에 직접 접하게 되어 과연 그가 주장하는 대로의 성경적 집단인가? 아니면 교계에 선망을 품고 성경에는 이런데 하는 자기 사고방식적 주의에서 나온 것인가를 알고자하는 자세로 임했다는 것이 중요할 것이다.

넷째–지금은 총신을 졸업하고 수원 모처에서 조용히 교회에 여념이 없는 Y전도사가 본인이 섬기는 교회에서 학생회. 주일학교를 위해 수고하고 있을 때 발생된 일이다. 학생회의 하기수양회가 00기도원에서 있게 되어 본인은 특강을 할당 받아 참석케 되었다. 이때 주강사로 초빙되어 온 전도사는 본 교회 전도사의 1년 선배가 되는 분이었는데 첫날 저녁부터 교회 부패성과 부조리성을 신랄하게 지적하여 학생들의 신앙에 얼마만큼 도움이 되겠는가?는 의문을 자아내었지만 다 계획된 원고에 의해 나온 것이려니 하며 마음을 안정시키고 있었다. 그러나 계속하여 교회의 무용성–하나님께서 현대교회의 예배는 받지 않으시니–을 강조하며 무교회주의적 사고방식을 주입하고 성령에 대한 설교가 무척 모순됨이 발견되기 시작했다. 그럼으로써 급기야는 서로 신앙사상을 검토하는 밤샘의 토론이 된 적이 있었다. 여기서 평신도가 목회자를 판단하는 것이 가당치 않다고 배워온 우리로서는 결국 이상하다고만 결론 내렸고, 그 전도사는 하산해서는 이일이 없었던 것처럼 거론치 말아달라는 간곡한 부탁으로 잊고 있었는데, 그 전도사가 집회에 집사들을 동반 하여 나갔으며 계속 참여할 것을 종용하여 치리 받았다는 소식을 듣고는 왜 그가 하산하여서도 인연을 끊지 않았는가

하는 아쉬움으로 가득 찼던 적이 있었다.

　다섯째- 나의 군 입대, 그리고 연락되는 편지 속에 신앙의 친구들 몇 명이 교회 나오기를 끊었다는 소식이 들려왔다. 대화의 단절, 그것은 무척 나를 영적 갈등을 불러 일으켰고 안정치못하게 했다. 또 나중의 편지에는 그들이 무교회주의를 주장하는 교회에 나가고 있다는 소식이 들려왔다. 그로인해 본인은 그들을 만나기를 무척 원하고 있었고 그 기회가 오자 서울에 도착한 시간이 꽤 늦었지만 그의 집을 찾아갔고 같이 교회 다닐 때 전도하며 또 예배가 끝난 후 거닐며 신앙 토론 하던 길을 걸으며 최근의 상황을 말한 적이 있다. 그는 자신이 참석하는 곳을 가르쳐 주지 않으며 나는 알려하는 노력이 계속 되었다. 결국 잡히는 예감이 있어 "나는 네가 참석하는 곳을 교회라 칭하지 않겠으며, 그 집회 인도자를 목사라 부르지 않겠다." 고 하자 잠시의 침묵이 흘렀고 그의 입에서 마침 "형도 알았군요." 하는 짧은 말이 나왔다. -위의 나의 말은 평시부터 권목사와 그 집회를 지칭하는 말임을 그들은 알고 있었기 때문이다. 나는 물었다. 침례를 받았냐고... *침례의 부당성을 주장하는 것이 아니라 그들의 집회에서 받았는가의 요지다. 그의 대답은 긍정만을 고개로 가볍게 표했다. 나는 할 말을 잊고 있었다. 왜냐하면 두 명에게서 두 번째 듣는 말이다.

　한명은 침례교로 갔고 이제 이 한명은 이 집회에 참석한다. 둘 다 교회가 살아있지 않음을 개탄하며... 이에 신앙인의 자세가 교리의 정통성을 주장하기만 보다 믿음에 의해 필연적으로 따라야 될 행동의 뒷받침이 있어야 될 것이다. 왜냐하면 우리 신앙인들 자체가 말씀에 의해 사랑을 보이셨고 대속물로 돌아가셨던 부활의 주님에 의해 믿지 않는가 말이다.

　지금까지 본인은 직접적으로 관련 있던 것을 열거해 보았다. 이것은 정말 내게만 관계가 있던 것들이다. 나 자신이 교인의 위치에서 말한다면, 지금 이 시간도 그들 집회에 호기심에 의해, 권유에 의해, '단 한번만'이라는 단서를 가지고 참석하거나 정에 못이겨 계속 참석하고 있는 신자들이 있다는 사실이다.

하와가 호기심으로 선악과를 보았고 계속 이어지는 행동을 취하지 않았던가.

그러나 이보다 더 큰 문제는 이를 방관 내지 무관심으로 돌리고 있는 교회다.

권유가 너무 결여되어 있다. 자기양이 빠져나가고 있어도 모르고 있거나 모른 체한다. 99명의 교인을 바라보고 흐뭇해하면서...

우리가 갖는 호기심이 성경의 신비를 올바르게 추적하는 것인지를 알아보아야 한다. 이것이 없이는 구원의 올바른 판단을 하지 못하기 때문이다.

우리가 온전한지 시험을 해보자, 영에 충만히 젖어서...

1. 신앙과 …

오늘날 교인들에게 있어 다분히 오해되고 있는 말이 있는데 그것은 '믿음'에 대한 교인들의 반응이다. 특히 신흥종교의 교리에 있어서는 더욱 그러하다. 즉, 믿음이 생기는 즉시 인간의 기본적 고뇌가 종지부를 찍게 된다는 생각이 그것이다.

왜 이것이 모순이 되느냐 하면 아담과 이브에게서 그 유형을 찾을 수 있다.

아담과 이브는 영적으로 자유한 자들이었다. 하나님의 형상대로 창조되어 신도들이 지향하는 그 모든 것이었다 해도 과언은 아닐 것이다 그러나 여기에 '문제의식'이 주어졌다. 이것은 하나님께서 주신 논리와는 전혀 틀린 '제2의 논리'였다.

가장 중요한 생사문제가 달린… ─여기서 호기심 많은 부인과 공동의 운명을 같이 한 남편의 모습을 볼 수 있다. 뱀에 의한 '제2의 윤리'가 이브에게 주어졌을 때 하나님과의 약속에 직접적인 책임이 없어 따 먹었다고도 생각할 수 있지만 또 과연 어느 것이 맞느냐에 대한 갈등이 꽃피게 되었다고도 볼 수 있다 하나님과의 교제가 너무도 확실 했건만 뱀의 교묘한 수단에 인류는 타락의 도가니로 빠지게 된 것이다. 이것은 시험이었다. 이 시험으로 아담은 자기가 원하는 쪽을 택했고 그 선택의 결과를 몸에 겪게 되었으며 전 인류가 따라 가지 않으면 안 될 본보기를 세워 놓았던 것이다. 즉, 악마는 자기 일을 했고 인간은 그의 일에 협조자로 등장하게 된 것이다.

이러한 인간의 조수의 역할은 현재에 이르기까지 매우 바쁘게 유지되어 왔고, 앞으로도 유지되어질 것임에 틀림없다. 또한 하나님의 창조물에 대한 사탄의 걸작인 교묘한 모조품에 얼마나 많은 사람이 아담과 이브처럼 넘어가고 있는지 모르겠다.

"병에는 반드시 치유책이 있다"는 말이 있다. 이 말이 사실이라면 우리는 서둘러 그 치유책을 찾아야 할 것이다.

이 죄에 대한 치유책을 기록한 책은 어느 것인가? 그것은 바로 하나님의 말씀, 즉, 성경이다. 이것은 하나님께서 인간이 알기 원하는 모든 것을 기록한 충분한 것이다.

이사야를 보면 성경은 따로 떨어져 있는 것이 아니라 모두 짝이 있는 것임을 말씀하고 있다. 우리가 신앙생활을 하고 있으면서 이성으로는 상반되는 것 같고, 비진리인 것 같이 보이는 것 모두가 짝을 찾아 볼 때 상호 충돌하지 않고 우리에게 무한한 깊이의 말씀임을 체험케 되는 것이다.

현교회가 입으로는 정통교리를 부르짖고 있으면서 실제적 행동이 없다면 주님께서는 다음과 같이 말씀하고 계심을 알아야 한다.

"저희의 말하는 바는 행하고 지키되, 저희의 행하는 바는 본받지 말고"(마23:3).

우리의 믿음은 베드로의 신앙고백으로 되어야 한다. 즉 혈육이 아닌 하나님께서 알게 한 것으로(마16:17b) 시종 일관되어야 한다. 그러므로 우리의 중심을 절대적 가치 존재에 두고 믿음의 생활을 해야 되겠다. 구원만을 강조하는 곳에서 가장 긴요하게 주장하는 성구는 요5:24의 말씀인데 그들은 이 말씀을 이상적으로 강조하여 히9:27의 "사람에게 한번 죽는 것은 정하신 것"이라는 말씀을 거의 무시하다시피 하여 죽음을 맛보지 않는다고 가르치고 있다. 그러나 주님의 전적 신뢰에서 마음에 갈등이나 고달픔이 있을 수 없겠으나 먹지 않으면 시장기를 느껴야 하고 핍박 속에서는 아픔을 느끼는 것은 당연하듯이 하나님께서 주신 자연적 순리는 우리에게도 이뤄지기 마련이다. 단지 죽음을 기독도들이 기피하지 않는 것은 죽음에 대한 두려움이 사라졌기에 기피하지 않고 정면으로 맞을 자세가 되어 있으며 부활체를 보장 받기에 잠으로 표현하는 것뿐이다.

하나님의 마음에 합한 자라고 까지 인정 되었던 다윗, 그러나 그의 죄, 베드로의 믿음 위에 교회를 세우시겠다고 까지 했건만, 베드로의 예수부정, 부정, 그리고 저주, 그러나 문제는 진실로 눈물 흘리며 회개하는 자리까지 나아갈 수 있느냐 없느냐에 있는 것이 아닐까?

리챠드 빌 박사는 죄를 다섯 가지 단어로 설명하고 있다.

첫째: 불법 즉, 하나님의 법을 어긴 것(약1:14, 15)

둘째: 불의 즉, 옳은 것 의로운 것으로부터 정통(막7:21, 23)

셋째: 정해진 목표에서 빗나가는 것 혹은 미달하는 것, 즉, 그리스도께서 오심은 인간이 지상에서 이룰 수 있는 것이 무엇인가를 보여주고 우리가 그의 본을 따르지 못 할 때 목표를 상실하고 하나님의 목표에 미달하게 됨을 보이게 된다.

넷째: 침범 즉, 하나님 권위의 영역까지 자기의 의지를 투입시키는 것으로 이는 하나님 대신에 자아를 택하는 행위를 말하는 것이다.

다섯째: 불신앙 즉, 하나님의 진실하심에 대한 모독(요일5:10)

"양심의 해방"-(그의 공개장) p.6의 6행에서 "아 참으로 괴롭다. 안믿으면 지옥 갈 것같고 믿자니 힘이 들고 차라리 믿지 않았으면 좋았을 것"하는 상태의 마음은 믿는 것이 아니라고 지적했는데 이것이 하나님의 긍휼까지 잃은 상태라고 보기에는 너무 이른 것이다. 왜냐하면 엘리야 자신도 바알신과의 대결에서 승리한 후 이세벨에게 쫓겼을 때 로뎀나무 아래서 죽음을 구했고(왕상19:4), 공의가 아주 시행되지 못함은 악인이 의인을 에워 쌌으므로 공의가 굽게 행해지고 있는데 왜 구원치 않느냐는 하박국의 호소(합1:2-4)는 지금도 이어지고 있다는 것임을 알아야한다.

사도 바을 자신도 로마서 7:15, 25에서 자신이 원하는 삶을 살지 못한다고 탄식하면서 죄의 흔적을 갖는다고 했다 해서 그 자신이 못믿는 상태에 이른 것이라고 봄은 큰 오해인 것이다 너무 극단적인 변론으로 외침은 삼가는 것이 현명할 것으로 본다.

신앙인들에게 죄에 대한 지난날의 과오가 기억 속에 남아 있어 죄 문제로 신앙 양심에 의한 괴로움을 갖고 그 괴로움을 통해 죄를 더욱 멀리케 되고 기도와 말씀을 통해 신앙이 더욱 성장케 되는 것이다. 결국 위와 같은 탄식을 했던 그 신앙인도 믿음이 장성함에 따라 그와 같은 덕이 못되는 탄식은 멀리할 것이며 그런 상태에 있는 사람들은 자신의 경험을 통해 간증해 줌으로 그 역경을 타개하는 길을 보여주는 역할을 할 것임에 분명하다. 그러므로 신앙인이 겪는 모든 것은 그 자리에 주저앉지 않는 한 성장에 도움을 주는 것에 불과할 뿐이다.

감당치 못할 시험은 허락지 않으시는 하나님 또한 시험 받는 자를 도우시는 주님을 찬양할지어다. 아멘.

2. 하나님은 영이심

"하나님은 영이시니 예배하는 자가 신령과 진정으로 예비할지이니라"(요4:24)

이 말씀은 하나님의 자녀와 하나님께 예배하는 자의 태도에 대해 말씀하고 있다.

이 말씀은 사마리아 여인이 예수님께 질문을 함으로써- 전 인류중 하나님께 경배하려는 자들의 공통된 질문이다. 예배의 대상과 방법에 대한 예수님의 대답이 나오게 된 것이다.

여인의 질문은 무엇인가?

"조상들에게 전래된 바로 예배하는 곳은 사마리아 산이라고 하는데 당신들은- 유대지방민은- 예배하는 곳이 예루살렘이라 하니 어찌된 일입니까?"였다.

곧, 예배하는 장소 즉 외형적 문제를 확실히 정하여 달라고 하소연한 것이다.

그러나 예수님께서는 이 산도 아니며, 예루살렘도 아닌 신령과 진정으로 예배하라고 내형적인 면을 강조하심을 볼 수 있다. 이는 주의 이름으로 두세 사람이 모인 곳 그 자체가 예배의 장소가 됨을 말씀하신 것임을 알 수 있다.

"양심의 해방" 저자는 육이 영이신 하나님을 어떻게 찬양할 수 있겠느냐고 질문을 제기하고 있는데 이처럼 철학 문제처럼 생각의 발전을 통한 사고는 할 필요가 없는 것 같다. 왜냐하면 신약시대 2,000년을 통해 계승적으로 내려오는 정통적 예배 방식에 의해 하나님을 기쁘시게 한 자들은 부지기수기 때문이다. 또한 현 교인들이 인간의 생각, 즉 자기 육신에서 흘러

나오는 성향으로 하나님을 섬기지 않고 있으며, 오직 말씀에 기준을 둔 예배를 하고 있기 때문이다. 이 보다 더욱 중요한 것은 하나님께서 인간에게 영이 되라고 강조하심이 아니고 오직 하나님께서 육신을 입고 오셨으니 인간들에게 영이 되기를 강조함은 성경적 모순을 드러내는 것이다.

영이라는 관념은 물질적 실체의 관념을 배제할 뿐만 아니라 무생명적 실체의 관념까지 배제하는 것이다. 즉 하나님은 살아 계시다는 의미인 것이다. 이 영의 정확한 관념은 인격성을 내포하고 있는 것이다. 인간에게 있어서는 인격적과 형상이 이생동안 한 개인에게 연합되어 있으나 하나님께서는 형체 없는 인격이 있는 것이다.

그러면 인격성의 본질은 무엇인가? 그것은 자의식과 자기 결정이다. 여기서 자의식은 의식 이상의 의미이며 여기에는 자기의 감정, 욕구, 사상은 자기 자신에 결부 시키고 있다. 이와 마찬가지로, 자기 결정은 단순한 결정 이상의 의미가 있다.

이것은 동물처럼 기계적 결정이 아닌 자유감정을 지니고 있어 동기와 목적에 비추어 보고 선택하는 것을 말하는 것이다. 이에 벌써 성도들은 하나님께 전인격을 굴복 시키지 않았던가. 영의 생각은 영생과 평안(롬8:5-6)이기에 우리에게는 우상도 필요없고, 인격적으로 불안전한 신 -이는 우리가 사용하는 고무신만큼도 필요성이 없다. -을 섬길 수 없고 섬길 필요조차 느끼지 않는다. 이처럼 말씀에 의한 신앙생활만이 영이 죄에서 자유 곧 구원 얻은 자가 하나님을 올바르게 섬긴 결과에서 출발케 되는 것이다.

3. 하나님의 형상대로

하나님의 창조 계획의 주요성은 자신의 형상대로인 인간을 창조하는데 그 목적이 있었다. 왜냐하면 이들을 통해 영광 받으시기를 원했기 때문이다(사43:29).

인간의 나약성, 즉 보는 것만이 믿을 수 있는 것이라는 개념에 차있어 이 것이 기독교 신앙에 얼마나 큰 장애가 되고 있는지 모른다. 죄인이 하나님과 접하고자 할 때 하나님의 형상대로 하자는 권목사의 의견은 올바른 호소라고 보겠다. 그러나 이에 대한 방법으로 제시된 것이 없고, 있다면 양심의 해방을 부르짖고 있기에 문제점이 있는 것이다. 또 그는 다음의 소견에서 그의 신앙관을 밝히고 있는데 즉, 知,情,意에 대한 개념을 인격의 일부라고 말하며 知, 情, 意를 통한 신앙이 아니라고 말함은 꽤나 모순된다. 왜냐하면 그것은 기독도에 이르는 3단계가 되기 때문이다. 즉, 첫째-자신이 죄인임을 깨닫게 되기에는 죄에 대한 정확한 판단이 있어야 된다. 이는 성경 말씀에서만 그 가능성이 있기 때문에 지적인 요소가 있어야 되는 것이다. 둘째- 자신의 모든 죄를 회개케 되는데 이는 감정적 요소가 포함된다. 여기서는 욕망, 사랑, 경외는 모두 감정에 포함된다. 셋째- 의지이다. 이것은 마치 이성은 복음을 논리라고 한다면 감정은 이성에 압력을 넣으면서 "나는 예수님께 사랑을 느낀다"고 하거나 "나는 심판이 두렵다"고 한다. 이러한 감정이 있게 되면 의지는 예수님께 의지하게 하는 멀리 떨어지게 하는 것이다. 즉, 죄인임을 깨닫기 위해서는 예수님에 대한 사실을 아는 것이다(롬10:17).

올바른 성경의 지식이 없이 파생된 집단은 교주 자신이 예수가 되는 비극배우 역할이 대단케 된다. 예수님께서 죽음을 이겨 영생이 성취되었다고 해서 한번 죽게끔 되어 있는(히9:27) 이치가 변하지는 않는 것이다. 그러므로 구원받기 위해서는 올바른 지식을 가져야 한다. 이지적으로 믿는 신앙은 구원에 이르는 길은 되지 않지만 근본적으로 필요함은 피력하고 싶다. 이 지적인 것을 살리기 위해서는 정적인 요소가 있어 구원의 확신 또는 하나님의 자연을 사랑하심을 알지 못할 것이다. 또한 그가 받았다는 구원은 맹목적이고 냉랭한 투의 "그냥 그렇게 믿어졌어" 밖에는 안된다. 그렇다고 해서 정적으로 흥분하고 있는 상태가 구원받은 상태인가? 결코 그렇지는 않다. 오직 자기로 하여금 믿기만 하면 구원을 얻는다는 확신의 기쁨이 있다면 그것을 실행하는 의지로 지금까지의 자신의 길을 되돌리는 과감한 행동이 필요한 것이다. 지금까지 잘못된 것이 확실하므로 미련이 있을 수 없겠다. 오직 출발은 지금부터 인 것이다. 회심에 따르는 세 가지 요소는 회개와 믿음과 중생이다.

회개를 다른 말로 표현하면 "포기하다"라는 말을 쓰게 된다. 무엇을 포기하는가? 죄가 가장 적합할 것이다. 우리는 죄에 원리를 포기하고 버려야 한다. 또 생활의 죄 까지도 포기해야 한다. 우리는 세상을 육신을 그리고 마귀를 단호히 부인해야 한다.

여기에는 타협이나 흥정이나 주저의 여지가 없다. 그리스도께서는 완전한 포기를 우리에게 요구하고 계시고 우리가 예수님을 사랑한다면 그분이 싫어하는 것은 하지 않을 것이다. 믿음으로 주 앞에 의탁할 때 생활가운데 있는 일체의 죄를 자동적으로 포기할 것이다.

4. 영의 활동

영의 기능은 무엇인가? 영은 하나님의 형상대로 창조된 귀중한 것이다. 이것이 인간의 타락으로, 죄로 오염 되었으며 선을 잃어버리게 되었다. 그러므로 하나님께서 육신을 직접 대함이 아니요 신심을 직접 대하는 것도 아니며 오직 영을 대함으로 처음과 같은 상태로 이루실 것이다. 그러므로 영에 말씀의 빛이 비추었을 때 바로 알게 되고 하나님의 사랑을 깨닫게 되어 전 인격을 주 앞에 굴복케 되는 것이다.

이에 양심은 오직 하나님의 은혜로 영이 자유케 되었을 때 이로써 양심은 본래의 선함을 찾게 되는 것이다. – 이것이 성경에서 선한 마음 혹은 선한 양심으로 실현되고 있다. 이 선해진 신심은 하나님을 향해 찾아가고 외부로 하나님의 온전하심을 나타내 보이게 되는 것이다 그러므로 아담이 선악과를 먹고 오직 하나님을 앙망하며 기쁨과 평안과 감사함으로 가득 찼던 마음이 그 교통이 그치고 공허케 되어 영이 교통치 못하는 고요함은 무한한 두려움과 고통이 되어 엄습해 왔을 것이다.

이후에 그의 기억은 하나님과 교통하던 당시가 그리워졌고 죽음에 대한 확실한 두려움이 그를 괴롭게 했고 왜 먹었느냐는 다툼이 일었고 시기, 괴롬, 미움 불안 등이 일게 되었을 것이다.

이것을 가리려는 인간의 노력이 무화과 잎의 치마로 나타났는데 이는 인류의 종교로 계승되고 있다고 봐도 모순은 아니며, 언젠가는 말라 시들 무화과 잎처럼 이 종교는 예수님 재림시 완전히 무익한 존재로 판단될 것임에 분명하다 왜? 오직 진리에 의한 방법만이 구원을 가능케 하기 때문이다(요8:32).

유명한 작가 가말리엘 브래드포드는 그의 말년에 "나는 신약성경을 읽으면 불안과 의심과 공포의 바람이 불어 닥칠까 하는 두려움과 잘못된 길을 택했다는 데서 오는 후회와 단순하고 평범한 하나님께 대하여 배반자로서 살아 왔다는 두려움 때문에 감히 신약성경을 읽을 수가 없다"고 말했는데 이 얼마나 주님의 속성을 잘못 이해하고 있는 말인가? 또한 성경에서 하나님을 택함으로 죄용서 받은 결신자들과 얼마나 질적으로 다른 표현인가?

"양심의 해방" p.11:18을 보면 "양심의 가책은 영의 더러움"이라고 했는데 이는 하나님은 사랑이나 사랑은 곧 하나님이라는 공식과 같은 것으로써 이는 결코 성립 될 수 없다는 것을 알지 못함에서 나온 소치인 것 같다. 왜냐하면 그는 영의 자유를 얻은 사람이 죄의 기억이 전혀 없다고 주장하는 듯하나, 그 기억이 신앙인에게서 꼭 마이너스가 되기보다는 더욱 더 그 기억으로 인해 하나님을 사랑하는 촉진제가 된다는 것을 모르지는 않을 것이다. 그리고 p.12:23, p.13:12에서 "영 즉 양심"이라는 영=양심이라는 관계를 주장하는데 이는 하나님과 교제를 갖는 것은 양심이 아니고 오직 영이며, 양심은 영이 죄와 무관한 자유를 지니고 있냐에 따라 선함과 악함으로 나타나는 것이다. 그러므로 영과 양심을 동등하게 놓은 것은 잘못된 것이다.

영의 구원은 성결을 가져오고 이 성결은 선한 양심을 회복케 되는 것임을 바로 인식 해야 할 것이다. 진리는 이성과 비추어서 이해되었다 해서 능력이 나타나는 것이 아니라 오직 영에 비추어 죄에서 자유케 되는 계시가 된다. 그러므로 이성으로 이해하려는 습성은 버려야 할 것이다.

5. 송사자와 사화

여기서 '양심의 해방'에서 마5:25의 비유를 인간은 일생을 송사자에 의해 끌려 가는 죄인에 비교한 것은 좋았으나 송사자는 곧 양심으로서 검사의 역할을 담당하고 있다(p. 15:11-12)는 것은 양심이 독립된 법정이 되지 못함을 바로 알지 못한 소치에서 나온 것 같다.

구원받은 자의 양심은 하나님과 교통하는 영의 영향을 받기 때문에 선의 기준이 일정하게 하나님의 판단기준에 있으나 구원받지 못한 자의 양심은 타락된 영에서 파생되기 때문에 결코 그 선이 선으로써 하나님 앞에 기록되지 못하는 것이다.

그러므로 "양심과 사화"라는 말은 이치에 어긋나며 결코 성경적 사상과는 거리가 멂을 밝히고 싶다. 가룟 유다의 괴로움도 양심을 마귀가 풀어놓아 양심의 송사가 있어 자살한 것이 아니고 오직 믿음이 아닌 지식으로만 머물고 있던 옛일이 기억나 지난날의 영적 교제 즐거움의 손실과 외부로는 선생을 등진 인륜적 배반, 주를 판 신앙적 배반임을 알고 마치 아담이 무화과 잎으로 부끄러운 곳을 가린 뒤 인륜적 배반임을 알고 하나님 앞에서 숨은 것같이 가룟 유다는 죽음이라는 잎사귀로 자신의 죄를 가리며 사람들의 눈길을 피하기 위해 죽음을 택하지 않았던가. 가룟 유다가 예수님을 "主"라고 호칭한 적이 없고 오직 "선생"이라고 부른 것을 성경을 통해 알 수 있을 것이다. 그의 신앙적 상태를...

우리가 눈물을 흘렸으니 구원에 이를 것이 아니요 자신의 지난 과오의 죄를 알고 회개하고 보니 주님이 은혜가 자신의 처지로서 너무도 벅찬 은혜이기에 동시적 시간에 눈물흘림이 아닌가? 현 교회 교인의 신앙자세를 너무도 부정적 견해로 봄은 곤란하다. p. 18:6의 "동시에 양심 곧 하나님의

영도 하나님과만 상대하니 영에는 자꾸만 때가 끼는 것입니다" 라고 했는
데 만약 이것이 잘못된 인쇄가 아니라면 무척 큰 모순을 지니고 있다고 보
겠다. 왜냐하면 하나님을 상대하는 영을 크게 분류한다면 자연인의 영과
중생인의 영으로 나눌 수 있는데 이 두 가지의 영이 하나님을 대할 때 생
기는 결과는 첫째- 구원받은 자는 죄를 짓지 않으며, 둘째-구원받지 못
한 자는 그 죄에 대한 괴로움으로 꽉 차 하나님으로부터 도피케 될 것이다.
그리고 성경은 우리의 죄를 송사하는 자는 모세이며, 예수님께서 변호사
의 역할을 하게 됨을 말씀하고 있음을 알아야 한다. 고로 영이 세상을 대
할 때, 때가 끼는 것이지 하나님을 대할 때가 아닌 것이다. 이때는 오직 성
경을 향해 갈 뿐이다.

6. 하나님의 공의

큰 죄는 심판받으나 작은 죄는 자신들의 바쁜 생활 속에서 있듯이 사람들은 하나님 앞에서 심판받지 않을 것이라는 것이 사람들의 보편적인 사고방식인 것 같다.

그러나 구원받은 자들의 생각은 결코 그렇지 아니하다. 사람들의 머리카락을 세신 하나님은 우리의 필요를 아신 하나님을 나타내주기도 하지만 우리의 작은 죄라도 세신바 되신 하나님임을 보여주고 있는 것이다. 그러므로 어찌 우리가 하나님 앞에서 도피할 수 있을까? 시편기자가 고백했듯이 하늘로 올라가도 거기 계시며 음부로 내려간다 할지라도 하나님은 거기에 계실 것임에 분명한데...

하나님의 절대적인 공의가 궁극적으로 완성되는 곳을 우리는 두 가지로 볼 수 있다.

첫째 −긍정적인 면에서의 공의가 완성되는 곳으로 이는 천국이고,

둘째 −부정적인 면에서의 공의가 완성되는 곳으로 이는 지옥으로 볼 수 있다.

"오직 너희를 대하여 오래 참으사 아무도 멸망치 않고 다 회개하기에 이르기를 원하시기" 때문이다(벧후3:9b).

구약이 생활을(긍정적인 삶) 살도록 가르쳤다. 간단한 설명을 붙이자면 구약은 안식 일이 있어 무조건 쉬도록 했지만 신약에 와서 안식일 제도가 주일로 바뀌어 영혼의 구원을 위해 신도들이 얼마나 전도에 힘쓰는가를 성경과 역사와 자신의 경험을 통해 잘 알고 있지 않은가. 하나님께서는 공의로 인간이 이 가르침에 따라 어느 삶을 살았는가에 따라 보응해 주실 것이다.

지옥의 불을 예수께서는 "구더기도 타지 않는 불"이라고 표현했다. 이 불은 육신만을 신으로 삼아 온(빌3:9) 자들에게 육신의 고통으로 갚으실 것이다. 그러므로 권목사의 양심의 불꽃이 타는 그 괴로움은 견딜 수 없을 것(P20:14)이라는 표현과는 걸맞지 않는다. 왜냐하면 멸망 받는 자들은 신심에 화인을 맞아 양심 가책이라고는 조금도 느끼지 못할 구더기 같은 존재이기 때문이다.

7. 선악을 몰랐다면

에덴동산에서 살고 있던 아담은 죄가 없었음에 분명하다. 그의 순결에는 아무런 흠이 없는 존재였다. 온 우주가 그 앞에 놓여있었고 아직 손도 대지 않은 인류의 역사가 발견되기를 기다리는 듯 오직 아담의 손 밑에 한 장의 양파실처럼 펼쳐 있었다. 아담은 바야흐로 인류사의 첫 장을 전 인류를 대표하여 기록할 순간을 당했던 것이다. 미래의 인류가 따라야 할 길을! 왜냐하면 하나님은 이 인간에게 지성과 영혼을 넣어 주시고 그가 보기 좋은 대로 자기의 이성을 활용하고 영혼을 처리할 수 있는 완전한 자유를 주셨다. 그리고 나서 하나님께서는 마치 현명한 부모처럼, 자기의 자녀가 어떤 길을 택하는가를 보기 위하여 기다리고 계심과 같다.

이때의 선조 인간의 상태는 무죄 상태였다. 즉, 이때가 완전한 선의 생활이었다.

선악을 알게 하는 나무의 실과는 하나님의 말씀을 거스려 봄으로써 악한 상태가 무엇인지를 알게 되어 선과 악의 동시에 갖게 됨을 말하고 있는 것이다. 역설적으로 말한다면 당시의 선의 생활을 더욱 감사하므로 받을 수 있음은 악의 맛을 본 후이며 그 후로는 선을 더욱 지키려는 의욕이 있게 되는 것이다. 즉, 인간이 자진해서 죄에 빠졌듯이 이제는 선의 생활을 자진해서 지키게끔 된 것이다.

여기서 우리가 확실히 알아야 되는 것은 양심의 괴로움이 영의 죽음이 아니라는 것이다. 왜냐하면 우리가 양심에 괴로움을 느낄 수 있는 상황을 다음의 두 가지로 생각해볼 수 있다.

첫째- 구원 받은 자의 괴로움. 전일의 죄악에 대해 아픈 기억이 남아있기 때문에 오직 신앙생활의 정진에 도움이 된다. 도움을 준다 해서 계속

죄 짓고 회개하는 생활을 하려는 자들이 있다면 그것은 큰 과오가 된다.

"선을 이루기 위하여 악을 행하자 하지 않겠느냐 저희가 정죄 받는 것이 옳으리라 (롬3:8). 여기서 좋은 요소가 된다는 것은 다시는 지난날의 죄와 같은 것에 실수가 없을 것이며 남들에게 간증함으로 그 길에서 나올 수 있게 권할 수 있기 때문이다. 그러나 더 좋은 것은 죄 짓지 않는 생활이 더 좋을 것임에 분명하다.

둘째- 자연인의 괴로움. 여기서 여러 유형으로 나눌 수 있겠지만 선함을 맛보았던 자연인의 괴로움에 대해 말하고자 한다. 이 괴로움은 결코 구원에 이르지 못한다. 왜냐하면 이것은 전형적인 인간의 후회이지 결코 회개에는 이르지 못하기 때문이다

가룻 유다의 괴로움이 이에 속하지 않는가. 이로 보건대 선을 알기 때문에 영이 죽은 것이 아니고 생사의 괴로움을 갖게 되는 것이다.

8. 종교에의 해방

　종교라는 단어의 정의를 어느 신학서에서 본 기억을 되살려보면, 유일신을 가지고 있고 구원을 주요소로 포함하는 것이어만 한다는 것을 기억해본다.

　진정한 종교는 제각기 구별되는 개성체를 보유하고 있는 인격자들 사이에서만 가능하다. 참된 종교는 신적 존재에 대한 인간이 보내는 경배와 헌신이기 때문이다.

　그러므로 종교의 면모를 갖춘 종교는 불교도 아니며 힌두교도 아니며 더군다나 유교도 아니라는 사실을 간파한 글을 본 적이 있다.

　기독교를 참된 종교의 영역에 둔다면 불교 같은 것은 철학에 속하며 불교를 종교의 범주에 둔다면 기독교는 그 이상의 것에 위치한다는 사실이다. 그러므로 일반적으로 말하는 종교의 영역에서 해방되어 참된 구원이 있는 진리를 믿는 것이 시급할 것이다. "종교에 매이지 않는 그리스도인"을 지은 프릿치 리데나워는 기독도들에게 권하기를 종교의식에 충실한 교회에 얽매이기 보다는 이에서 자유 하여 오직 말씀에 충실 할 것을 권하고 있다. 이렇듯 종교의 의미는 다른 각도에서 사용되기 때문에 이 종교라는 용어에 대해 정의를 들어볼 필요가 있는 것이다.

　이것은 일반 신학자들 사이에 있어서도 논쟁은 분분하다 왜냐하면 처음부터 종교란 용어의 어원이 불확실하기 때문이다. 어거스틴은 인간이 하나님께 대해 귀속한다는 데서 유래를 찾았고 키케로는 계속 반복하다, 계속 재고하다는 뜻에서 찾고 있다. 또한 헨리 위만은 종교를 '달성할 수 없는 가능성에 대한 인간의 예민한 인식과 이 인식에서 우러나오는 행위'로 정의하나 스트롱에게 있어서 종교는 '하나님 안에 있는 하나의 생애, 하나님을 인식하고 하나님과 친교하며 하나님의 내주하시는 성령님의 통치하에 살아가는 생임을 말하고 있어 이 견해에 따르면 종교란 엄격하게 하나뿐인데 그것은 기독교 종교를 지칭하는 것으로 사용되어 자신들이 말하는 종교의 의미에 대한 확실한 의미를 들어 봐야 하는 것이다.

아담에게 인간의 죄를 가릴 수 있는 길은 짐승의 가죽-곧 죽임으로 가능함을 보이신 하나님, 인간들은 자신의 죄를 없애기 위해 짐승을 죽였다. 양심의 가책을 느끼지도 못하며- 뿐임을 하나님은 보이셨다. 이것이 약속이다 이 약속으로 짐승의 피를 흘리는 일은 지속되어 왔으나 근본적인 영의 변화가 인간에게는 없었기에 예수님을 통한 성령의 역사로 가능으로 인도했던 것이다 "진리를 알지니 진리가 너희를 자유케 하리라"(요8:32).

복음의 선포는 진리가 자유케 한다고 했다. 그러나 많은 신자들이 교회 의식에 얽매이고 교리에 얽매이는 사례가 비일비재하다. 그러므로 진리를 사랑하는 자는 종교에 얽매이지 말고 오직 죄에 대해 자유하며 우리의 전인격을 하나님께 굴복해야 되겠다. - 이 말은 무교회주의를 외치는 것이 아니고 오직 진리의 우월성에 대한 글이다. 교회에서 성도의 교제가 중요한 요소 중의 하나임에는 분명하다. 이러한 구원은 지식이 아니라 영혼에 얻어지는 사실이다. 이것은 환상도 육시의 체험도, 추상도 지식도 아닌 것이다.

9. 영에 비치는 빛

    정직한 양심은 영혼의 구원에서만 가능함을 지적했다 진리의 빛이 비치기 전에는 새로워지는 것은 없다. 무디, 피니, 웨슬레, 번연, 칼빈이나 루터 그 외의 많은 믿음의 선배들이 거듭나는 경험을 했다. 이들이 저술한 책을 보면 양심에 진리의 빛이 비쳐서가 아니고 영에 비쳐졌기에 자신들이 죄 됨을 알았고 비로소 선이라는 상극적인 것을 알게 되어 회개케 됐다는 것을 쉽게 알 수 있다. 이러한 후사는 양심 속에서 이루어질 요소가 아닌 오직 영속에서 새로운 피조물로 신생되면 그 영향을 받는 양심은 제 기능을 찾게 되는 것이다.

    검토해보자. 나의 구원은 확실한 것이며 믿는 자의 열매를 맺는 생활을 하고 있는가를.... 요15에 보면 열매 맺지 않는 자는 또 계21:에는 속된 것(깨끗치 못한 것)은 결코 천국에 들어가지 못한다고 했다.

10. 영원한 문제 앞에 자신을 세우자

우리에게 당면한 문제는 꽤 많다. 오늘의 사업, 자녀교육, 의식주문제 등등은 발등에 떨어진 불처럼 우리를 바쁘게 한다.

"혼인잔치에 오소서 하였더니 저희가 돌아보지도 않고 하나는 밭으로 하나는 자기 상업차로 가고..."(마22:4하-5)

초청에 불능한 자들이 진리를 변케 한 역사가 결코 없다. 진리는 언제든지 진리로 남아있기 때문이다. 오직 그들은 잔치자리에서 쫓겨 갈 뿐이다. 하나님 앞에서는 교파, 교회건물, 교인수가 문제는 되지 않는다. 그러나 정통적 교리를 가르치는 곳에서 영혼의 구원자가 이단 교리를 가르치는 곳보다는 구원문제에 대해 심각한 고민을 하게 할 것이며, 이로써 진정한 회개가 이루어질 것임에 틀림이 없는 것이다.

이론(교리)는 실제의 진리(말씀)가 아니다. 그것은 말씀에 절대적 근거를 둔 것이어 야하며 이럴 때 열매 맺는 후사가 있게 될 것이다. 성령의 열매가 없는 가지는 꺾이어 불에 던지움을 당할 것이다.

육신은 무척 현실적이며 자신의 이익만을 도모한다. 왜냐하면 육신의 생각은 영원을 사모하지 못하기 때문이다. 그러므로 영의 생각을 하기 위해서는 우리를 주님에 전폭적으로 맡기는 이식(접붙임)이 필요하다.

11. 이제 온전하여 부끄럽지 않는가?

온전하다는 것은 작은 흠이라도 없는 것을 말한다. 우리는 하나님 앞에 온전하여야 되는데 그 온전케 되는 일은 우리가 힘써 되는 것이 아니요, 오직 하나님께서 은혜로 주실 믿음 때문인 것이다.

세인들의 보편적 사상은- 하나의 믿음처럼 내려온 사고- 법 없어도 살 사람 즉, 양심의 사람들을 이야기 하고 있고 극락에 갈 것이라는 믿음들을 가지고 있다.

그러나 이 믿음이 잘못된 것처럼 보지 못하는 것을 바람에 있어 실상이 아닌 허상만을 그리고 있어 그들의 믿음은 허무로 끝나고 있는 것이다.

또한 성경을 믿는다는 사람들을 봐도 이와 비슷하다. 즉, 믿는다고 하면서 정통적으로 믿지 못해 -이단적 교리만을 듣고 한 개인을 성모나 감람나무 혹은 재림예수 어린 종으로 믿고 오직 충성하는 자들 같은 경우- 하나님의 긍휼을 얻지 못하고 은혜의 언약을 왜곡되게 믿은 보응으로 온전하여지지 못하는 것이다

"또 어떤 자를 불에서 끌어내어 구원하라"(유1:23)는 말씀같이 나는 이 말씀을 따르고 싶다- 특히 나로 하여금 이글을 쓰게끔 된 이유는 신앙의 친구들을 권하기 위해서이나 유사한 입장에 있는 사람들도 읽고 재음미할 수 있는 시간이 있기를 비는 마음 간절하다-

기독도들은 삶의 목적을 찾은 자들이다. 이들은 자신이 어디서 왔으며 삶의 목표가 무엇인지를 알며 어디로 갈 것인지를 안다. 그렇기 때문에 세인들은 기독도들을 "신념의 사람들"이라고 부른다. 약해 보이나 강하고 일선에 나서면 적극적으로 일을 성취시키고야 말기 때문이다. 어떻게 우리는 이러한 삶을 살게 되었는가?

그것은 부끄러운 삶을 살기를 원치 않기 때문이다. 세인들이 보기에는 기독도들의 모임이 실패자들의 집단처럼 보일 것이다. 왜냐하면 간증을 들어보면 거의 다음과 같은 유형으로 나타나기 때문이다.

"신에 대한 생각을 해본 적이 없다 주위의 권고를 듣고 이를 묵살한 생활을 지속했으나 이 생활에 종지부를 찍는 날이 왔다 나는 주님께 굴복하고 의지를 전적으로 내어 맡겼다 지금에 삶은 육신에 거하는 삶이 아닌 승리의 생활을 하고 있다."

세인들이 기독도들을 볼 때는 세상사에서 실패해서 포기를 기로해서 영적인 승리를 가져왔음을 볼 때에 그렇게 느끼고 기독도들이 세상을 볼 때는 계속 육신의 일만 도모하는 영원한 문제에서 실패의 길로 달려가고 있음을 볼 때 안타까운 것이다.

우리의 온전은 주님을 통한 하나님 앞에서의 전인격의 굴복이요 의지의 포기요, 자신을 버림으로 향한 것이다. 그러므로 우리가 주님을 통한 온전은 부끄러움이 아닌 영광스러움이 되는 것이다. 지금 우리가 사용하고 있는 이 은혜의 시간은 무한히 계속 되는 것이 아니다. 우리는 지금 이 시간에도 하나님께 빌린 이 시간 속에서 살고 있는 것이다. 바로알자. 그리고 성도의 교제를 갖자. 하나님은 지금도 기다리고 계신다. 다시 말한다. 하나님은 지금도 기다리고 계신다.

12. 교회의 사명

나는 이글을 마치려함에 있어 교회의 사명에 대해 논하고자 한다.

교회의 사명만큼 오해되고 있는 부분도 없지 않기 때문이다. 그렇기 때문에 사랑의 교제 장소로만 인식하는가 하면 자선사업소 등의 견해로 보는 잘못된 인식이 싹트고 있고 또 그것이 본질인양 인식되고 있어 성서적이며 보수주의적 교회들은 현실에 맞지 않는 진화된 집단처럼 인식되고 있음을 볼때 비애가 앞서고 있음은 사실이다. 그러므로 간략하게나마 논함으로 상호간 오해가 없게 하고자 함이다.

(1) 하나님을 영화롭게 하는 일

—이 백성은 내가 나를 위하여 지었나니 나의 찬송을 부르게 하려 함이니라(사43:21).

—너희가 과실을 많이 맺으면 내 아버지께서 영광을 받으실 것이요, 너희가 내 제자가 되리라(요15:8).

—떼어먹지 말고 오직 선한 충성을 다하게 하라 이는 범사에 우리 구주 하나님의 교훈을 빛나게 하려 함이라(딛2:10).

—오직 너희는 택하신 족속이요 왕 같은 제사장들이요 거룩한 나라요 그의 소유된 백성이니 이는 너희를 어두운 데서 불러내어 그의 기이한 빛에 들어가게 하신자의 아름다운 덕을 선전하게 하심이라(벧전2:9).

이렇듯 성경은 인간에게 거듭적으로 하나님을 영화롭게 할 것을 권하고 있다.

또한 대요리문답 첫 번째에도 : "인간의 주되고 최고의 목적은 하나님을 영화롭게 하며 온전히 영원히 그를 즐거워하는 일이다"고 신자들은 하나님의 거룩한 성자임에 분명하다. 여기서 내가 말하는 교회의 의미는 유형적 교회가 아니고 유형적 교회에 모이는 무형의 교회를 말하고 있음에 주의하여야 한다.

　롬15:6, 엡1:5, 6, 12,14,18. 3:21. 살후1:12, 벧전4:7에서 보듯이 성경은 하나님을 영화롭게 하는 일이 교회의 기본적 목적임을 거듭 말해주고 있다. 그러므로 이 기본적 목적만 충실히 이행한다면 교회는 타의 목적도 역시 잘 수행되어 질 것임에 틀림없다. 우리는 하나님을 경배함으로써 하나님을 영화롭게 한다(요4:23, 24. 빌3: 계22:9) 그러므로 이제 우리는 기도와 찬양으로 하나님께 영광을 돌려야 한다.

(2) 교회를 교화하는 일

　바울은 엡4:11-16에서 하나님께 사도와 선지자의 복음 전하는 자와 목사와 교사를 교회에 두신 목적에 대해 기록하고 있는데 이것은 분명히 교인을 주위에 있는 이단에 대항해서 굳건히 서도록 하기 위해 교인들을 교육하기 위해 세우셨음을 의미하고 있다고 봐도 과언은 아니리라.

　이것은 그리스도 안에서의 세움이다(골2:7). 교회의 공중 예배도 이를 행하기 위함이다(고전14:26). 이에 대해 개 교인들은 가장 거룩한 신앙 안에 자기 자신을 세우기 위해 개인적인 경건회와 성경공부도 한다(유:20). 바울은 하나님의 영적 성전을 세우는 데에도 적절하지 못한 자료 사용을 경고하고 있다(고전3:10-15).

　이로 보아 교회는 교인들을 훈육하고 교인들 속에 그리스도인의 생활의 은혜를 발전시키고 그리스도 봉사에 피차 협동할 것을 가르치는 곳이라고 결론 지을 수 있을 것이다.

(3) 교회를 정결케 하는 일

그리스도께서 교회를 위해 자기 자신을 주심은 엡5:26-27에 잘 나타나고 있다. 다음의 성구를 보면 성결에 대해 다음과 같이 나타나고 있다.

아버지께서 이행하시는 성결(요15:2), 거룩한 징계를 통한 깨끗케 하심(히12:10 고전11:32), 신자가 이행하여야 할 성결(고전11:28-31, 고후7:1, 요일3:2). 이에 대해 지방 개교회가 이행하도록 당부받고 있는 정결함도 있다

초대교회는 교회 징계를 실천했다. 그러므로 현대교회도 이 징계 의무에서 제외된 것 은 아니다(행5:11, 마18:17, 고전5:6-8, 13. 롬16:17, 살후3:6, 14 딛3:10,11. 요이10). 분열, 이단, 부도덕 등이 징계의 이유로 언급되었다. 오늘날 같이 교회생활이 극히 나태해지고 있을 때 일수록 이 교리는 새롭게 강조되어야 할 것이다.

(4) 교인을 교육하는 일

예수는 그의 대부분에서 사람들을 제자로 삼아 세례를 주어야 할뿐만 아니라 또한 예수님께서 제자들에게 명하신 모든 것은 무엇이나 지키도록 교육시켜야한다고 지시하셨다(마28:29).

그러므로 교회들은 각 계층을 위한 교육 및 훈련계획을 실천해야하는 문제를 필수적으로 가져야 한다. 현대의 세속적인 형태의 교육은 사람들을 하나님 및 영적 진리에서 돌아서게 만들고 있기 때문에 교회는 교회자체의 회원들에게 이에 대응하는 교육을 실시해야할 의무가 있으며 관심을 지닌 자들에게 기독교 교육의 기회를 확대 시켜야 할 의무가 있다.

(5) 세계에 복음을 전하는 일

예수님의 지상 명령은 온 세상에 나가서 모든 민족을 제자로 삼으라는 것이다. (마28:19, 막16:15, 눅24-40-46, 행1:8)

세상에 이 복음전하라는 의미는 교회가 온 세상에 빚진 자 됨을 의미한다.

비록 온 세상 사람들이 복음화 된다고 생각치는 않으나 영접의 기회를 주어야 할 의무는 우리가 지니고 있기 때문이다

지금 이스라엘 외에서 복음의 불이 붙고 있는 이유는 이방인의 충만한 숫자가 들어오기까지(롬11:25)허락했기에 계속 불러내시는 중이다(행 15:14b).

이 복음화는 복음을 필요로 하는 사람들을 연구하는 것이 그 촉진제가 될 것이다. 그러므로 모든 교회는 반드시 현대 사상에 맞는 설교를 연구해야만 한다.

이 복음화의 표현을 선교사를 위한 중재의 기도와 (마9:380, 선교헌금과 (빌4:15-18)선교사 파송과 (롬10:15) 선교지를 향한 전진(막16:15, 행13:1-4)에서 잘 나타난다. 허버의 다음 선포는 우리에게 깊은 감동을 준다.

"하늘로부터 온 지혜로 깨우침을 받은 우리, 무지한 자들에게 생명의 등을 비취지 아니해서 될까보냐? 구원! 오 구원!

저 멀리 떨어져있는 각 민족이 메시야의 이름을 들을 때까지 기쁘게 외치리라! 구원!

(6) 세상에서 지와 계몽의 세력으로써 활동 하는 일

(세상)사람들은 성경에서 하나님 및 영적인 사실들에 관한 정리를 발견하고자 한다. 그러는 문제는 아는 것 그 이상의 것에는 전혀 개의치 않으려는데 있다.

예수님께서는 신자들을 "세상의 소금"과 "세상의 빛"(마5:13-16) 이라고 말씀하신 저변에는 신자들의 영향력을 증거에 의해 그들의 불법을 막는 데 있는 것이다. (참고 2:6,7). 이로써 하나님의 백성의 진정한 가치를 인식하는 세속적인 공동체는 별로 없으나 다음의 말은 교회가 이 세상에서 갖는 가치와 목적에 대한 견해를 확 증해주고 있다. "교회도 없고 그리스도인도 전혀 없는 세상에서 살기를 원하는 불경건한 자는 많지 않다."는 말이 그 것이다.

(7) 선한 모든 것을 촉진하는 일

"선한 모든 것을 촉진하는 일"(갈6:10), 바울의 이 말은 신자 모두는 세상적인 결연에서 분리되어 있지만(고후6:14-18) 아직도 공동체의 사회적, 경제적, 교육적복지 촉진을 추구하는 모든 사유들을 후원하고 있다.

위 성구에서 우리가 주목해야할 사실은 동료 신자에게 일차적인 의무가 있음을 본다. 그러나 세상의 다른 사람에게도 착한 일을 해야 할 의무도 있다. 그러므로 오늘날과 같은 사회봉사의 시기를 맞이해서 세상을 향한 우리의 봉사의 위치를 분명히 밝혀 두는 일이 필요하다. 이에 대한 최상의 예는 예수의 행습이다 예수님께서는 언제나 육체적 기타 물질적 도움을 영적 어둠에 존속시켰다.

예수께서 귀신에 사로 잡혔던 자를 고쳐주시는 등의 선행을 하셨지만 그의 주요 사명은 결코 잊지 않으셨다(행10:38-43).

이는 곧 일터로 가는 도중에 위험하게 솟은 못을 뽑아 버리는 것과 같은 원리에 입각해서 사회봉사에 임해야 한다. 즉 온종일 길거리의 못을 빼내는 일에 온 시간을 들여 헤매는 것과 자기의 주 임무엔 하등의 방해도 받지 아니하면서 할 수 있는 데까지 못을 빼내는 것과는 판이한 문제이기 때문이다.

이제 사회 개혁의 사업은 복음화 사업에 결정적으로 종속되지 않으면 안 된다. 이것은 그리스도인의 모든 선행, 자비는 그리스도를 증거 하는 것이어야 한다는 것에 반대할 자는 없을 것으로 보며 줄인다.

부록

양심

1. 개념

양심이란 말은 동양, 헬라적 개념이며 히브리 개념은 아니다. 동서양의 개념의 차이는 있으나 대동소이의 내용을 갖는다.

맹자는 사람에게 죄나 악이 있는 것은 양심을 버렸기 때문이라 했고 공자는 인자로써 종종 양심의 경지를 지시하였다. 이들의 개념을 분석하면 양심은 우주와 인간이 의거하는 천리나 도덕률 같은 것이며 또 거기에 의거한 인간성을 말한다.

이에 반해 헬라 사람들은 양심을 함께 본다는 뜻으로 사용했다. 즉 '누구와 함께 안다'든지 '나와 함께 안다'는 경우이다.

그들의 개념은 다음과 같이 정리할 수 있다.

(1) 사람의 깊은 곤경을 체험하는 것.
(2) 자기의 나쁜 행위를 비판 고소 함.
(3) 과거의 경험을 대화자 사로가 회상 함.
(4) 사람을 나누어 두 질서의 긴장 속에 넣는 것
(5) 자신을 유죄 판결함.
(6) 책임짐과 결단의 추진력 등이다.

이외에도 객관적인 불합리한 신화적 소리로서 사람을 일깨우는 것, 정의의 신, 복수의 신, 소크라테스의 "다이몬" 등으로 인격화 되어 나타나기도 했다.

이로 보면 헬라적 개념이 동양적 개념보다 더 변증법적이요 인격성을 드러낸다고 볼 수 있다. 사람이 느끼고 생각하는 품관을 가지고 산다는 것은 사람 각 기능의 다양성, 섬세성, 기동성, 활동성, 전문성을 말해주지만, 사람은 결코 그런 부분적인 것에 분해되지 않는다. 오히려 사람은 그런 느끼고 생각하는 여러 부분적인 것을 통합해 정리하는 사람으로서 존재케 된다. 그 통합 원리를 영의 영향- 혹은 지시- 받아 외부로 나타나는 마음이고 양심이라고 볼 수 있는 것이다.

구약성서에서는 양심이라는 어휘를 찾을 수는 없다 그러므로 양심이란 개념은 없지만 하나님과의 계약 관계가 갱신되려면 '새 계약'이 세워져야 하며 그 것은 일종의 "마음에 새겨진 율법" 같은 것이라고 하는 곳이 있다. (렘31:33, 겔37:26-27)

이 같은 구약의 전통을 이은 예수님도 양심이란 말을 사용치는 않았지만 사람 깊은 곳 있는 주체성(미5:3, 28, 6:21, 6:6)이 하나님의 말씀을 듣고 회복하도록 기대하신 것을 볼 수 있다. -ASV에는 양심이란 단어가 30여회 나온다.

슈타우퍼는 "예수님은 양심에 관하여 말씀하지 않았다"고 하면서 양심의 해방을 주장하는 그 사실을 부인한다.

그 이유로써 "양심은 독립된 법정이 될수 없고 무슨 법조문. 맹서. 명령 같은 것에 종속함을 느끼기 때문이며, 이 때문에 하나님은 인간의 마음속에 어떤 법정을 설정 하여 자율적으로 죄를 고소케 하지 않고 율법을 제시하였다."고 말하고 있다.

회개라는 말은 "마음의 전환"이란 뜻이다.

여기서 우리는 예수님께서 마음으로써 표현 한 것을 우리가 양심이라는 말로 하는 것은 예수님의 말씀을 그릇 이해하는 경향에 대한 방지와 제지로써 의미 있다.

구약에서 율법은 인간에 대한 하나님의 선한 의지의 충고요 우주 만물의 생존 원칙이었다. 율법은 하나님 의지의 계시란 점에서 사람이 따르기 어려운 것으로써 늘 사람의 의지에 대립해 왔다. 율법은 근본 선한 목적에서 인간에게 주어진 것이기 때문에 입법자를 신뢰하면서 지키면 사람이 하나님 앞에 설수 있는 매개가 되지만 만약 사람이 그 율법을 지키는 것으로써 자기의 공로를 주장하면 그 본정신을 달성 하지 못한다. 자신의 공로를 자랑하는 큰 반신 세력이 되기 때문이다 즉, 율법 체제 배후에 숨어있는 본뜻을 나타내지 못하고 자기의 공로를 하나님께 대하여 주장하게 되고 하나님과의 순진한 관계를 버리게 되기 때문이다. 그러므로 예수님께서 율법주의자를 위선자라고 엄하게 책망하신 것을 볼 수 있다.

그러므로 예레미야가 계약의 갱신을 부르짖는 말에서 (31:33) 이행되지 않는 율법 보다 "마음"에 씌여져야 한다는 것이다. 그것은 곧 인간의 중추인 마음에 새겨져서 그가 자율적으로 지켜야 하기 때문이다(이 말씀이 신약시대에 와서 이뤄졌음을 볼 수 있다. 심비가 나온다).

이 "마음에 새겨진 율법"을 율법의 범주에 둘수 있다는 학자와 이것 역시 씌여진 율법을 필요로 한다는 견해가 있다

그러므로 양심은 법률과 달라 "마음에 씌여진 율법"(롬2:15)의 영향을 받게 되는 것이다. 그것은 거울과 같이 말씀의 통고를 받는 영에 의해 그 속에 숨어보시는 아버지를 비추어 내는 것이다. 사도 바울은 양심을 바로 '마음속에 씌어진 율법이라고 하였다. 그러므로 이방인에게서는 이 양심이 율법의 역할을 하며 사람을 판단, 비판, 고소하며 증인의 역할을 하게 된다. 그러나 신도들에 있어서는 말씀에 의한 삶이 영위 되고 있다고 보겠다.

율법이 아니라 복음이 사람을 구원한다는 것은 진행적이고 궁극적 가치의 진리이기 때문에 사람이 궁극의 평화를 얻기 까지는 인류의 노력은 쉬지 않을 것이다.

사람의 구원은 인간의 깊은데서 일어나기 때문에 영이 참으로 자유 할 때에만 참인간을 찾게 된다. 사람은 하나님 형상인 영이 있기 때문에 하나님, 인간, 자연의 세계를 각기 제 영역에 고립시키지 않는다. 이 영의 영향을 받는 양심에서 모든 이해와 행동이 그리고 비판, 불안 또 자기와의 관계도 거기서 맺어진다.

사람은 마음에서 자기와 토론하고 하나님과 대화하고 자기의 피를 인식하고 뉘우치고 자기 분열을 경험한다.

사람은 그의 말에서 그 마음을 나타내고 온 세상을 마음에 비추어 넣고 다시 말로써 세상과 인간을 또 하나님을 현실로 나타내는 것이다(마 12:34-37)

양심은 언제나 사람으로 하여금 추상적, 관념적 인간에 머물지 못하게 하며 오직 구체적이며 역사적 인간이 되게 하기 때문이다.

양심은 사실을 고소하지만 그 때문에 고소 받게 되는 아이러니성을 갖는다.

그는 자기와의 동일성을 체험하며 또 그것을 지어내려고 애쓴다. 양심으로서의 사람은 자기의 과거와 자기를 동일시함으로 자신을 건설하는 윤리적 인간이 된다.

말씀은 이러한 인간과 관계 맺는다. 양심의 개념이 복음과 관계되는 것은 하나님, 인간, 자연을 서로 연관시키며 그것들이 의미를 드러내 주며 한 덩어리의 내용으로 통일시킨다는 데서 된다. 이럴 때 이 세 영역은 개별적 영역을 구축하고 존재하기를 그치고 혼연일체가 되어 한 하나님을 찬송

55   Ⅴ. 「靈의 自由」

하고 인간이 하나님의 뜻을 실현하고 자연이 협력하는 사건이 일어난다.

그러므로 구속론적 질문은 언제나 그리스도의 말씀에 달려 있어 언제나 양심문제를 스치기 마련이다. 그리스도의 업적은 모두를 하나로 묶으며 그 때문에 고통 하는 데에 성립한다(요17:20). 즉 사람이 권력을 쥐거나 한 사회체제의 행정적 책임을 맡게 되어 그 자신을 그 체제 안에 몰입시키고 기관이 됨으로써 인간성을 잃어버리는 것은 그가 양심을 잊든지, 체제를 유지하기 위하여 그것을 버리기 때문이다 그가 인간으로 돌아가 양심의 소리를 듣고 응답해 말할 때 그 같은 것을 하지 않을 것이다.

4. 신앙과 양심

하이덱거는 양심을 "침묵의 부르짖음"으로 표현했다 -구약예언자들은 여호와께서 사자같이 외쳤을 때 자기들의 말로 그 내용을 표현했다고 말할 수 있다(암3:8).

그같이 영의 자유를 위해 양심은 호소한다. 그것은 다 열어놓고 모두를 연관 시키지 않고는 견디지 못하는 언제나 고통에 쌓인 호소이기 때문이다.

그것은 침묵의 부르짖음이요, 다음에 자세한 표현이 솟아날 것을 기대하는 호소이다.

양심과 신앙의 관계는 이 같은 것이리라.

"사람이 마음으로 믿어 의에 이르고 입으로 시인하여 구원에 이르느니라"(롬10:10).

-예수님의 말씀 중에는 믿음이란 말 대신에 '마음'이 있을 뿐이다. 오직 한 소극적인 표현으로 "믿음이 적은 자"(마:6:20)란 것이 나타난다.

양심은 개인 통일 원칙이면서 사람과 대립해서 객관적으로 호소해 오는 소리이기도 하다. 창조의 테두리 안에서 그것은 모든 인간에게서 울려나와 집단적 소리가 되고 사회 공동체 안의 각 성원이 함께 느끼며 신음하는 아픈 상처에서 울려 나오는 소리다. 양심의 소리는 창조의 신비에 의하여 사회적이요 집단적이요 큰 덩어리가 되어서 부정과 부패를 책망하고 권력과 야심의 횡포를 규탄하고 역사를 전환시키는 큰 힘이 된다. 모든 인격은 미래를 허락 받아야만 참 자유를 누린다. 믿음은 들음에서 난다. (롬10:17) 이 들음의 성립은 먼저 말씀이 있어야 한다.

죄인에게 하나님께서 말씀하심이 은총이다. 신앙은 말씀에 대한 뭉클한 반응을 말로 표현한 것이다 믿음없는 자를 믿음이 적은 자로 대접하는 것이 은총이며 거기서 믿음이 생긴다.

"곧 그 아이의 아비가 소리를 질러 가로되 내가 믿나이다. 나의 믿음 없는 것을 도와 주소서 하더라"(막9:24).

양심이 양심대로 성립하지 않으면 그 믿음은 "주여, 주여"하는 빈 구호에 그치고 만다. 양심은 믿음까지도 비판하고 자신의 일로써 가누고 바로잡으려고 한다. 양심은 이것을 자신의 일로 알며 능력의 하나님과 만나질 때까지 마음의 등불로서 주위를 밝히고 흩어져가는 인간 주체의 의지를 하나로 통합하려고 애쓰며 자기와의 통 일성은 세우고 세계와 인간과 하나님을 한 현실로 통합하기 까지 믿음을 밝히려 하는 것이다.

5. 맺는말

양심은 궁극의 것과 연관되어 있고 사람을 타당하다는 것과 하나님의 신비와 접하도록 판단, 비판하는 일을 한다. 그러므로 양심은 세상 끝날까지 이 땅에 머물러서 나와 세계와 종교계와 나라와 세계를 비판하고 고소하며 역사의 행로를 제지하여 전환시키지 않으면 그 기능을 멈추지 않을 것이다.

양심은 어디서나 참 인간이 있는 곳에 존재하고 부르짖고 인간을 통일성으로 정비하고 파산된 인간을 회복코자 할 것임에 분명하다.

여기서 양심에 대해 갖는 보편적 질문에 답하며 본론을 마치고자 한다.

첫째-양심은 불멸적인가? 성경은 더러워질 수 있으며 (고전8:7, 딛1:15 *히9:14) 또 화인 맞을 수도 있다(딤전4:27)고 가르쳐 준다. 그러나 성경 어느 곳을 보아도 자멸되어 없어진다고 암시된 데는 없다

둘째- 양심은 과연 오류가 없는가? 양심은 양심에게 주어진 표준에 의해 판단한다. 즉, 지성에 의해 용납되어진 도덕적 표준이 불안전할 경우, 양심의 결정은 비교적 공정을 기하려 하겠지만 전적으로 부당할 것이다. 그러나 양심에게 주어진 법에 따라 항상 옳게 결정한다는 뜻에서 볼 때 양심은 통일 되며 오류가 없음이 확실하다.

이것의 뒷받침은 바리새교인이었던 바울(사울)의 행위는 옳았으나 결국은 양심적인 악행자였다. 코커가 "양심은 이미 알려진 정도에 의해 자기를 아는 지식이라고 했듯이 양심은 우리가 용납해 들인 사회적 표준에 따라 판단하기도 한다. 그러므로 양심이 왜곡 되이 판단케 하지 않기 위해서 참된 표준을 알려 주어야한다

이에 우리는 양심이 하나님 말씀 외에 다른 표준에 의해 판단할 때에는 그 결정은 분명코 오류가 있을 수 있다고 보지만 하나님의 영감 된 성경 말씀에 의해 판단 할 때에는 그것의 판결은 절대로 오류가 없다고 보는 것이다.

끝으로 양심은 희랍어에서 왔는데 그 의미는 수반적 지식이다.

즉, 진정한 우리 자아라고 생각되어져서 우리를 위해 권위행사를 할 수 있는 어떤 도덕적 표준 또는 법칙과 관련된 우리의 도덕적 행위와 상태를 아는 지식이다.

좀 더 구체적으로 말하면 양심은 식별적이며 충동적인 행위이다. 양심은 우리의 행위와 상태가 정해진 표준과 일치하느냐 일치하지 않느냐를 똑

똑히 선포한다.

양심의 의무는 증거 하는 일이다(롬2:15).

양심이 의무라고 지정해주는 사실을 무지함으로 말미암아 생기는 자책감과 벌칙의 공포는 엄밀하게 말해서 양심의 산물이 아니라 감성의 산물이다.

필자는 여기서 양심을 결론적으로 구분하고 조용히 필을 놓고자 한다.

즉, 구원받은 자의 양심의 판단과 일반인으로서의 양심의 판단은 전적으로 틀려 비록 자신들이 양심에 꺼림직 하지 않은 신앙생활을 한다 해도 성경말씀에 어긋난 행동을 하는 자는 결코 개심하기 전의 바울과 같이 양심적 악행자들에 불과할 뿐이다.

고로 다시 한번 성경으로 돌아가야 할 것이다.

VI.

목사로서의 삶

1.

서울한영대학교 채플 설교
(대학교, 대학원, 목회실천연구원, 교직원)

고향을 그리는 마음

히11:9-16

9월 19일은 민족의 대명절인 추석이다. 매스컴은 시간마다 고향을 찾는 사람들의 대 행렬을 다투듯 보도하고 있다.

모천회귀라는 말이 있듯이, 우리나라 사람들도 명절이 되면 고향을 찾아간다. 고향을 찾는 한국인의 귀소본능은 가히 본능이라 할 만큼 유난히 극렬하다.

교통체증과 불편함에도 고향을 찾는 이유는 무엇일까?

① 귀소본능이다.

이 귀소본능은 연어나 진돗개, 비둘기 같은 짐승에게만 있는 것이 아니라 사람에게도 있다는 것이다. 그래서 나이가 들면서 예전에 같이 학교를 다니던 동창들이 그리워지고 어릴 때 어머니가 해 주시던 음식들이 먹고 싶어지는 것이 다 귀소본능의 증거이다. 이것이 지나치면 향수병(home-sick)이 되듯이, 영원을 사모하는 마음, 영적 귀소본능이 있다.

② 나그네 본능이다.

어디론가 가고 싶은 욕망이다. 인생은 나그네이다. 그래서 떠나는 것에 익숙해져 있다. 추석과 같은 명절같이 쉬는 때에는 떠나고 싶은 마음이 드는 것이다.

③ 안식본능이다.

쉬고 싶은 욕망이다. 고향을 떠나 나그네로 사는 삶의 고달픔을 고향에서 쉬고 싶은 마음이 있다고 한다.

④ 영접 본능이다.

고향을 떠난 사람들이 금의환향은 아니더라도 고향에 가면 내 부모나 형제가 반겨줄 것을 기대가 있다는 것이다.

오늘 본문은 고향의 그리움에 대하여 말씀하고 있다.

하늘의 시민권을 가진 우리는 어떻게 살아야 할까를 생각해 보며 하나님의 은혜를 나누고자 한다.

우리가 세상을 살아가면서 해야 할 많은 일들이 있지만 그중에 중요한 것 세 가지가 있다.

① 내가 어디서 와서 어디로 가는가를 바로 알아야한다.

이것을 모른다면 갈 바를 알지 못하고 방황하게 될 것이다.

② 내가 어떤 존재인가를 바로 알아야한다.

하나님의 창조하신 것을 바로 알아서 내가 어떻게 만들어졌는지를 알아야한다. 그래야 나답게 살 수 있고 내안에 있는 능력들을 제대로 활용하며 살아갈 수가 있다.

③ 어떻게 살아야하는지를 알아야한다.

우리 앞에는 두 가지의 길이 있다. 하나는 인본주의 길이요 또 하나는 신본주의 길이다. 이것을 성경은 생명의 길과 사망의 길이라고 말하고 있다 (렘22:8).

사람은 이 땅에서 한번 지나가는 것이지 두 번 지나가는 것이 아다. 그래서 아무렇게나 살아서는 안된다. 가장 지혜로운 길이 무엇이며 가장 잘 사는 길이 무엇인지를 알아야 되는 것이다.

오늘은 어디서 와서 어디로 가는가를 생각하려고 한다.
우리는 모두 우연히 오는 것이 아니다. 모두 하늘로부터 온다.
다시 말하면 인간에게 전생이 있다는 것이 아니라 하나님으로부터 온다는 것이다. 그래서 인간은 지구를 누구도 자신의 영원한 고향으로 생각하는 사람은 없다. 모두 하늘을 쳐다보고 산다.
하늘을 향해서 올라가려고 하고 있고 하늘의 별들을 바라보면서 꿈을 만든다. 그리고 항상 허공을 바라보면서 자신의 출생을 생각한다.
왜 그럴까? 인간은 그곳으로부터 출발하였기 때문이며 그곳으로 돌아가기 때문이다.
그래서 우리 성도들은 이곳을 바로 알아야 한다.
구약의 선지자들은 모두 이곳을 보았으며 예수님은 그곳으로부터 오셨다가 다시 그곳으로 가셨다.
사도바울은 그곳을 다녀와서 우리에게 항상 위엣 것을 바라보라고 하였다(골3:1-4).

미국의 제2대 대통령이었던 존 애덤스가 노인이 되었을 때의 일이다. 하루는 애덤스가 지팡이에 의지해서 산책을 하고 있었는데, 어떤 사람이 그에게 다가와 인사를 했다.
"안녕하십니까?"
그는 인사에 답례하면서 말했다.
"애덤스 자신은 지극히 건강합니다. 그러나 그 사는 집은 몹시 파손되어 지붕이 떨어지고 벽이 벗겨져서 기둥까지 밖으로 나타나는 형편입니다. 게다가 강한 바람이 불면 흔들거리기까지 해서 받침기둥을 대야 할 지경입니다."

대통령까지 지낸 사람이 그렇게 쓰러져 가는 집에서 살고 있으리라고는 믿을 수 없어서 그 사람은 그에게 반문했다. "그럴 리가 있나요? 농담이겠지요."

이 말을 들은 그는 매우 심각한 표정으로 자신의 대머리를 어루만지면서 "자, 보십시오. 이처럼 지붕은 떨어지고", 여윈 늑골을 어루만지면서 "벽도 떨어져서 기둥이 밖에서 보이지요?"라고 말했다. 그리고 손에 든 지팡이를 흔들면서 말을 이었다.

"바람이 불면 집이 움직여서 위험하기 때문에 받침기둥을 이처럼 대고 있지요. 그러나 언제까지나 이렇게 쓰러져 가는 집에서 살 수 없습니다. 그래서 머지않아 이사를 합니다. 저 곳으로…"

그러고는 손가락으로 하늘을 가리켰다고 한다.

고향으로 돌아갈 시간이 금방 온다. 아버지를 뵙게 될 시간, 사랑하는 형제들을 만나야할 시간이 금방 온다. 결코 먼 것이 아니다. 고향을 사랑하자. 그리고 고향을 바로 알기 바란다.

나그네로 살아가는 동안 우리가 할 일은 욕심을 부리는 것이 아닙니다. 서로 사랑하면서 살아가기를 바란다.

꿈꾸고 있는가?

창37:19

　세상의 모든 사람들은 꿈을 꾼다. 가족들과 세계 여행을 하는 꿈, 사랑하는 사람과 멋진 전원에서 행복하게 사는 꿈, 세계 최고의 베스트셀러가 되어 백만장자가 되는 꿈, 주위 사람들에게 존경받는 최고의 전문가가 되는 꿈, 일하지 않고도 마음껏 하고 싶은 일을 하는 꿈 등등,

　하지만 꿈을 이루기 위해 어떻게 해야 하는지 아는 사람은 많지 않다. 심지어 세계적으로 성공한 사람이나 성공학자들이 써놓은 책과 세미나를 통해 그 방법을 배웠어도 그걸 행동으로 옮기는 사람은 많지 않다.

　최첨단 기술이 수시로 태어나는 미국 케임브리지 매사추세츠공대(MIT). 대학 내 스타트업 인큐베이터인 마틴 트러스트 기업가센터 입구엔 해적기가 걸려 있다. 이곳뿐 아니다. 상당수 미국 창업가들은 '해적의 정신'을 흠모한다. 그 배경엔 미국의 젊은 창업자들에게 롤 모델인 잡스가 있다.
　애플 창업자 고(故) 스티브 잡스가 1980년대에 남긴 '해군이 될 바엔 해적이 되어라'는 미국 창업계가 갈망하는 패기를 상징적으로 드러내며, 이 신념은 젊은이들에게 해적기로 표현하고 있는 것이다.

　오늘 본문의 요셉은 무척 특이한 꿈을 가진 소년이었다.

그가 꾼 꿈은 이렇다. 밭에서 곡식을 묶고 있는데 요셉의 단은 일어서 있고 형제들의 단은 요셉의 단을 둘러서서 절을 하는 것이었다. 또 다른 꿈을 꾸는데 이번에는 해와 달과 열 한 개의 별이 자기에게 절을 하는 것이었다.

요셉이 꾼 꿈은 어떤 꿈이었나?

1. 절 받는 꿈이었다.

절 받는 꿈은 보통 꿈이 아니다. 절은 존경의 마음에서 우러난다.

물론 권력 앞에 절할 수 있고 지배자 앞에 절할 수 있으나 진정한 절은 존경에서 나오는 것이다.

이 세상 제일 잘되고 성공한 사람이 누구일까? 존경의 절 받는 사람이다.

물론 여기서 말하는 절은 지위의 높고 낮음이나 재산의 유무나 권력의 강, 약에 의한 것이 아니다.

우리 민족은 나이가 많으면 어른에게 공경하는 마음으로 절을 하지만, 진정으로 그분을 존경해서 드리는 절이 중요한 것이다.

여러분!

지배자와 지도자는 다르다.

권력을 가지고 지배 하려는 사람은 절을 받지 못한다.

그러나 위대한 인격을 가진 지도자는 절을 받는 것이다.

어떻게 해야 요셉처럼 절 받는 인격을 갖추고 또 그런 삶을 살 수 있을까? 진정으로 절을 받고 사는 사람은 하늘의 마음을 품고 사는 사람이다. 바로 예수님의 마음을 품고 사는 사람이다.

성경 인물 가운데 요셉은 한번도 범죄치 않는 거룩한 삶을 살았다.

예수님의 성품을 간직한 요셉은 해와 달과 별이 절을 하는 천지를 주관하고 다스리는 놀라운 주님의 능력을 소유했던 것이다. 진정의 존경의 절을 받는 사람은 예수님의 인격을 닮아 가는 사람이다.

2. 꿈 있는 사람은 좌절하지 않는다.

요셉의 인생길은 고난의 인생길이었다.
그는 그 꿈으로 인해 형들의 미움을 받고 애굽의 종살이로 팔려갔다.
애굽에서 젊은 청춘을 보내면서 많은 고난이 있었지만 그는 결코 좌절하지 않았다.

우리가 어려움을 당할 때에 우리는 주님께 기도해야한다.
특별히 우리에게 꿈을 달라고 기도해야 한다.
이 민족에게 꿈을 달라고 기도해야 한다.
우리 젊은이들에게 꿈을 주시라고 기도해야 한다.
오늘 저와 여러분에게 꿈을 주시라고 기도해야 한다.

래이 스미스라는 성장학자는 '비전은 사람을 더 높은 곳으로 목표를 향하게 하며 또한 그들의 모든 잠재력을 발휘하게 한다.'고 했다.

여러분! 우리는 어려운 상황을 만날 때가 있다.
그러나 우리에게는 산 소망(Living Hope)이신 예수님이 있다.
우리의 꿈은 살아있는 꿈이다. 하늘을 향한 우리의 영원한 꿈은 그 누구도 앗아가지 못하는 천국을 향한 영원한 꿈이 있다.

3. 꿈 있는 사람은 원망하지 않는다.

요셉은 억울한 누명을 쓰고 감옥에 가게 됐다.

그러나 요셉은 자기를 시기하고 미워하고 증오한 형들, 자기를 죽이려했고 애굽에 노예로 팔아먹은 형들을 그는 원망하지 않았다.

하나님의 은총으로 요셉은 애굽의 총리가 되고 먹을 것이 없는 형들이 구걸하며 찾아왔을 때 요셉의 말을 들어 보자.

"나를 이리로 보낸 자는 당신들이 아니요 하나님이시라 하나님이 나로 바로의 아비를 삼으시며 그 온 집의 주를 삼으시며 애굽 온 땅의 치리자로 삼으셨나이다' (창45:8).

요셉은 형들이 자기를 미워해서 애굽으로 판 것이 아니고 하나님께서 자기를 애굽으로 보내셔서 애굽의 치리자로 삼으셨다고 믿으면서 형들을 미워하거나 정죄하지 않은 것이다.

여러분! 원망과 불평은 사단이 주는 선물이다. 꿈이 있는 사람은 결코 원망하는 사람이 아니요 오히려 어려움을 성공의 밑거름으로 삼는 사람인 것이다.

4. 꿈 있는 사람은 정결하게 산다.

요셉에게도 유혹이 찾아왔다. 그것도 순간적인 유혹이 아니고 날마다 날마다 찾아오는 유혹이었다.

보디발의 아내는 미모였으리라 생각된다. 요셉은 애굽에서 나그네 인생을 살았다. 십 수년간의 외로움과 고독이 쌓였을 것이다. 더군다나 젊은 혈기가 왕성한 청년이었다. 보디발의 집에는 매혹적인 보디발의 아내와 자기 밖에는 아무도 없다. 그리고 그녀의 끈질긴 유혹은 계속 되었다. 죄를 지을 수 있는 절호의 기회였다. 이때 요셉은 단호했다. "내가 어찌 이 큰 악을 행하여 하나님께 득죄(得罪)하오리까?"

꿈을 소유한 사람은 정결한 삶을 산다.

어떻게 요셉처럼 꿈을 이루기 위하여 정결하게 살 수 있을까?

바로 신전의식(神前意識) 즉, 코람데오의 신앙 신념을 갖고 사는 것이다. 우리 주님은 무소부재(無所不在)하시다. 아니 계신 곳이 없으시다. 하나님은 불꽃같은 눈으로 우리를 감찰하고 계신다.

그러므로 꿈을 소유한사람은 정결한 삶을 산다.

5. 꿈 있는 사람은 참고 충성하는 삶을 산다.

신령한 요셉의 꿈이 하루아침에 이루어 진 것이 아니었다.

그는 유혹을 이기고 정결한 삶을 살아 갈 뿐 아니라 그는 인내의 사람이었다.

모함을 받아 감옥에서 옥고를 치루면서도 그는 인내했다.

지금의 어려운 경제상황으로 많은 사람들이 인내하지 못하고 심지어 자살을 하는 사람들도 있다. 가정이 풍비박산 난 경우도 허다하다.

우리는 먼저 예수님의 인내를 배워야 한다. 믿음과 소망이 있는 사람은 어떤 시련이 와도 인내한다. 그 시련은 그 사람의 인격을 정금으로 변케 하는 축복의 기회로 삼는다.

이곳에 계신 귀한 여러분! "나의 꿈을 들으시오!"라고 말할 수 있는 꿈을 소유하고 그리고 그 꿈을 타인에게 간증 할 수 있는 저와 여러분이 되기를 축복한다.

'젊음'(Youth)은 '새벽'과도 같다.

비록 나이가 많아도 꿈이 있는 사람은 청년과 같은 인생을 살아간다.
꿈이 있는 사람은 빈둥빈둥 노는 사람이 아니다.
여러분은 이 땅에 살면서 꿈을 갖되 많은 사람들이 우러러볼 수 있는 꿈을 가지고 살기 바란다.

미국에 살던 한 소년의 이야기이다. 아버지가 세 번이나 바뀌었고 어머니는 방관하는 입장이었다. 관심 받지 못하고 외로웠던 소년은 학교에서도 싸움이 잦았고 고3 때는 자퇴를 했다. 20대에 군대 들어가서는 상관에게 대들다 영창에 가기도 했고 러시아인 아내를 맞이했다. 마르크스주의에 심취했고 여러 가지로 불만이 많았던 그는 미국 케네디 대통령을 암살하고 자신도 이틀 뒤에 피격당해 죽었다. 리 하비 오스월드의 이야기이다.

오스월드와 비슷한 환경의 소년 이야기가 성경 창세기 37장에도 등장하고 있다. 요셉은 아버지인 야곱에게 사랑을 받았으나 배다른 형제간들에게는 핍박을 받았다. 형제에 의해 팔리고 종살이, 옥살이까지 하는 등 리 하비 오스월드와 비슷한 환경이었다.
그러나 한 소년은 자라서 대통령을 암살하는 암살자가 되었고, 한 소년은 노예의 처지에서 벗어나 애굽의 총리까지 되었다.

이 두 사람의 차이가 도대체 뭘까? 그것은 바로 꿈(Vision)이 있느냐 없느냐의 차이이다. 꿈이 있느냐 없느냐에 따라 결과가 너무나 다르다. 꿈이 있느냐 없느냐에 따라 평범한 사람이 비범한 사람이 될 수도 있다.

요셉은 17세에 꿈을 꾸었다. 꿈은 우리가 꾸려고 해서 꿀 수 있는 것이 아니고 꾸어지는 것이다. 요셉에게 있어 꿈(Vision)은 바로 하나님이셨다.

요셉은 노예 생활을 하며 낙심이 되고 절망했을 것이다. 사실 요셉은 총리가 되려고 꿈꾼 적은 없었다. 그의 꿈은 하나님이 원하시는 삶을 살겠다는 것이었다. 하나님의 말씀대로, 하나님의 뜻대로 살겠다는 것이었다.

하나님을 비전으로 삼고 사는 사람은 현실을 무시하지 않는다.

현실이 힘들어도 현실을 사랑스럽게 본다.

여러분도 지금 신분이 학생이니 비록 공부를 하기 싫더라도 공부도 열심히 해야 할 것이다.

사도 바울도 이방인들에게 복음을 전하려는 비전이 있었다.

예수님께서도 하나님의 말씀을 성취하려는 비전이 있었다.

Vision과 꿈은 내가 하겠다고 해서 하는 게 아니라 하늘에서부터 내려오는 것이다. 하나님께서 나를 향한 비전은 무엇일지 하나님과 친해졌을 때 알 수 있으며 비전은 위에서부터 아래로 내려오는 것이다. 하나님이 내게 원하시는 것은 이런 것이구나 이것이 바로 꿈꾸는 자의 모습이다.

마취제를 발견해서 사람들이 수술하며 아픔을 이겨낼 수 있도록 인류 발전에 도움을 준 제임스 심프슨은 믿음이 좋은 사람이었다. 마취제가 발견된 배경에는 창세기 2장 17절에서 아담을 잠들게 하시고 갈비뼈를 떼어내어 하와(이브)를 만든 내용이 동기 유발이 되었다. 발명왕 에디슨의 경우에도 녹음기를 발명할 때 베드로 전서 1장 25절 말씀에 '오직 주의 말씀은 세세토록 있도다.'에서 착안하였다고 한다.

여러분, 나의 꿈은 바로 여호와 하나님이어야 합니다. 하나님을 꿈꾸기 바란다. 하나님께서 꿈꾸는 자 우리 모두를 세상에 필요한 사람으로 쓰실 줄 믿는다.

성공은 꿈꾸는 자의 것이다!

세상은 꿈꾸는 자의 것…용기를 내, 넌 할 수 있어

많은 사람들이 디즈니랜드의 착공식 때 월트 디즈니가 이 멋진 광경을 보지도 못하고 눈감은 것을 안타까워하자 월트 디즈니의 부인은 이렇게 말했다고 한다.

제일 먼저 이 디즈니랜드를 본 사람이 바로 월트 디즈니라고요!!!

그렇다.

꿈꾸는 자는 보이지 않는 것들을 마음의 눈으로 미리 보고 기뻐하는 자이다.

하나님께서는 그 꿈꾸는 자들을 통해 당신의 선하신 뜻을 이루시는 줄 믿고 미래를 향해 도전해 가지기 바란다.

너는 속히 내게 오라

딤후 4:9-15

오늘 본문 9절에서 사도 바울은 믿음의 아들 디모데를 향하여 "너는 어서 속히 내게로 오라" 하였고 21절에서는 "겨울 전에 너는 어서 오라"고 간곡하게 부탁하는 모습을 볼 수 있다.

왜 마가에게 '겨울 전에 속히 어서 오라'고 했는지, 어떻게 이렇게 인정을 받았는지를 살펴 하나님의 은혜를 나누고자 한다.

링컨이 대통령이 된 뒤 내각 구성을 위해 필요한 사람들을 선택할 때, 비서관에게서 어떤 사람을 추천받고, 링컨은 단번에 거절하였다. 이유를 묻자 링컨은 그 사람 얼굴이 마음에 들지 않는다고 하여, 황당해진 비서관은 이렇게 반문하였다.

"하지만 그 사람이 자기 얼굴까지 책임질 수는 없지 않습니까, 얼굴이야 부모님이 만들어준 것이니 어쩔 수 없는 일 아닌가요?"

비서관의 말을 들은 링컨은, "아니, 그렇지 않다네. 뱃속에서 나올 때에는 부모님이 만들어주신 얼굴이지만 그 다음부터는 자신이 얼굴을 만드는 거라고 생각하네. 나이 사십이 넘으면 모든 사람은 자기 얼굴에 책임을 져야 하는데, 그 사람의 얼굴은 온통 불만과 의심으로 가득 차 있고 엷은 미소 한 번 짓는 걸 본적이 없다네. 그런 사람이 아무리 실력이 있다고 해도 마음을 맞춰 함께 일하기는 힘든 사람이라 생각하네."

우리는 이 세상을 살아가면서 알지 못하는 사이에 자신에 대한 판단과 평가가 내려져 있음을 볼 수 있다.

예수님도 자신에 대한 세상 사람들의 평가를 궁금하게 여기신 적이 있는 것 같다.

즉 가이사랴 빌립보 지방에 이르러 제자들에게 "세상 사람들이 인자를 누구라 하느냐?"(마16:13)고 물으신 적이 있다.

이에 대해, 세례요한, 엘리야, 예레미야나 선지자 중의 하나라는 답을 들으신 예수님은 "너희는 나를 누구라 하느냐?"고 물으시고, 이에 베드로는 "주는 그리스도시오 살아계신 하나님의 아들이시니다."라고 고백하였다.

우리는 여기서 한 사람에 대해 올바른 판단을 하기가 얼마나 힘든지를 알 수 있다.

단지 삶을 살아가며 세상의 모든 이치를 깨달은 어르신들의 말씀을 들어보면 사랑과 애정이 담긴 평가를 기대할 수 있다.

오늘 본문의 말씀을 보면, 사도 바울은 자신의 사역을 도우며 함께 일하던 동역자들에 대한 평가를 하고 있음을 볼 수 있다.

이 디모데후서는 사도바울이 순교하기 직전에 주는 귀한 교훈의 말씀으로 가지고 오늘 채플을 맞이하여 여러분과 하나님의 은혜를 나누고자 한다.

1. 세상을 사랑하여 주의 일을 도중에서 포기하는 사람(4:10)

"데마는 이 세상을 사랑하여 나를 버리고 데살로니가로 갔고"

데마는 하나님의 일을 하는 것보다 세상의 재미가 더 좋아서 하나님의 일을 도중에서 전도자의 사명을 버린 사람이다.

골로새서 4장 14절 "사랑을 받는 의원 누가와 또 데마가 너희에게 문안하느니라"

빌레몬서 1장 24절 "또한 나의 동역자 마가, 아리스다고, 데마, 누가가 문안하느니라"

데마는 한동안 누가복음을 기록한 누가와 동등한 인물로 사도 바울을 보좌하며 열심히 전도인의 일을 하였던 사람이지만 끝까지 유종의 미를 거두지 못하고 세상을 사랑하여 세상으로 돌아간 사람이다.

도중에 말없이 스스로 주의 일을 포기하고 세상으로 돌아가는 사람이 오늘날에도 많이 볼 수 있다.

하나님은 정말 이러한 사람을 볼 때에 안타까워하신다. 과거에 주를 위하여 수고한 모든 일들이 허사가 되기 때문이다.

2. 배반하고 해를 끼치는 사람(4:14)

"구리 장색 알렉산더가 내가 해를 많이 보였으매 주께서 그 행한 대로 저에게 갚으시리니 너도 저를 주의하라 저가 우리말을 심히 대적하였느니라."

데마는 조용히 떠나갔지만 알렉산더는 아주 못 살게 해를 끼치며 악하게 행동을 하면서 한때 동역자를 해하려고 노력한 사람이다.

자기를 합리화시키기 위하여 남을 헐뜯고, 지도자를 모함하고 비방하는 사람들이 오늘날에도 흔히 볼 수 있다.

딤전 1:20 "믿음과 착한 양심을 가지라 어떤 이들이 이 양심을 버렸고 그 믿음에 관하여는 파선하였느니라 그 가운데 후메내오와 알렉산더가 있으니 내가 사단에게 내어 준 것은 저희로 징계를 받아 훼방하지 말게 하려 함이니라"

알렉산더라는 사람은 구리 세공업자로 사도 바울에게 害(해)를 주며 못살게 굴었다고 하였다.

그도 역시 믿음이 있노라 하며 교회에 다니며 주의 일을 한다하면서, 믿음을 떠난 일을 하여 주의 종을 박대하고. 괴롭혔음으로 견디다 못한 사도 바울이 알렉산더를 사단에게 내어 주고 주님의 큰 징계를 받아 주님께서 저가 행한 대로 보응하여 주기를 주님께 부탁하였다.

오늘날에도 사람과 사람사이의 관계를 하다보면, 이러한 사람들이 더러 있는 것을 보게 된다.

사람을 괴롭히는 것이 자신의 사명으로 알고, 주의 종을 괴롭게 하는 일만 하는 사람도 있다.

알렉산더처럼 교회에 가시 노릇을 하는 사람이 있다.

이러한 사람은 결국 자기가 행한 일을 인하여 직장이나 사회에서 보응을 받아 잘되지 못하는 것이다.

예수를 오래 믿는 자들 중에 사단에 내어 준 바가 된 자들이 오늘도 많이 있다.

3. 끝까지 남아 있는 사람(4:11)

"누가만 나와 함께 있느니라"

사도 바울이 말년에 곤경에 처하여 옥중에 갇혀 있을 때에 한 사람, 두 사람 모두 사도 바울을 떠나갔다.

믿음이 좋았고 열심이었던 데마는 세상을 사랑하여 떠나고,

복음을 위해서이긴 하지만 그리스게도 떠나고, 디도도 떠나 버렸다. 장성한 자녀가 노부부에게서 떠난 것처럼.

그러나 모두 떠나가는 이때에 오직 누가만이 사도 바울을 떠나지 않고 끝까지 함께 있었다.

사도 바울을 떠난 사람들도 한때에는 성경에 이름이 오를 정도로 열심 있고, 능력 있는 사람들이었으나, 결국 세상을 사랑함이 큼으로 믿음의 지조를 지키지 못한 것이다.

그러나 누가가 끝까지 의리를 지키고 믿음을 지키고 어려울때일수록 더 열심히 기도를 하고 바울을 돌보며 배신하지 않는 누가에게는 하나님이 더 큰 좋은 은혜를 주셨다.

신약 성경 누가복음과 사도행전을 기록하는 주님의 쓰임을 받는 일꾼이 되었던 것이다.

자기가 사랑하고 좋아하는 것을, 육신의 소욕을 좇아가는 사람은 그것으로 망하고 말지만, 누가와 같이 어려울 때에 남아서 정절과 신의를 지키며 믿음을 지키는 성도가 될 때 하나님의 사랑을 받고 하나님의 크게 쓰임을 받는 성도가 되길 바란다.

4. 어려울 때 찾아 오게 하는 사람(4:11)

"네가 올 때에 마가를 데리고 오라 저가 나의 일에 유익하니라"

마가나 디모데같이 어려운 이를 찾아와서 함께 고난을 당하는 사람이 있다.

떠나는 사람도 있고 남아 있는 사람도 있고 어려움에 동참하려고 찾아오는 사람도 있다.

떠난 사람들 중에는 알렉산더와 같이 떠난 후에도 계속하여 비방하고 대적하는 사람도 있고, 조용히 떠난 사람도 있다.

남아있던 누가가 누가복음과 사도행전을 기록하였다면, 고난당한 사도 바울을 찾아오는 마가는 신약성경에서 제일 처음으로 기록한 마가복음의 저자로 쓰임을 받았다.

말씀을 맺고자 한다.

예; 미국 유학에서 돌아온 인재가, 1년 계약으로 프로젝트를 수행하여 많은 이익을 안겨 주었다. 재계약이나 정규직으로 전환을 기대했는데 사장은 계약 연장을 하지 않았다. 그는 자신의 실력을 믿고 나와 다른 회사의 프로젝트를 계약하여 수행하였으나 결과는 역시 마찬가지였다. 그래서 사장에게 들어가 이유를 물었다고 한다. 그러자 당신의 실력은 인정하지만 당신이 주위 사람들을 무시하고 일으키는 그 트러블로 인하여 더 많은 사람들을 잃을 수 없기 때문이라는 이야기를 듣고 자신의 생각과 행동을 바꿨다고 한다.

우리가 세상을 살아갈 때, 학교생활을 할 때, 교회생활을 할 때, 직장생활을 할 때 이런 4종류의 사람을 만나게 될 것이다.

어떤 사람을 만나면 기분이 좋거나 나쁠 때가 있을 것이다.

좋을 때는 함께 하고 열심을 내다가 이익이 없으면 욕하면서 떠나는 사람이 있을 것이다.

또, 끝까지 남아 있는 사람도 있고, 내가 어려울 때에 찾아오는 사람도 있을 것이다.

디모데, 마가, 누가와 같이 하나님께 쓰임을 받는 사람이 되길 바란다.

우리는 어디에 속한 사람이 되어야 할까?

하나님을 믿는 믿음으로 인해 여러분들이 어려움을 당할 때 세상 사람들이 다 떠나고 버린다 해도, '너는 어서 속히 내게 오라'고 인정받는 한 영인이 되기 바란다.

달리다굼

막5:38~43(21-24, 35-43)

서울한영대학교로의 개명은 정체성의 변화를 가져오는 것 같다. 즉 신학대학에서 기독교대학으로의 변화인 것이다. 이 변화의 첫 해인 2017년도는 새벽기도회가 경건의 시간으로 바꾸어 사명자의 소명의식 고취에서, 성도의 삶, 즉 사랑과 헌신 배려의 삶을 강조하게 되는 것 같다.

사람이 살아가노라면 누구에게나 시련의 시간이 올 때가 있다.
그것이 명예이든 건강이든 재산이든 모든 것이 끝났다는 생각에서 벗어나지 못하는 경우를 우리는 절망이라 한다.
절망(絶望)은 바라는 것이 끊어졌다는 말이다. 더 이상의 기대할 것이 없다는 말이기도 하다. 그래서 종종 여기에 이르게 되면 자신의 생명까지 포기하는 사람들이 있기도 한다.

오늘 본문 21~24절까지의 내용을 보면 회당장 야이로의 가정에 큰 문제가 생겼음을 볼 수 있다. 곧 어린 딸이 죽게 되었다는 것이다.

우리가 본문을 대강 읽으니 그렇지 이 상황이 우리 가정의 상황이라 생각해 보면 보통 문제가 아니다.
그런데 회당장 야이로의 문제에 대처하는 자세를 주의해 보면, 답을 얻을 수 있는 메시지가 있다.

22~23절: "회당장 중 하나인 야이로라 하는 이가 와서 예수를 보고 발 아래 엎드리어 많이 간구하여 가로되 내 어린 딸이 죽게 되었사오니 오셔 서 그 위에 손을 얹으사 그로 구원을 얻어 살게 하소서."

그러므로 이 경건의 시간을 통해 달리다굼의 제목으로 하니님의 은혜를 나누고자 한다.

1. 주님 발아래 엎드렸다.

발아래 엎드렸다는 말은 최대의 존경을 표현하는 것이다.

당시의 회당장은 회당에서 가장 높은 직위의 사람으로서 집회를 인도하 고 회당 건물의 유지 운영 보존을 책임질 뿐만 아니라 예배 질서와 신성함 을 유지하는 책임을 맡고 있었으며 또한 율법의 낭독이나 설교 등을 할당 해 줄 권리를 갖고 있었다.

그 회당장 아래 "핫잔"(Hazzan)이라는 회당의 서열 2위가 있었고, 그리 고 랍비들이 있어서 율법을 해석하고 가르치는 사역이 시행되었던 것이다.

다시 말하면 당시 사회적 종교적 신분이 높았던 사람이 틀림없는데 새 로운 랍비 정도로 평가받는 인물이었는데 예수님 발 앞에 엎드렸다는 것 은 최고의 겸손을 의미하는 것일 것이다. 즉 문제 앞에서는 겸손해야 하 는 것이다.

2. 많이 간구 하였다.

'기도'가 하나님을 향한 마음 자세라고 한다면 '간구'란 필요한 것을 하나님께 아뢰는 것을 뜻한다. 회당장은 딸이 죽게 된 문제를 가지고 주님 앞에 엎드려서 딸을 살려달라고 간절하게 아뢰었던 것이다.

12년 동안 혈루증을 앓았던 여인의 간절함, 소경 거지 바디메오의 간절함, 수로보니게 여인의 간절함, 문둥병자의 간절함, 삭개오의 간절함은 하나 같이 문제 앞에서 주님이 해결해 주시기를 소망하는 낮은 자리에서의 바람이었던 것이다.

"너희가 얻지 못함은 구하지 아니함이요?"(약4:2)
"구하라 그러면 너희에게 주실 것이요, 찾으라 그러면 찾을 것이요, 문을 두드리라 그러면 너희에게 열릴 것이라"(마7:7).

3. 구원을 얻어 살게 하소서라고 간청 했다.

구원이 어디로 오는 것인가를 회당장은 그의 고백을 통하여 확인하였다.

오늘을 살아가는 그리스도인도 마찬가지이다.
모든 문제의 해결이 주님께로부터 라는 확신 있는 믿음에서 문제는 해결될 수 있다.
자꾸만 다른 곳에 눈길을 돌리고 엉뚱한 곳에 마음을 두는 사람은 문제를 해결하고자 하는 것이 아니라 더욱 큰 문제를 만들어 가는 것을 깨달아야 한다.

문제 해결은 주님이 하신다. 두려워 말고 믿기만 하라.
"예수께서 그 하는 말을 곁에서 들으시고 회당장에게 이르시되 두려워 말고 믿기만 하라."(:36).
12년 혈루증 여인을 치료하고 가는 길에 회당장의 딸이 죽었다는 소식을 들으신 주님은 회당장에게 말씀 하셨다.

"두려워 말고 믿기만 하라."

그런데 사실은 이 말씀이 마음에 믿음으로 확신되기가 그리 쉬운 것이 아니다.

그래서 주님은 바울을 통하여 데살로니가후서 3:2에서 "믿음은 모든 사람의 것이 아님이라"고 하셨던 것이다.

그것은 오늘도 마찬가지이다.

큰 바위를 보고서 걸작품을 만들어 낼 수 있는 조각가, 백지를 보고도 언어로 표현할 수 없는 작품을 그려내는 화가, 사막에서도 지하수를 볼 수 있는 사람, 전쟁 중에 진퇴양난의 상황에서도 출구를 보는 지휘관, 역사는 이와 같은 사람들의 몫이었다. 그것이 믿음 있는 자들의 삶이었으며 그것은 오늘도 현재 진행형으로 역사 되고 있는 것이다.

일곱 배를 뜨겁게 한 풀무 가운데 던짐을 받으면서도 하나님의 구원을 보았던 사드락과 메삭과 아벳느고는 믿음의 사람이었다.

돌에 맞아 죽으면서도 원수들을 용서하고 기도하면서 숨을 거둔 스데반은 믿음의 사람이었다. 돌로 맞고, 톱에 켜임을 당하고, 칼에 죽임을 당하고, 양과 염소의 가죽을 입고 유리하여 궁핍과 환난과 학대를 받으면서도 믿음을 지켰던 히브리서 11장에 기록된 선진들의 삶은 믿음 없이는 어림도 없는 일이었다.

성경은 이와 같은 사람들에 대하여 "세상이 감당치 못할 자"라고 하였다.

시편 121:1~2은, "내가 산을 향하여 눈을 들리라 나의 도움이 어디서 올꼬 나의 도움이 천지를 지으신 여호와에게서로다"

예수님께서 야이로의 집을 찾았을 때, 주위 사람들이 훤화하면서 이미 죽었는데 예수님인들 어쩌랴 하는 마음으로 예수님을 괴롭히지 말라고 하기도 하고 죽은 딸에 대한 동정심으로 안타까워하기도 했다.

예수님은 그 상황에서 아주 조용히 야이로에게 말씀을 건넸다.

"두려워 말고 믿기만 하라."

그리고 야이로의 집으로 들어가셔서 죽은 소녀의 손을 잡아 일으키시면서 말씀 하셨다.

"달리다굼!"

그 순간 소녀가 일어나서 걷게 되었다.

"달리다굼"이란 말은 원문이 Ταλιθα κουμ(탈리다 쿰)인데 이 말은 예수님 당시에 팔레스타인에서 통용되던 아람어였다. '탈리다'는 "연약한 것, 불쌍한 것, 미천한 것"을 뜻하는 단어로서 여기에서는 '소녀야'이다. '쿰'은 '일어나라'는 말인데 이 말의 합성어가 '달리다굼'이다.

이 "달리다굼"은 당시의 가정에서 일상화 된 용어였다고 한다.

곧 아버지와 어머니가 어린 아이들을 깨울 때 사용한 단어로서 애정이 담긴 가정의 상용어가 '달리다굼'이었다고 한다. 영적으로 "달리다굼"은 엄청난 역사를 일으키는 메시지가 있는 용어이다.

여호수아 7:10에서는 여호수아가 아이성 공략에 실패하여 좌절감에 빠져 주저앉아 있을 때 여호와께서 "일어나라 어찌하여 이렇게 엎드렸느냐?"고 말씀하셨다.

이사야 60:1절에서는 하나님이 이사야에게 말씀하시기를 "일어나라 빛을 발하라 이는 네 빛이 이르렀고 여호와의 영광이 네 위에 임하였음이니라"고 사명을 일깨우셨다.

누가복음 7:14절에서는 나인성 과부의 아들이 죽어 관에 메어 나갈 때 과부를 불쌍히 여겨 관에 손을 대시고 말씀하시기를 "청년아 일어나라"고 명령하여 죽은 청년을 살리셨다.

사도행전 12:7절에서는 옥중에 지쳐 쓰러져 있는 베드로에게 주의 사자가 나타나 "일어나라"하니 쇠사슬이 그 손에서 벗어지면서 베드로는 구출되기도 했다.

에베소서 5:14절에는 바울을 통하여 하나님은 장차 그리스도 안에서 죽은 성도들에게 이르시는 말씀이 "잠자는 자여 깨어서 죽은 자들 가운데서 일어나라 그리스도께서 네게 비춰시리라 하셨느니라" 고 기록하고 있다.

이 모든 성경 구절이 하나 같이 "달리다굼"의 은총을 나타내고 있다. 즉, 모든 성도는 하나님 앞에서 "탈리다"이며 그러기에 어제나 "쿰"의 은총이 있는 것이다.

청년이란 헬라어는 '네아니스코스'이다.

말씀을 맺고자 한다.

사람이 살아가노라면 다양한 문제를 맞게 된다.
대부분의 사람들은 문제를 맞게 되면 당황하게 되고 문제를 더욱 큰 문제로 만들어 간다.
그러나 그리스도인은 어떤 상황에서도 문제를 해결할 수 있다는 믿음으로 극복한다는 것이다.
그것은 모든 문제를 해결하실 분이 하나님이심을 믿는 믿음이 있기 때문이다.

그래서 마가복음 9:23절에서 주님은 말씀하셨다.

"할 수 있거든이 무슨 말이냐 믿는 자에게는 능치 못할 일이 없느니라."

또 바울은 "내게 능력 주시는 자 안에서 내가 모든 것을 할 수 있느니라"
(빌4:13).

오늘 여러분이 이 믿음의 주인공이 되기 바란다.

장미족=장기간 미취업자,

삼일절=31세까지 취업 못하면 길이 막힌다,

삼포세대=연예, 결혼을 못하였으니 당연히 출산도 포기,

오포시대= 삼포+인간관계와 내 집 마련마저 포기

청백팀= (청년 백수팀).

성경에는 예수님께서 죽은 자를 살리신 사건이 3번 나오고 있다.

과부의 죽은 아들을 살리심

죽은 나사로를 살리심

그리고 오늘 소녀를 살리신 것이다.

공통점은 젊은 청년이라는 점이다.

젊은이들이 죽어서는 안된다는 것이다.

기죽지 말고 당당하게 살라는 의미이다.

달리다굼(소녀야 일어나라~!)

젊은이여 (쿰, 일어나라)

한영인이여 (쿰, 일어나라)

대한민국이여 (쿰, 일어나라)

떨기나무 불꽃

출 3:1~2

"모세가 그의 장인... 이드로의 양떼를 치더니.. 하나님의 산 호렙에 이르매 여호와의 사자가 떨기나무 가운데로부터 나오는 불꽃 안에서 그에게 나타나시니라"(3:1~2)

모세의 나이 80세 되던 해다. 젊은 날 한 때는 애굽 왕궁에서 차기 왕으로 오를 서열에까지 오른 때도 있었던 그다.

그러나 한 때의 혈기로 살인을 하고 망명객이 되어 호렙산 기슭에서 처가살이를 하며 양떼를 돌보고 있었다. 그러던 어느 날 떨기나무에 불꽃이 임하여 꺼지지 않는 모습을 보았다.

이상히 여긴 그가 떨기나무 가까이로 다가갔을 때에 하나님의 음성을 들었다. "네가 선 땅은 거룩한 땅이니 너 발에 신은 신을 벗으라."는 하나님의 음성을 들었다. 그리고 이스라엘 민족의 지도자로 부름을 받게 되었다.

떨기나무는 우리나라의 찔레나무와 비슷한 나무이다. 가시가 돋고 자라지를 못하여 불쏘시게 외에는 쓸모없는 나무이다.

이 떨기나무는 애굽에서 노예로 비참한 굴종의 삶을 살아가고 있는 히브리 민족을 상징한다. 그 민족은 이 떨기나무처럼 별로 쓸모없고 가치 없는 그리고 별로 유용하지도 않은 민족이다. 그 민족이 특별히 어디가 잘나서 하나님께서 그토록 사랑하시는 것은 아니다.

그러나 여기에 불이 붙어 있다.

불은 성경에서 두 가지의 의미가 있다.

하나는 하나님의 심판의 상징으로, 또 하나는 하나님께서 함께 하고 계신다는 임재의 상징으로 사용된다. 떨기나무에 불이 붙어 있으나 타 버리지는 않았다고 했다.

이 현상을 두고 내세의 황홀한 광경이라고 설명하기도 하고, 모세가 마음속으로만 느꼈던 광경이라고 설명하기도 하지만, 분명한 것은 모세의 눈에 비친 광경 즉, 자연 현상에서 일어난 광경이었음을 부인할 수 없다. 자연 속에서 초자연적인 광경을 연출하실 분은 오로지 만물을 창조하신 여호와 한 분 밖에는 없다는 사실을 인정하게 된다.

그러므로 이 불은 하나님의 심판의 상징이 아니라 하나님께서 떨기나무와 함께 해 주고 계시다는 임재의 상징이라 하겠다.

이스라엘 백성들이 광야 길을 갈 때에 하나님께서 밤에 불기둥으로 이스라엘 백성들과 함께 하셨다. 이처럼 불은 하나님께서 함께 하시는 임재의 상징이다. 비록 떨기나무처럼 보잘 것 없는 이스라엘 민족이지만 하나님께서 사랑하셔서 함께 해 주시고 보호해 주시고 임재 해 주신다는 것을 뜻하는 사건이다. 그리고 이러한 떨기나무를 위해서 하나님께서는 모세를 이제 애굽으로 보내 주신다.

우리 예수 믿는 사람들도 바로 여기에 나오는 떨기나무이다.

우리가 잘나서 하나님께서 사랑해 주시는 것은 아니다.

우리는 원래 백향목이 아니다. 떨기나무와 같이 보잘 것 없고 가치 없는 존재들이었지만, 하나님께서 사랑하시고 긍휼히 여겨 주셔서 예수 그리스도를 이 땅에 보내 주신 것이다.

하나님은 왜 그런 나무에 임하셔서 모세를 부르셨을까?

우리들에게 두 가지 의미를 일러준다.

1. 하나님께서 우리를 일꾼으로 세우실 때에 순탄한 환경에서 훈련시키시지를 않고 고난의 세월 속에서 훈련하시어 사용하신다. 개인도 그러하고 민족도 그러하다.

2. 하나님께서 일꾼을 뽑으실 때에 나무 중에서 백향목이나 오동나무 같은 잘난 나무 같은 사람을 뽑으셔서 사용하시는 것이 아니라 나무 중에 찔레나무 같은 쓸모없는 사람을 뽑으셔서 하나님의 일꾼으로 사용하신다.

예수님께서 12제자들을 세우실 때에 그러하였다.

베드로나 요한 야고보 같은 제자들이 그러하였다. 당대에 엘리트들 중에서 제자 감을 세우신 것이 아니다.

떨기나무에 불꽃으로 임하셨듯이 사람들 중에 잘나지 못한 후진 사람들 중에서 제자를 뽑으셔서 제자를 삼으셨다.

그래서 지금 이스라엘 나라는 자신들의 국기를 떨기나무에 임한 불꽃 모습을 국기로 삼고 있다. 이스라엘 나라를 고난의 역사 속에서 지키시고 잘나지 못한 자신들에게 사명을 맡기셨다는 의미에서이다.

하나님께서는 나무 중에 떨기나무 같은 우리들에게 임하시고 사명을 맡기시어 일꾼으로 세우신다.

(목실원 개강. 2015.2)

결단의 순간에

삼상24:1~:7

요즈음 우리 사회를 보면 혼란스럽다는 느낌을 받는다.

이념적으로 양쪽이 나뉘어서 팽팽하게 대립하고 있다. 북한과의 관계나 미국과의 관계, 교육문제, 입시문제와 관련해서도 그렇다. 이런 문제에서 모두가 만족할만한 완벽한 결론을 내리기는 어렵겠지만, 결단이 필요하다. 또한 이런 거창한 문제뿐 아니라 일상생활에서 일어나는 문제들에 있어서도 결단을 해야 할일이 있다. 너무 분명해서 결정하기가 쉬운 일도 있지만 그렇지 않은 경우도 있다. 이런 경우에 바른 결단을 하기 위해서는 원칙이 필요하다.

잠자고 있는 사울 왕 앞에 선 다윗이 그런 경우를 당했다. 그는 원칙을 지켜서 결단을 했고 그 덕분에 위대한 지도자로 자리매김을 할 수 있었던 중요한 원리를 살펴봄으로 하나님의 은혜를 나누고자 한다.

1. 상황보다 하나님의 뜻을 우선 하자(:3~:4)

다윗이 사울을 피해 엔게디 광야 동굴에 숨었을 때의 장면이다.

사울이 자고 있는 것을 발견한 다윗의 사람들은 원수를 갚게 하시는 하나님이 주신 기회라고 말했다. 충분히 그럴듯하게 들린다. 아마도 다윗의 마음도 조금은 흔들렸을 것이다. 사울의 옷자락을 벤 것을 보면 짐작할 수 있다.

그러나 그는 상황이나 주변 사람들의 이야기로 하나님의 뜻을 왜곡하지 않았다(:3-:4). 아무리 상황이 그럴듯해도 하나님의 뜻이 아니라고 생각했기 때문에 실수하지 않았던 것이다. 만일 이 상황을 하나님이 주신 기회로 받아들여서 사울을 죽였더라면 그가 왕이 되는 과정에 엄청난 어려움이 있었을 것이다. 다윗이 하나님의 마음에 합한 사람이라는 것은 여기서 잘 나타난다.

하나님을 믿는다면서 때때로 하나님의 뜻을 자신에게 이로운 방향으로 해석해 버리기 쉽다. 그러다보면 내가 하나님의 뜻을 순종하는 것이 아니라 내 뜻을 이루기 위해서 하나님을 이용하게 되기 쉽다. 그렇게 되면 하나님의 이름을 언급하면서도 결국 자신의 육신의 욕심을 따라 행하게 된다.

주님이 제자들에게 주님을 따르기 위해서 자기를 부인하라고 한 말씀(눅 9:23) 이나 사도바울이 "성령을 따라 행하면 육체의 욕심을 이루지 아니하리라(갈5:16)"고 하신 말씀이 바로 이런 것과 일맥상통한다.

우리 생활에서 미묘한 상황이 유혹이 될 수 있다.

예를 들어, 사업을 시작하거나 직장을 구하려고 하는데 마침 좋은 일거리가 생겼다면 일단 하나님의 인도하심으로 생각할 수 있다. 그러나 그 일이 하나님의 뜻에 맞지 않는 일이라면 아무리 상황적으로 좋아 보이더라도 받아들여서는 안된다. 때로는 주변에 있는 사람이 정말 사랑하는 마음으로 조언을 해주는 경우에 혼동되기 쉽다.

예수님이 십자가의 고난을 예언했을 때에 베드로가 예수님께 그런 일이 있어서는 안된다고 말한 것이 그런 예가 된다. 그때 주님은 베드로를 향해 "사단아 물러가라"고 했다. 아무리 사랑하는 사람의 말이라도 하나님의 뜻에 맞지 않는다면 이렇게 거절할 수 있어야 한다. 우리가 개인적으로 느끼기에 좋은 상황을 당할 때마다 내 귀에 듣기 좋은 소리를 들을 때마다 하나님의 뜻에 대해서 좀 더 깊이 생각해서 결정을 해야 한다.

2. 하나님이 세우신 권위를 인정 하자(:6)

일단 하나님의 뜻을 생각하고 사울을 죽일 기회를 포기한 다윗은 자기 부하들에게 자기 행동에 대한 이유를 설명했다. 그것은 사울이 아무리 악하고 자기를 괴롭히는 사람일지라도 하나님의 기름부음을 받은 사람이기 때문에 그를 임의로 죽이는 것은 하나님의 권위를 무시하는 것이 될 수 있다는 것이었다(:6).

한마디로 말해서 사울 자신 때문이 아니라 하나님의 권위 때문에 사울을 살려준 것이다. 다윗에게는 하나님의 권위에 대한 강한 확신이 인간적인 모든 감정을 초월해서 강하게 영향을 미친 것이다.

롬13:1-사도바울은 그 당시 로마제국의 권위에 대해서 비슷한 말을 했다.

벧전2:18-베드로 역시 그런 말을 하면서 까다로운 상전에게도 순복하라고 했다.

물론 그들이 구약에서 하나님으로부터 기름부음을 받은 지도자들과는 구별이 된다. 그러나 그들이 지상에서 통치하기 위해서는 하나님의 권위를 부여받을 수밖에 없으며 그렇기 때문에 그 권위를 인정해야 하는 것이다. 가만히 생각해보면 예수님이 이 땅의 권위를 무시했다면 십자가를 지시지 않아도 되었다. 예수님은 자기를 죽이는 지상의 권위가 하나님의 권위 아래 있음을 인정했기 때문에 십자가에서 죽을 수 있었다. 그러므로 오늘 우리가 이 땅에서 살면서 삶의 모든 영역에서 권위를 만나게 될 때마다 그 권위가 하나님께로 온 것임을 인정하자.

그것이 가정에서 부모들의 권위 일 수 있고, 직장에서 썩 마음에 들지 않는 상관일 수 있다. 우리나라의 정치지도자들일 수 있고, 교회 내에서 책임을 맡은 분들일 수 있다. 물론 이런 지도자들이 하나님의 뜻을 거역할 때는 무조건 순종할 수는 없다. 때로는 강하게 도전할 필요가 있다. 그러나 권위 자체는 인정해야 한다. 그것이 하나님의 뜻이다.

3. 하나님이 하실 판단을 기대하자(:12~:15)

다윗이 그렇게 할 수 있었던 것은 자기가 직접 심판하지 않더라도 하나님이 그를 심판할 것을 알았기 때문이다(:12, :15).

그는 하나님의 궁극적인 심판을 믿었기 때문에 자신이 하나님이 하실 일을 대신 하려고 하지 않았다. 주님은 분명히 원수 갚은 것이 내게 있다고 했다고 하셨으며(롬12:19) 그렇기 때문에 할 수 있거든 모든 사람으로 더불어 평화하라고 했다(롬12:18).

산상수훈에서 주님은 일반성도들이 실천하기 어려운 명령을 했다. 오른뺨을 때리면 왼뺨을 대라. 오리를 가자거든 십리를 가라. 원수를 사랑하고 그를 위해서 기도해라 등. 지키지 힘든 일 같지만 하나님이 나중에 판단해주실 것을 확신한다면, 그래서 그때를 기다릴 수 있다면 못할 것도 아니다. 사실 우리가 그런 상황을 다윗처럼 잘 극복하지 못하는 것은 다윗처럼 마지막 날에 분명히 하나님이 심판하리라는 확신이 없거나 그때를 기다릴 인내가 없어서 일 것이다. 매사에 지금 당장 눈앞에 있는 일만 생각하지 않고 모든 일을 주관하시는 하나님의 섭리를 인식하고 결정한다면 훨씬 실수를 줄일 수 있다.

요즈음 생활 속에서 결단이 필요한데 망설이는 일이 있는가?

아무 생각 없이 그저 남들 하는 대로 하지 말자. 그렇다고 원칙도 없이 경솔하게 결단을 내려서도 안된다. 다윗처럼 믿음으로 가지게 된 원칙을 근거로 해서 바르게 결단하도록 하자.

(목실원 종강 2015. 12)

너희가 먹을 것을 주어라

막 6:35~:44

오늘 말씀에 보면 예수님은 어느 날 벳새다의 빈 들판에서, 허기지고 병들어 소망을 찾아 모여든 많은 군중을 바라보면서 불가능한 과제를 제자들에게 주셨다. "너희가 먹을 것을 주라." 자기 한 몸 감당하기도 버거운 제자들에게 너무 어려운 과제를 주셨다. 그러나 자의적이든 타의적이든, 수동적이든 능동적이든 제자들은 예수님께 순종했고, 그 때 기적이 일어났다. 우리를 둘러싸고 있는 문제에 대한 유일한 대안이고 소망은 "하나님의 기적"이다. 기적은 하나님이 행하시는 일이다. 그것은 감히 우리가 접근할 수 없는 영역으로 하나님만이 초자연적으로 행하시는 것이지만, 그 속에 인간적인 요인이 있다. 기적이 일어나게 하는 상황적인 요인이 있다는 것이다. 기적은 하나님이 행하시지만 '사람을 통해' 행하신다. 그 기적이 불가능한 현실 과제를 풀어 낼 수 있다.

그러면 우리가 할 수 있는 일은 무엇인가?

기적이 이 땅에 임하고 하나님의 구원과 소망이 이 땅에 임하게 하기 위해서 우리가 해야 할 일은 무엇일까?

1. 기적은 책임을 느끼는 것에서 시작된다(:36~:37)

대책 없이 모여든 허기진 군중의 식사 문제를 해결한다는 것은 불가능했기에, 제자들은 각자 해결하게 하자고 예수님께 제안한다. 그러나 이때 뜻밖에 '너희가 먹을 것을 주라'고 예수님은 강조하신다. 너희가 책임져야 한다는 것이다. 자기 한 몸 추스르기도 어려운 제자들에게 예수님은 강한 도전을 주고 계신다.

우리는 어떤 문제가 생길 때 정부나 지도자의 책임으로 돌릴 수 있다. 주변의 다른 환경에 책임을 물을 수도 있다. 그러나 기도했을 때 주님은 이런 문제에 대해 뜻밖의 대답을 하신다. 그것은 바로 내 책임이라는 것이다. 주님은 이 땅의 소금이고 빛이어야 할 그리스도인의 책임이라고 말씀하신다. 다른 사람이 아니라 바로 나의 책임을 묻고 계시는 것이다.

예수님은 허기진 군중들을 바라보시면서 그들을 불쌍히 여기셨다.
"예수께서 나오사 큰 무리를 보시고 그 목자 없는 양 같음을 인하여 불쌍히 여기사 이에 여러 가지로 가르치시더라.(:34)
'불쌍히 여기셨다'는 함께 느낀다는 뜻이다. 주님은 그들을 불쌍히 여기사 고통을 함께 느끼셨다. 그들의 절망, 좌절, 고통을 함께 느끼셨다. '불쌍히 여기다'는 '저 깊은 곳의 속창자가 끊어지는 고통'을 느끼는 것을 말한다. 그런 격렬한 고통으로 대중의 고통을 느끼셨다. 그리고 제자들에게 이 고통을 느껴야 한다고 말씀하시며, 그들에게 먹을 것을 주라고 말씀하신다.

그리스도인에 대한 여러 가지 표현 중, "상처받은 치유자"라는 표현이 있다.

그분을 따라가는 우리 모두가 고통을 받으면서 십자가 앞에 나아왔고 상처의 치유를 경험했다. 이제 새로운 소망을 경험한 우리에게 주님은 우리보다 더 절망하고 더 어려운 처지에 있는 사람에게 치유자가 되라고 말씀하신다.

우리는 나보다 더 어려운 이웃을 책임지고 그들의 손을 잡아야 할 책임을 갖고 있다.

충북 음성 꽃동네가 시작된 사연이 있다. 걸인 한 명이 신부님 숙소를 찾아왔는데, 신부님은 그 걸인에게 한 끼 분의 돈을 주었다. 얼마 후에 그는 다시 찾아왔고, 그 후에도 계속 찾아왔다. 문득 그의 행보가 궁금해진 신부님이 그를 추적하였다. 걸인은 계속해서 구걸하여 아홉 사람의 식사비 정도를 구걸하는 것이었다. 그리고 나서 숙소로 향했는데, 형편없는 그곳에는 아홉 사람이 누워 있었다. 그가 다시 신부님에게로 와서 구걸했을 때, 신부님이 그에게 물었다.

"당신은 자신의 몸도 성하지 않은데 어떻게 아홉 명의 사람을 도울 수 있습니까?"

이 질문에 그 사람은 아주 충격적인 대답을 하였다.

"신부님, 저는 걸어 다닐 수 있거든요. 걸어 다닐 수 있는 제가 누워 있는 이 사람들을 책임지지 못한다면, 이 사람들은 어떻게 되겠습니까?"

이 한마디가 신부님의 가슴을 찔렀다.

'나는 얼마나 이웃 사람들에 대한 책임을 지고 있었는가?'

"너희가 먹을 것을 주어라."

아직 대책은 없었고 누군가 책임을 져야 했다. 제자들은 어렴풋이 책임감을 느꼈고 무언가를 해야 한다고 생각했다. 바로 그 때가 기적이 시작되는 순간이다. 책임을 느끼는 순간이 기적이 시작되는 순간이었던 것이다.

2. 주님께 드려야 한다.

우리가 가진 것이 무엇이든지 그것을 드려야 한다. 우리의 오병이어를 주님께 드려야 한다. 이 '오병이어'의 기적은 사복음서 모두에 기록되어 있다. 이것은 이 사건의 중요성을 말해 주는 것이다. 중요한 사실은 '오병이어'가 주님 앞에 드려졌다는 사실이다. 37절을 보면, 어떤 제자가 "우리가 가서 이백 데나리온의 떡을 사다 먹이리이까?"라고 묻고 있다. 요한복음에 의하면 이 제자는 '빌립'인데, 계산에 뛰어난 사람이었던 듯하다. 벳새다의 들판에 있는 사람들 중 떡을 먹은 남자의 수가 오천 명이 넘었다고 되어 있다. 일반교회에서 성도 구성비는 남자 성도들 수가 적은데 남자의 수만 오천 명이 넘었으니, 전체는 만에서 이만 명 가까이 되는 수였을 것이다.

이런 사람의 수를 보고, 빌립은 적어도 이백 데나리온이 되는 식사비가 필요하다고 생각되었을 것이다. 그 당시 하루 열심히 일하면 받는 하루 품삯이 일 데나리온이었으니, 이백 데나리온은 결코 적은 돈이 아니었다. 그러나 그 대답은 별로 진지한 것이 아니고, 그냥 '없습니다. 못하겠습니다.' 하는 대답이라고 할 수 있다.

그러나 주님의 말씀이 계속된다.

"이르시되 너희에게 떡 몇 개나 있느냐 가서 보라 하시니 알아보고 가로되 떡 다섯 개와 물고기 두 마리가 있더이다 하거늘"(:38)

예수님은 우리에게 무엇이 있느냐 물어 보시고 뭔가 찾아보라고 하신다. 있는 것이 무엇인지 찾아보라고 하신다. 우리는 "못합니다. 책임질 수 없습니다."라고 여러 가지 이유를 댄다. 그러나 주님은 우리에게 우리가 할 수 있는 일이 무엇인가를 생각하게 하신다. 가지고 있는 것이 무엇인지 찾게 하신다. 모세에게 이스라엘을 이끄는 위대한 과제를 수행시키고 그를 민족 해방의 주역으로 삼겠다고 했을 때, 모세는 할 수 없다고 했다. 하나님께서는 "네 손에 가진 것이 무엇이냐?"라고 물으셨고, 그때 모세에게는 지팡이 하나밖에 없었다. 그러나 그것이 중요한 것이다.

가진 것이 무엇이냐고 물으시자 제자들은 찾기 시작했다. 안드레가 어린아이의 도시락을 찾아냈다. 제자들은 그것이 얼마나 되겠느냐고 대답했으나 주님은 그것을 가져오라고 하셨다. 어린아이는 어린아이의 순수함으로 그것을 예수님께 드렸다.

헌신은 물질적인 것만이 아니다. 고통스러워하고 아파하는 이웃들에게 건네 줄 수 있는 나의 말 한마디가 기적의 시작이다. 작은 것이 주님 앞에 드려진 순간, 기적은 시작된다. 여러분은 자신의 가장 작은 것도 주님이 쓰시겠다면 기꺼이 드리시겠는가?

3. 이 땅에 주님의 기적이 이루어지도록 "순종"이 있어야 한다.

드린 것과 동시에, 순종의 아름다운 응답을 주님은 사용하신다.
"제자들을 명하사 그 모든 사람으로 떼를 지어 푸른 잔디 위에 앉게 하시니 떼로 혹 백씩, 혹 오십씩 앉은지라"(:39 ~ :40)

주님은 제자들에게 명령하셨다. 제자들로 하여금 잘 정리시키셨다. 어떤 제자들은 어떻게 처리를 할까 두려워했을 것이고, 어떤 제자들은 이제 선생님이 무엇인가 위대한 일을 시작하실 것이라는 믿음이 일어났을 것이다.

순종은 믿음이다. "믿음"은 바라는 것들의 실상이요, 보지 못한 것들의 증거이다. 제자들은 예수님이 위대한 일을 시작하실 것 같다는 기대와 믿음으로 사람들을 앉혔다. 기적의 마당이 준비된 것이다. 순종했던 제자들과 기대하며 앉았던 사람들에게 기적은 시작된다.

"예수께서 떡 다섯 개와 물고기 두 마리를 가지사 하늘을 우러러 축사하시고 떡을 떼어 제자들에게 주어 사람들 앞에 놓게 하시고 또 물고기 두 마

리도 모든 사람에게 나누어 주시매"(:41)

'축사하시고, 떡을 떼어, 주기 시작했다' 3개의 동사가 나온다. 주님은 먼저 하나님께 감사했다. 그리고 나서 떡을 떼셨다. 떡을 깨뜨리셨다. 이는 주님 자신의 몸이 깨어지심을 상징한다. 이 기적 이후에 예수님은 "내가 바로 생명의 떡이라"는 말씀을 하신다.

허기진 군중들은 배고파하고 목말라 한다. 그러나 그들에게 정말 필요한 것은 십자가에서 우리의 허물과 죄를 대신하여 죽으신 예수 그리스도 그 자체이다. 그렇기 때문에 예수님은 자신을 깨뜨리시고 자신을 나누어주신 것이다. 이러므로 우리가 죄사함을 받고 구원을 받게 되었다.

이제 주님은 그를 따르는 제자들에게 요구하신다.

이러한 이기심을 깨뜨리는, 자신을 깨뜨리고 사랑과 복음을 나누는 일을 요구하신다. 이 땅의 그리스도인들이 자신의 욕심을 깨뜨리고 이웃과 나눌 때, 기적은 반드시 일어날 것이다. 이 시대에 기적의 도구가 되기 위하여 자신을 주님 앞에 깨뜨리는 사람, 그것이 우리 모습이 되기 바란다.

할 수 있으면

막9:21~24

　예수님께서 가이사랴 빌립보를 지나시면서 제자들에게 '너희는 나를 누구라고 하느냐'고 물으시고 제자 베드로의 신앙고백을 들으시고 그 위에 교회를 세우시고, 그 교회로 하여금 묶인 자들을 풀어 자유케 하라는 말씀을 하신 후 8일이 지나서 예수님께서는 베드로와 야고보와 요한을 데리고 산에 올라가셨다.

　(분명한 신앙고백을 한 사람은 예수님을 끝까지 따라간다는 사실이다.)

　그 산에서 예수님은 그 모습이 변형, 변화 되셨다.
　세상의 그 어떤 빛으로도, 옷도 그렇게 새하얗게 될 수 없었다. 변하신 예수님 옆에 모세와 엘리야가 서서 장차 일어날 일에 대해서 이야기를 했다. 모세는 율법을 대표하고, 엘리야는 능력을 대표하는 선지자이다. 구약의 핵심, 구약의 가장 대표적인 율법과 선지자이다. 율법은 진리를, 엘리야 선지자는 능력, 은혜를 상징한다. 진리와 능력, 은혜가 예수 그리스도를 중심으로 나타나야 본연의 기능을 다할 수 있다.

　이것을 요한 사도는 요한복음 1장 14절에서 '은혜와 진리'가 충만하더라라고 했고, 바울 사도는 에베소서 4장에서 '아는 것과 믿는 일에 온전한 사람을 이루어'라고 기록하고 있다.

이처럼 진리와 은혜, 율법과 능력이 조화를 이루어야 하는데 그 중심에 예수님이, 그리스도께서 계셔야 한다. 이렇게 변화하신 예수님을 보면서 베드로가 비몽사몽간에, 자신도 지금 무슨 말을 하는지도 모르면서 '여기가 좋사오니, 여기에 장막을 셋을 짓겠습니다. 주님을 위해, 모세를 위해, 엘리야를 위해'. 그런데 예수님은 그 말에 대해서 이런 저런 말을 하지 않으시고, 예수님은 제자들을 데리시고 다시 산 아래로 내려 오셨다. 변화되신 예수님, 놀라운 환상 속에 있으면 세상이 싫어진다. 세상에 가고 싶지 않다. 그저 주님과 같이 있고 싶다.

그렇지만 예수님은 세상으로 '가자' 하신다. 우리가 싸우고, 우리가 승리를 취해야 하는 곳은 세상이기 때문이다.

산 아래에서는 예수님의 제자들이 귀신들린 아이를 고치지 못하고 있었다.

이 아이의 아버지는 산에서 내려온 예수님을 보고 이렇게 간청을 한다. "하실 수 있으면, 우리를 불쌍히 여기시고 도와주십시오.", '하실 수 있으면'이라는 말은 무엇보다도 겸손한 말로 다가온다. 빚쟁이에게 빚 독촉을 하듯 당연한 것을 요구하는 것이 아닌, 은총을 겸손하게 구하는 모습으로 다가온다. 그리고 '하실 수 있으면'이라는 말 속에는 분명 주저함이 담겨 있기도 하다. 주저함이란 예수를 통해 나타날 은총을 충분히 신뢰하지 못하는 마음까지가 담겨 있다. '당신이 이 일을 할 수 있을지 없을지는 모르겠습니다만' 하는 뜻이 담겨 있는 것이다. 아무리 겸손해 보인다 하여도 그것은 분명 신앙의 부족함이었다. 우리는 자주 우리 신앙의 부족함을 마치 겸손인 것처럼 감출 때가 있다. 그것이 신앙의 부족인지 겸손인지 자신은 물론 남들도 구별하지 못할 때가 많지만 주님은 아신다.

예수는 귀신들린 아들을 둔 아버지의 믿음을 대번 이렇게 바꿔주신다. "'할 수 있으면'이 무슨 말이냐? 믿는 사람에게는 모든 일이 가능하다."라고. 그리고 그 아이를 고쳐주셨다.

그런데 이렇게 강력하게 말씀하셨던 예수님께서도 '할 수 있으면'이라고 요청하신 적이 있으시다는 점이다. 겟세마네동산에서 십자가를 앞에 두고 예수님은 하나님께 "할 만하시거든 이 잔을 내게서 옮겨 주시옵소서"(마 26:39)라고 하신 것이다.

물론, 십자가의 고통이 얼마나 크면, 십자가를 진다는 것 즉 속죄의 죽음이 얼마나 고통스럽고 치욕스러운지를 아시는 주님은 옮겨지기를 겸손과 주저함으로 기도하고 있는 것이다. 그런데 여기서 이렇게 비유하며 말씀을 재해석하는 것조차 미안하지만, 자신이 그 지경에 처해 보지 않으면 누구나 다 자신 있게 말한다는 것이다.

상대방의 고통이나 마음에 대한 헤아림이 없이 '왜 안 해', '왜 기도 안 해', '왜 믿음이 없어' 등등으로...

하나님의 뜻이 있다. 시간이 있다. 귀신들린 아이의 아버지는 예수님의 제자가 아닌 예수님을 만나야 귀신들린 아이가 낫게 될 것이며, 예수님은 십자가의 고통과 죽음을 통해 부활과 생명의 구원자가 되는 것이다.

그러므로 우리에게 필요한 것은, '내 뜻대로 마옵시고 아버지의 원대로 하옵소서'라는 자세가 필요한 것이다.

우리는 우리의 기도가 하나님께 영광이 된다고 자신의 뜻, 자신이 정한 시간에 이루어지도록 열심히 기도한다. 아니 하나님께 강요하고 있는 것이다.

(나도 이런 경험을 갖고 있다. 오랜 시간을 기도하고 이 말씀이 떠오르기에 '아버지의 뜻대로 이루어주소서.' 그랬더니 다 부질없었던 기도라는 사실을 깨달았던 것이다.)

이 시간에 기도해 보자. 그리고 아버지의 뜻대로 이루어지도록 붙여보자.

그리고 기도의 내용을 하나님의 뜻을 구하는 내용으로 겸손히 바꿔보자. 예수님은 일평생 하나님의 뜻에 순복하는 생을 사셨다. 그래서 하늘의 영광을 다 버리시고 이 땅에 오셔서 죄인을 용서하시고 병자를 고치시며 귀신들린 자를 놓여나게 하시고 죽은 자를 살리시며 절망에 처한 자에게 소망을 주셨다.

이처럼 하나님 뜻대로 사신 예수님은 최후로 십자가를 지시기에 앞서 겟세마네 동산에서 마지막 기도를 하셨다. '아바 아버지여 아버지께는 모든 것이 가능하오니 이 잔을 내게서 옮기시옵소서'. 예수님은 자신이 마셔야 할 인류의 죄악의 잔이 얼마나 무섭고 고통스러운 것인지 알고 계셨다. 더욱이 속죄양이 되어 하나님 아버지께 버림받아야 한다는 것은 예수님께 더할 나위 없는 고통이었다.

그러나 예수님은 이 모든 것을 아시고도 하나님의 뜻에 전폭적으로 순종하셨다. 그래서 "나의 원대로 마옵시고 아버지의 원대로 하옵소서"라고 기도하셨던 것이다. 그리고 아버지의 뜻에 따라 세상 죄를 다 짊어지고 십자가 위에서 몸 찢기고 피 흘려 죽으셨던 것이다. 이러한 예수님의 순종이 있었기에 죄악과 저주 가운데 살아오던 인류에게 구원과 영생의 길이 열리게 되었다.

아담과 하와가 하나님의 뜻을 거역하고 타락한 후, 인간은 영적으로 하나님과 단절되어 영혼이 죽고 육체는 병들고 부패하여 흙으로 돌아가야 했다. 그리고 환경적으로는 저주의 엉겅퀴로 인해 고통 받는 삶을 살게 되었다.

그럼에도 불구하고 인류는 피투성이채로 끊임없이 반역의 역사를 걸어

왔다. 이같이 하나님의 뜻을 거역하여 멸망을 향해 치닫고 있던 인류를 위해 예수 그리스도께서는 순종의 십자가를 지셨다. 그로 말미암아 우리는 죄를 지었음에도 불구하고, 못났음에도 불구하고, 버림받아야 마땅함에도 불구하고 예수님의 보혈의 공로로 구원받고 영생을 얻을 수 있게 된 것이다.

이처럼 예수 그리스도의 순종을 통하여 구원의 은총을 받은 우리 성도들도 "나의 원대로 마옵시고 아버지 원대로 하옵소서"라는 고백과 함께 하나님의 뜻에 전폭적으로 순종하는 삶을 살아가야 할 것이다.

달음질 하는 자

고전9:24~27

2020년도를 맞이한 지 15일이 지났다. 새해를 맞이할 때마다 희망을 얘기하며 마음의 들뜸이 있었는데, 올해는 예년도 보다 차분하게 맞이한 것 같다.

올해는 일본 도쿄올림픽이 개최되는 해이어서, 선수들이 올림픽 출전권을 따기 위해 극한에 이르는 훈련과 시합을 통해 노력하고 있는 모습을 TV를 통해 종종 보게 된다.

오늘 봉독한 말씀을 보면, 본문 내용 중에는 바울 당시 올림픽 경기장의 모습이 생생히 담겨져 있다. 즉, 달음질하는 자와 허공을 치는 자가 나오고 있는데, 100m 경주에서 라인에 서있는 스프린터나 마라토너를 연상할 수 있으며, 허공을 치는 자는 권투선수를 연상할 수 있기 때문이다. 하긴 그리스 시대에 잘 알려진 4대 경기로는 Olympia, Isthmus, Pythia, Nemea가 있었는데, 바울이 머물렀던 고린도에서 가까운 곳에 Isthmus 경기장이 있었기에 바울이 운동경기들을 관람했을 개연성을 나타내 주고 있다.

내게도 이 말씀은 훈련소에서 '군인은 구보를 잘하면 3년이 편안하다'라는 말을 듣고 있었는데, 측정 할 때 힘들어 포기하고 싶었을 때 이 말씀이 떠올라 완주를 했던 적이 있었다. 그 후론 자대에서 완전군장에 구보를 할 때 반환점까지는 혼자 가지만 돌아올 때는 헬멧, 총 등을 들어주었던 것이 생각나며, 삶을 지탱하는 힘이 되었던 말씀이다. 그러므로 교직원예배를 통해 달음질 하는 자라는 제목으로 하나님의 은혜를 나누고자 한다.

1. 상을 받기 위해 달음질하라(:24)

성경은 우리 믿음 생활이 달리는 경주라고 하신다.

"우리에게 구름 같이 둘러싼 허다한 증인들이 있으니 모든 무거운 것과 얽매이기 쉬운 죄를 벗어버리고 인내로써 우리 앞에 당한 경주를 하며 믿음의 주요 또 온전하게 하시는 이인 예수를 바라보자 그는 그 앞에 있는 기쁨을 위하여 십자가를 참으사 부끄러움을 개의치 않으시더니 하나님 보좌 우편에 앉으셨느니라"(히12:1~:2)

구름같이 둘러싼 허다한 증인들은 아벨로부터 시작하여 노아, 아브라함, 모세, 다윗을 위시한 믿음의 선조들을 가리킨다.

우리 앞에도 믿음의 경주가 있다. 모든 무거운 것과 얽매이기 쉬운 죄를 벗어버려야, 인내로써 잘 달릴 수 있다. 달리면서 우리가 바라보아야 할 분은 믿음의 주요, 우리를 온전하게 하시는 분이시다.

그분은 그 앞에 있는 기쁨을 위하여 십자가를 참으시고 부끄러움을 개의치 않으셨다. 결국은 하나님의 보좌 우편에 앉으셨다.

그분을 본받아 우리도 믿음의 경주를 잘 달려야 영광에 이를 수 있다. 그 앞에 있는 기쁨을 위하여 십자가를 참고 부끄러움을 개의치 않아야 한다.

다 달릴지라도 일등상을 받을 사람은 한 사람인 것을 염두에 두어야 한다.

바울은 달려갈 길을 마치고 세상 떠날 시각이 되었을 때, 선한 싸움을 싸우고 믿음을 지켰으니 나를 위하여 의의 면류관이 예비 되었다고 하였다.

우리도 이 면류관을 받도록 우리 각자 앞에 있는 믿음의 경주를 달려가야 한다.

적당히 흉내만 내고 게으름 부리며 달리지 않는 사람은 상을 받을 수 없다. 사람들은 썩을 승리자의 관을 얻기 위해서도 그렇게 달려서 상을 받는데, 우리가 바라는 것은 그런 것이 아니고 썩지 않을 승리의 면류관이다.

2. 모든 일에 절제하라(:26)

이기기를 다투는 자들은 다른 모든 일에는 절제를 해야만 하는 것은 당연하다.

올림픽 메달을 따기 위해 운동선수들은 선수촌에 입촌하여 훈련에만 전념하고 다른 모든 것은 절제해야만 한다.

한 가지에 집중하지 못하고 여러 가지에 자신을 분산하는 사람은 아무것에도 두각을 나타낼 수가 없다. 명장이 되는 사람들은 무서울 정도로 집중하고 기어코는 해내는 것을 볼 수 있다. 선택과 집중의 정신은 신앙의 경주에서도 다를 수 없다.

약속을 기업으로 받은 사람들은 게으르지 않고 동일한 부지런으로 믿음과 오래 참음으로 받았다. 우리도 본을 받아야 한다.

한 가지를 선택했으면 다른 모든 것은 절제하고 그 한 가지에 집중해야 한다.

크고 첫째 되는 계명에 충실해야 둘째 계명도 실천할 수가 있다.

마음을 다해 뜻을 다해 목숨을 다해 하나님을 사랑하는 사람이 이웃을 자기처럼 사랑할 수 있다. 하나님의 나라와 그의 의를 먼저 구하는 사람이 모든 것을 얻을 수 있다. 떡으로만이 아니라 말씀으로 사는 사람이 하나님께 복을 받고 면류관을 얻을 수 있다. 세상과 돈을 사랑하는 사람은 하나님과 원수가 되고 멸망에 이르고 만다.

그것들을 사랑하는 것이 모든 무거운 것이요 얽매이기 쉬운 죄이다.

그것들을 벗어 던져버리기 전에는 집중해서 달려갈 수가 없다.

벗는 것이 있어야 입는 것이 있고, 비우는 것이 있어야 채우는 것이 있다. 새 포도주는 새 부대에 넣어야 한다. 헌 부대를 버리지 않으면 새 부대에 넣을 수 없다.

내게 유익하던 모든 것을 해로 여기고 배설물로 여기고 버릴 줄 알아야 한다.

그래야 그리스도를 얻을 수 있고 그 안에서 발견될 수 있고 면류관을 받을 수 있다.

아브라함은 본토 친척 고향을 버리고 달려가 가나안을 얻었다.

모세는 애굽의 모든 보화보다 그리스도를 위하여 받는 수모를 더 큰 재물로 여겼다. 하나님의 백성과 함께 고난 받기를 잠시 죄악의 낙을 즐기는 것보다 더 좋아하였다.

그것은 모세가 다른 무엇보다 '상 주심을 바라보았기' 때문이었다. 무엇을 바라보고 달려가느냐가 그렇게 중요한 것이다.

3. 향방 없이 허공을 치지 말라(:26~:27)

달음질하면서 방향(목적, 골인지점)이 분명하지 못하면 어떻게 되겠는가?

싸우는 사람이 상대를 치는 것이 아니라 허공만을 치면 어떻게 되겠는가?

자기는 구원 받은 줄 알면서 평생을 교회 다녔는데, 그 긴 세월을 향방 없이 달렸고 허공만을 치며 싸웠다면, 그 얼마나 비참하고 처참하고, 바깥 어두운 곳에서 슬피 울며 이를 갈겠는가?

구원의 복음에 내가 내 몸을 쳐 복종시키지 않은 결과는 무서운 것이다. 구원의 향방도 모르고 허공만 치는 사람들이 많다고 주님은 분명히 말씀하셨다.

멸망으로 인도하는 문은 크고 길이 넓어 그리로 들어가는 자가 많다고 하셨다. 생명으로 인도하는 문은 좁고 길이 협착하여 찾는 이가 적다고 분명 말씀하셨다.

'구원받는 자가 적으니이까?' 는 물음에 좁은 문으로 들어가기를 힘쓰라 분명히 말씀하셨다. 그런데 지금 교인들은 어느 문으로 어느 길로 들어가기를 힘쓰고 있는가?

구약 이스라엘을 보고 본보기로 삼고 깨우침을 받으라고 하신다.

'그들이 다 구름 아래에 있고 바다 가운데로 지나며 모세에게 속하여 세례를 받았지만,' "그들의 다수를 하나님이 기뻐하지 아니하셨으므로 그들이 광야에서 멸망을 받았느니라"(고전10:2, :5).

그들이 세례를 받았기에 구원은 받았다고 주장하는 거짓 신자들의 감언에 속지 말자.

"그들에게 일어난 이러한 일은 본보기가 되고 또한 말세를 만난 우리를 깨우치기 위하여 기록 되었느니라 그런즉 선줄로 생각하는 자는 넘어질까 조심하라"(고전10:11)

참된 복음에 자기 몸을 쳐 복종하지 않았다가 버림을 당하고 만다. 선줄로 생각했다가 넘어지고 만다. 구약 이스라엘의 다수에게 일어난 일이 오늘날 기독교인들의 다수에게 일어날 것이다.

가장 성경적인 사람들이고 가장 성숙한 그리스도인들인 청교도들의 성경 해석에 의하면 그 사실은 너무도 분명하고 결코 돌이킬 수 없는 진리인 것이다.

종교개혁은 다름 아닌 사도들과 선지자들의 터로, 성령의 가르친 전통으로 다시 돌이킨 것이다. 그러나 그 후 5백년이 지난 지금 교회와 신학교는 다시 구약 이스라엘로, 중세 천년의 암흑시대로 돌아가고 있는 것은 아닌가 하는 의구심이 들 때가 있다.

이런 때에 우리 서울한영대학교의 사명이 큰 것이다.

말씀을 마치고자 한다.

모든 경기에는 상이 있다.

본문 고전9:24에 "운동장에서 달음질 할지라도 오직 상 얻는 자는 하나인줄 너희가 알지 못하느냐 너희도 상을 얻도록 이와 같이 달음질하라" 빌3:14에는 "푯대를 향하여 그리스도 예수 안에서 하나님이 위에서 부르신 부름의 상을 위하여 좇아가노라"고 말씀하고 있다. 그렇다.

모든 스포츠 경기에는 승자와 패자가 있고 상이 있다.

아마추어 경기도, 프로 경기도, 친선경기도 승자와 패자가 있다.

그리고 이긴 사람이나 팀에게는 상이 있다.

이왕에 사는 인생의 길, 사회생활의 길에 주님이 주시겠다는 상을 얻기 위해 도전해야 할 것이다. 향방을 잃고 우왕좌왕하면, 목적을 잃고 이것저것 하면 조급하기만 하지 이루지 못할 것이다.

그러므로 달리되 목적을 잃지 말고, 상을 위해 절제하며, 허공을 치지 않는 예리함을 지니는 한영의 공동체가 되기 바란다.

백부장의 믿음

누가복음 7:1~10

오늘 본문은 예수님께서 로마 군대의 어느 백부장의 종을 고쳐주신 이 야기이다. 성경에 보면 백부장 이라는 명칭이 종종 나온다. 이는 당시 가 버나움에 주둔해 있던 로마 군대의 100명 정도를 거느린 소대장을 의미한 다고 한다.

그런데, 이 백부장의 수하에 있던 종이 병들어 죽게 되었다.
(마태복음에는 심한 중풍병이라고 표현되어 있다.)
이 백부장은 모든 노력을 다해 보았지만 종의 병을 치료할 수가 없어 예 수님을 찾아와 말씀만 하시면 종의 병이 나을 것이라고 하여, 이 말을 들으 신 예수님께서는 놀라워하시며, "내가 너희에게 이르노니 이스라엘 중에 서도 이만한 믿음은 만나보지 못하였노라 하시더라"(:9)

이 말을 들은 제자들은 서운했겠지만, 이 백부장의 칭찬받은 믿음은 어 떤 믿음이었을까를 생각해 보며 하나님의 은혜를 나누고자 한다.

1. 신앙의 대상에 대한 올바른 믿음

백부장은 예수님을 단순한 하나의 선지자 정도로 알지 않았다.

히브리인들처럼 정치적, 사회적 메시야로 알지도 않았다.

바로 예수님을 신으로, 하나님으로 본 것이다.

다음 말씀(:6~7)을 보자.

'주여 수고하시지 마옵소서. 말씀만 하사 내 하인을 낫게 하소서'

이런 고백을 과연 예수님을 하나님으로 알지 않았다면 할 수 있었을까? 겸손한 고백, 겸손하다 못해 자신의 비참함을 내비취기까지 하는 고백을 단순히 조금 뛰어난 선지자와 같은 사람에게 할 수 있었겠는가?

이처럼 신앙의 대상에 대해서 올바로 안다는 것이 매우 중요하다. 올바른 앎이 있어야 올바른 신앙으로 나타나는 것이다.

우리는 우리가 믿는 하나님을 어떻게 알고 있는지 궁금하다.

무한한 하나님에 대한 영광과 지식에 우리는 0.1%도 못 미치고 있다. 하나님의 하나님 되심을 먼저 인정하는 신앙을 갖자.

2. 사람을 사랑하는 믿음

이스라엘을 억압하는 로마 군대의 백부장이므로 유대인과 백부장은 당연히 사이가 좋지 않았을 것이다. 그런데 놀랍게도 5절을 보면 예수님을 찾아 온 유대인 장로들의 추천을 받고 있다는 사실이다.

'그가 우리 민족을 사랑하고 또한 우리를 위하여 회당을 지었나이다' 하니

오히려 백부장이 유대 민족을 사랑하였다고 한 것이다.

다른 로마 군대 장교들처럼 착취, 억압했던 것이 아니라 자신들이 정복한 나라 사람들을 오히려 사랑했다는 것이다. 이는 유대 장로들의 입에서 직접 나온 말이다.

백부장이 무서워서 강압적으로 나온 것일 수도 있을 것이다.

당시 로마 사람들은 다신교와 미신에 젖어 있었다. 그런 상황에서 자신의 사제를 내놓아 유일신 종교인 유대교를 위해서 회당을 지어주었다는 것은 쉽지 않은 일이었을 것이다. 그것은 유대인들이 믿는 하나님이 참 하나님이며 그 분을 예배하는 것이 마땅한 피조물의 본분이라고 생각했기에 가능했을 것이다. 여기에 백부장의 남다름이 나타난다.

3. 시대를 거스르는 용기 있는 믿음

하지만 더 주목해 볼만한 것은 사람과 시대를 두려워하지 않는 그의 모습이다.

회당을 지어줌으로 인해 그의 상관들과 주위 로마인들에게 받을 비판이나 핍박이 없었겠는가? 그것을 감수하는 믿음이 그에게 있었다는 것이다.

아마도 로마군의 백부장으로서 신분상승이나 승진에 욕심냈던 사람이라면 이런 위험한 일을 감행하지는 않았을 것이다. 이것을 감수하고 백부장은 자신 안에 있는 유대 민족의 하나님을 향한 작은 믿음으로 회당을 지어준 것이라고 할 수 있다. 이는 자신 속에 있는 하나님에 대한 믿음을 속일 수가 없었기 때문이라고 할 수 있을 것이다.

우리의 신앙이 진정한 신앙이라면 우리에게도 이와 같은 모습이 없을 수가 없다. 하나님을 향한 진실한 믿음이 있다면 남다른 삶을 살 수 밖에 없을 것이다.

이 시대를 무턱대로 따라가지 않아야 할 것이다.

세상 정신에 지배당한 채로 끌려 다니지 않고, 오히려 주도하는 사람이 되어야 한다.

말씀과 믿음은 세상과는 다른 방식을 요구하고 있다.

이로 인해 믿음을 지키려는 신앙인은 세상으로부터 배척과 비판도 받을 수 있을 것이다. 하지만 세상의 칭찬과 보상이 아니라 백부장처럼 우리 주님께 받는 칭찬과 보상을 믿는 우리는 묵묵히 말씀을 따라 그 길을 걸어가는 한영인이 되기를 바란다.

2.

신학대학교회의 설교

이 산지를 내게 주소서

수14:6~15

대망의 새해가 밝았다. 오늘 두 번째 주일 하나님을 믿는 우리에게 약속하신 축복은 무엇인지를 묵상하며 이뤄가는 한해가 되었으면 한다. 하나님의 축복은 그냥 주어지는 것이 아니다. 약속이 성취되기 위해서는 반드시 그에 대한 대가가 있어야 한다.

유럽의 네덜란드는 세계 최고의 낙농국가로, 풍차의 나라, 튤립의 나라로 유명하다. 하지만 원래 네덜란드는 육지가 바다보다 낮은 지형으로, 소금기가 많아 농사가 어려운 쓸모없는 땅이었다. 네덜란드 사람들은 이 버려진 땅을 개간하여 농지를 만들고, 소금기를 빨아들이는 꽃인 튤립을 심었다. 그 결과 땅의 소금기가 없어지고 기름진 땅, 비옥한 농지가 만들어졌다. 이런 강인한 개척정신이 오늘날 부유한 선진국가로 만들었다.

유대나라도 부족에서 아직 나라를 이루어 본적이 없고 이집트에서 400년 노예생활을 하던 민족이 탈출하여 40년 광야 생활을 하다가 여호수아 시대에 비로소 자신들의 땅을 갖게 되었다. 이 과정에서 빼놓을 수 없는 사람 두 사람이 있는데, 그 사람은 바로 여호수아와 갈렙이다. 이 두 사람은 철저히 믿음의 사람, 쟁취의 사람, 도전의 사람이었다. 이 두 사람은 모세가 그렇게 꿈꾸던 젖과 꿀이 흐르는 땅에 들어가게 되었으며 미래의 국가통일의 기틀을 마련하게 되었다.

오늘 본문은 가나안땅을 정복전쟁을 치루면서 땅을 분배하는 과정에서 나온 말씀이다. 갈렙은 여호수아에게 "내가 85세로되... 45년 전의 그때 탐정 때 청년시절을 생각하며 이산지를 내게 주소서..."라고 하였다. 그리고 올라가서 그 땅을 점령하고 차지하였다.

본문에서 '이 산지를 내게 주소서' 라고 요구한 갈렙의 믿음을 살펴봄으로써 하나님의 은혜를 나누고자 한다.

1. 갈렙은 믿음으로 하나님의 약속을 붙잡았다.(수14:10~:12)

갈렙은 모세가 가데스 바네아에서 12명의 정탐꾼을 뽑아서 헤브론을 정탐하게 했을 때 참여한 사람이었다. 그때 10명의 정탐꾼은 돌아와서 도저히 이길 수 없다는 부정적인 보고를 했다. 그 성읍은 견고하고 그 백성들은 장대한 아낙 자손 대장부들이라, 우리는 메뚜기 같아서 도저히 정복할 수 없으니 다시 애굽으로 돌아가자고 했다. 그러나 여호수아와 갈렙은 달랐다. 그들은 이길 수 있다는 긍정적인 보고를 했다. 그들은 우리의 밥이라, 여호와께서 함께 하시니 올라가서 그 땅을 취하자고 믿음을 가지고 담대하게 말했다. 그들은 환경이나 여건을 따지며 인간적으로 생각하지 않았다. 이런 갈렙은 여호수아에게 그때 했던 말을 상기시키면서 그 산지, 헤브론을 자기에게 달라고 청하였다. 당시 헤브론은 지대가 높고 강한 군대가 주둔해 있는 위험한 곳이었으나, 그는 모세를 통해 주셨던 하나님의 약속의 말씀을 기억하고는 자기가 쳐들어가서 그 땅을 점령하겠다고 말한 것이다. 이 약속은 500년 전에 아브라함에게 하신 약속이기도 하다. 갈렙은 젊었을 때의 약속, 젊었을 때의 꿈과 포부를 나이를 먹어서도 저버리지 않았다. 그는 하나님께서 자기를 85세까지 생존케 하신 것은 그 산지를 점령하게 하시려는 것이라고 말했다.

마11:12에서 예수님은 "세례 요한의 때부터 지금까지 천국은 침노를 당하나니 침노하는 자는 빼앗느니라"고 말씀하셨다. '전력을 다해 싸우는 사람에게는 언제나 승리가 있다'고 한다. 학교에서 공부하는 학생도, 직장에서 일하는 직장인도, 사업을 하는 사업가도, 우리 개인도 이 도전적인 믿음을 길러야 한다. 담대한 믿음을 가지고 나아가야 승리하는 것이다.

우리는 담대한 마음을 가지고 미래를 향해 전진해야 한다. 이제는 지구촌(Global Village), 세계화(Globlization)의 시대를 넘어 국경을 초월한 무한한 경쟁이 시작되었다. 실력과 능력을 가지고 앞으로 전진할 때 우리는 경쟁에서 이길 수 있다. 자신의 목적을 달성할 수 있다.

미국의 심리학자 칼 로저스(Carl Ransom Rogers; 1902~1987) 박사는 성공하는 사람의 특징은, 목표가 분명한 사람, 집중력을 가진 사람, 믿음과 신념이 있는 사람, 경쟁에서 승리하기 위해 노력하는 사람이 성공한다고 하였다. 이에 반해 실패하는 사람들의 공통점은, 경쟁하려고 하지 않았다. 어려우면 쉽게 포기하였다. 믿음이 없었다. 주저앉았다. 자기의 목적을 달성하지 못하였다고 하였다.

신앙을 가지면 나이가 중요한 게 아니다. 하나님께서 함께 하시면 큰일을 할 수 있다. 믿음이란 약속을 믿고 나가는 것이 믿음이다. 성공과 승리는 아무에게나 주어지는 것이 아니다. 축복은 그냥 얻어지는 것이 아니다. 그에 대한 대가를 지불해야 하는 것이다.

2. 믿음으로 네피림의 후손 아낙사람을 이긴다.(수14:12)

:15 '아낙사람 가운데 가장 큰 사람이었더라'

무슨 말인가? 가나안의 가장 최고의 전사들 장부라는 뜻이었다.

헤브론은 아낙 사람들이 살고 있었다. 45년 전 갈렙이 가나안 땅으로 정탐을 갔다가 돌아왔을 때 정탐꾼 중 10명은 "우리가 두루 다니며 탐지한 땅은 그 거민을 삼키는 땅이요 거기서 본 모든 백성은 신장이 장대한 자들이며 거기서 또 네피림 후손 아낙 자손 대장부들을 보았나니 우리는 스스로 보기에도 메뚜기 같으니 그들의 보기에도 그와 같았을 것이니라"(민 13:32~33)고 보고할 만큼 두려움의 대상이었다.

여기 '네피림 아낙자손 대장부'란 말은 창6장 노아시대에도 나오는데 특수한 세상의 영걸들, 특이한 벌목군들, 거인들, 즉 세상에서 육으로는 가장 강한사람들의 대표들이었다. 아낙 자손은 키가 보통 사람보다 두 배나 큰 거인이며, 전쟁에 능한 용사들이었다. 그들은 철기로 만든 무기를 가진 강력한 적이었다. 45년 전 이들을 보고 그들은 간담이 녹았고 겁먹고 뒷걸음치다가 하나님께 믿음 없는 자들이라고 하여 40년이나 독립이 연기된 일이 일어났었다. 보통의 사람들은 지금도 이런 헤브론을 점령할 엄두조차 내지 못했던 것이다.

하지만 갈렙은 이런 아낙 자손을 뭐라 표현하고 있는가? "오직 여호와를 거역하지 말라 또 그 땅 백성을 두려워하지 말라 그들은 우리 밥이라 그들의 보호자는 그들에게서 떠났고 여호와는 우리와 함께 하시느니라 그들을 두려워 말라"(민14:9)고 하였고, 지금은 '이 산지를 내게 주소서' 라고 나서고 있는 것이다.

갈렙은 아낙 자손이 아무리 거인이고 철기 문화를 가지고 있다 할지라도 하나님께서 함께 하시면 반드시 전쟁에서 이길 것이라는 믿음을 가지고 있었다. 불가능을 가능케 하는 도전하는 믿음과 신념을 가지고 앞으로 나아가야 하는 것이다.

시대마다 이겨야할 거인이 있다. 아낙 네피림들이 있다.

우리는 갈렙 같은 믿음을 가져야 한다. 갈렙과 같은 눈을 가져야 한다. 갈렙과 같은 신앙고백을 할 때 하나님께서 역사하여 주시는 것이다.

영국의 성직자 테일러(Jeremy Taylor ; 1613~1667)는 "모든 하나님의 일꾼들은 연약한 인간들이었음에도 불구하고, 하나님을 의지하고 신뢰했기 때문에 위대한 일을 성취했다"고 하였다.

오늘날 대부분의 사람들은 "나는 못해요." "나는 할 수 없습니다." 하고 말한다. 오직 '나' 자신만 생각하는 경향이 있다. 그런데 믿음을 가진 사람들은 '나'만 생각하는 것이 아니라, '하나님'을 생각한다. "하나님이 함께 하시면, 하나님께서 도와주시면, 나는 할 수 있습니다." 라고 하고 앞으로 전진 한다.

나를 보고 거인을 보면 실패한다. 그러나 하나님을 보고 거인을 보면 승리한다.

3. 믿음으로 견고한 성을 정복한다(수14:12)

헤브론은 높은 산지였고 이미 단단한 성곽으로 둘러싸인 곳이었다. 저지대에서 고지대로 쳐들어 올라가야 하니, 웬만해서는 쳐들어갈 수 없는 곳이었다. 싸움을 하기에는 불리한 환경이었다. 그러나 갈렙은 "여호와께서 혹시 나와 함께 하시면 내가 필경 여호와의 말씀하신 대로 그들을 쫓아내리이다"라고 말했다. 그는 언제나 하나님의 능력을 바라보고 나아갔다. 하나님께서 함께 하시면 전쟁에서도 승리하게 된다. 어떤 어렵고 힘든 일도 감당해 낼 수 있다.

:13~:14 '마침내 그에게 기업으로 정해주었고 정복하여 오늘날까지 갈렙의 기업이 되어 전쟁이 그쳤더라'

여러분 나중에 갈렙이 어떻게 되었는지 아는가?

삿3장에 보면 갈렙은 조카 웃니엘과 함께 부족들과 함께 가서 점령하였는데, 그 조카는 사위가 되었고 1대 사사지도자가 되었으며 평생 그곳에서 살게 되었다. 그곳은 아브라함의 고향으로 노른자와 같은 땅이었다. 가장 중심된 지역이었다.

뿐만 아니라 12지파가 이 유대지파로 하나 되어 나중에는 이곳을 중심으로 전 나라가 통일국가를 되게 되었다. 놀랍지 않은가?

빌 4:13에서 사도 바울은 "내게 능력 주시는 자 안에서 내가 모든 것을 할 수 있느니라"고 했다. 할 수 없는 것이 아니다. 우리는 할 수 있다. 충성할 수 있다. 축복받을 수 있다. 목적을 달성할 수 있다. 계획을 성취할 수 있다. '할 수 있다'는 믿음을 가지고 나아가야지, '할 수 없다'는 부정적인 생각을 하고 포기해서는 안된다. 큰 성공을 한 사람은 큰 장애를 극복한 사람이며, 작은 성공을 한 사람은 작은 장애를 극복한 사람이다. 성공은 사람이 거둔 것의 무게로 측정되지 않고, 그가 극복한 장애물로써 측량된다.는 말이 있다. 장애가 크면 클수록 큰 성공을 한 것이다. 여러분도 큰 축복을 받기 원하는가? 큰 장애를 극복하면 큰 축복을 받게 된다. 그러지 않으면 큰 축복을 받을 수 없다. 물질로도 큰 축복을 받으려면 남보다 더 수고하고 노력해야 한다. 남보다 더 많은 어려운 고난과 고통을 극복할 때 앞 장 서서 나갈 수 있다. 아담은 제일 좋은 조건에서도 타락했지만, 예수님은 제일 나쁜 조건 속에서도 승리하시고 새 역사를 이루셨다.

북유럽에 가면 핀란드라는 나라가 있다. 이 나라는 스칸디나비아 반도에서 가장 추운 나라로, 1년 중 절반은 눈과 얼음이 쌓이는 나라이다. 그럼에도 불구하고 세계에서 국가경쟁력 4위를 차지할 정도로 잘사는 나라, 부강한 나라가 되었다. 핀란드에는 호수가 많아 조상 때부터 물고기를 잡아

먹고 살 수는 있었지만, 늘 추위를 극복하는 것이 문제였다. 그들은 땔감으로 쓰기 위해서, 추위에도 잘 자랄 수 있는 나무를 찾아서 국토 전역에 심었다. 그랬더니 기간은 오래 걸리지만 강하고 단단한 나무로 자랐다. 그들은 나무를 심고 기르는 데 정성을 다했다. 이렇게 선조들이 고생하며 나무를 심어놓았기 때문에 지금은 나무를 땔감으로 사용하지는 않지만, 펄프와 제지공업이 세계에서 가장 발달한 나라가 되었고, 통나무집을 짓는 기술과 재료를 세계에 수출하고 있다. 선조들이 후손을 위해서 추위에도 이길 수 있는 나무를 많이 심어 놓았기 때문에 이런 결과가 생기게 된 것이다. 우리가 조상 된 자로서, 부모 된 자로서 먼저 수고하고 노력하면, 그만큼 후손들이 특혜를 누리게 된다.

개인의 인생에서도 마찬가지이다. 안일하고 편한 것만 추구하면 당대에 축복을 받을 수 없다. 성공할 수 없다. 그러나 힘들고 어렵고 고생스럽다 할지라도 그것을 잘 감당하고 극복하면 큰 역사를 이룰 수 있는 것이다. 인류 역사에서 위대한 삶을 살았던 사람들은 그렇게 좋은 여건과 환경에 있었던 사람들이 아니었다. 그들은 불리한 조건을 극복함으로써 큰 승리와 영광을 누리게 된 것이다.

독일의 음악가 베토벤은 청각장애자였다.
영국의 낭만주의 시인 바이런은 절름발이였다.
미국의 위대한 대통령 링컨은 문맹의 부모 밑에서 태어났다.
우리 주변에는 불행한 여건 속에서도 그것을 극복해서 훌륭한 삶을 살아낸 사람들이 얼마나 많은가? 그러므로 환경을 탓해서는 안된다. 낙심해서는 안된다. 절망해서는 안된다. 포기해서는 안된다.

말씀을 마무리하겠다.

믿음+알파=성공

믿음은 이론이 아니라 믿고 행동하는 것이다.

개척정신 "이 산지를 내게 주소서" 산이든 성이든, 들이든 바다든 사막이든 이런 믿음으로 전진하려는 믿음을 가져야 한다.

우리는 생각만 해서는 안된다. 계획만 해서는 안된다. 나중에는 행동으로 옮겨야 한다. 목숨 걸고 싸워서 이기고 승리의 깃발을 흔들어야 하는 것이다.

신 33:29에서 모세는 "이스라엘이여 너는 행복자로다 여호와의 구원을 너 같이 얻은 백성이 누구뇨 그는 너를 돕는 방패시요 너의 영광의 칼이시로다 네 대적이 네게 복종하리니 네가 그들의 높은 곳을 밟으리로다." 라고 했다.

하나님께서 함께 하시면 지혜를 주신다. 믿음을 주신다.

하나님이 함께 하시면 반드시 승리를 허락하여 주신다.

인생을 승리하며 사는 사람은 어떤 사람인가?

긍정적인 사람이다. 적극적인 사람이다.

미래적인 사람이다. 신앙적인 사람이다.

우리는 승리자가 되어야 한다. 하나님께 영광을 돌려야 한다. 하나님께서 맡기신 사명을 감당해야 한다.

'이 산지를 내게 주소서'라고 말하고 헤브론을 점령한 갈렙에게 주어진 축복은 조카 웃니엘과 함께 가서 점령하였는데, 그 조카는 사위가 되었고 1대 사사지도자가 되었으며 평생 그곳에서 살았다. 그 뿐만 아니라, 그 지역은 가장 중심된 곳이 되었고, 12지파가 이 유대지파로 하나 되어 나중에는 이곳을 중심으로 전 나라가 통일국가를 이루게 되는 축복의 땅이 되었다.

우리도 이런 꿈을 꾸어보자. 이렇게 말해보자. 믿음으로 승리하여 축복의 기업을 받는 성도가 되자. 현재만 보지 말고 미래를 생각하시기 바란다. 하나님이 도와주시고 함께 하시면 어떻게 될 것인가를 생각하시기 바란다. 올 한해가 어렵다 해도, 아낙 같은 두려움이 몰려온다 해도 승리하는 한 해가 되기를 바란다.

로뎀 나무 아래의 엘리야

왕상 19:1~:8

몇년전 리크루팅 업체 잡코리아가 직장인(1127명)을 상대로 '직무 스트레스 현황'에 대해 설문조사한 결과 응답자의 87.8%가 '직무 스트레스에 시달리고 있다'고 하였다. 전체 응답자의 39.8%는 직무 스트레스로 회사를 그만둔 경험이 있는 것으로 나타났다. 연세대 원주의대 직업의학연구소 조사 등에서도 직무 스트레스는 혈압 상승, 나쁜 콜레스테롤(LDL) 증가, 심박동수 감소, 혈전 형성 촉진 등 뇌·심혈관 질환 위험을 '직접적으로' 높이는 것으로 나타났다(2005). 그래서인지 노인성 질병이었던 뇌졸중이 젊은 직장인 사이에서도 발생하고 있다는 뉴스를 접하는 요즈음이기도 하다.

또 얼마 전 뉴스에는, 직장인 사이에서 '번아웃증후군'(Burnout Syndrome)이 유행처럼 번지고 있다고 한다(파이미디어2014.08.31.). '번아웃증후군'은 업무 스트레스로 인해 심리적인 에너지가 모두 방전되는 현상으로, 누적되는 과다한 업무로 인해 극도의 피로감으로 기력을 소진한 상태를 의미한다. 번아웃증후군의 가장 좋은 치료법은 일과 일상생활의 균형을 맞춰 업무 강도를 줄이는 것이지만 현실적으로 쉽지 않은 일이다. 이러한 오늘을 사는 직장인이나 사회인 모두가 겪는 스트레스는 신앙인에게도 무관하지 않은 것 같다. 물론 기도하는데 무엇이 문제냐고 하시는 분이 있을지 모르겠으나, 육신을 가진 우리이기에 전혀 무관 하지 않은 것 같다.

왜냐하면 오늘 본문은 하나님의 사람인 엘리야도 이런 일을 겪고 로뎀 나무 아래에서 죽여 달라고 하나님께 간구하고 있는 모습에서 삶에 지친 모습을 엿볼 수 있으므로, 본문을 통해 하나님의 은혜를 나누고자 한다.

1. 과로에 지친 엘리야

오늘 본문은 성도 여러분들이 잘 아는 바와 같이, 아합왕이 바알을 숭배하여 하나님을 섬기는 사람들을 모조리 잡아 죽이고 바알 신을 섬기도록 했던 때의 일이다.

그때 선지자 엘리야는 아합왕에게 "내 입에서 말이 떨어지지 아니하면 비가 오지 않을 것이라"고 했다. 그 후 3년 6개월 동안 비가 오지 않았다. 극도의 고통에 처했을 때 엘리야가 아합에게 갈멜산에서 이스라엘 백성들을 모으고 바알의 선지자 450명과 아세라의 선지자 400명 총 850명을 다 모아서 누가 불로 응답하는지 시합을 해서 누가 참 신인지 대결하자고 제안하였다.

아합은 이 말을 듣고 모든 이스라엘 백성을 갈멜산으로 모아서 영적 전쟁을 붙였다. 바알의 선지자들이 먼저 제단을 쌓고 저녁이 되도록 바알을 부르짖었지만 응답이 없었다. 초저녁쯤 되어서 엘리야가 무너진 열 두 제단을 쌓고 그 위에 장작을 펴고 소를 잡아서 그 위에 펼치고 물을 붓고 하나님께 부르짖었더니 불이 임하여서 제단의 제물을 다 태우고 물을 다 말리우고 도랑의 물까지 다 말렸다. 그러자 엘리야는 모든 바알의 제사장들을 잡아서 기손 시냇가로 끌고 나가서 엘리야가 칼을 뽑아 450명의 목을 쳤다. 그리고 아합에게 말하기를 "큰 비의 소리가 들리니 빨리 식사를 하고 수도로 돌아가도록 준비하라"고 하고 갈멜산에 올라가서 그 허리가 굽어져서 목이 다리 사이로 들어가기까지 간절히 기도했더니 손바닥 만한 구름이 보이자 종을 시켜 아합왕에게 병거를 타고 이스라엘로 빨리 들어가도록 하라고 전하고, 자신도 옷을 묶고 아합왕의 병거 앞에서 옷깃을 날리면서 뛰어서 이스라엘까지 들어왔던 일이었다. 그런데 잠시후 이세벨이 엘리야에게 사자를 보내었다. "내일 이맘때 내가 너의 목을 치지 않으면 신들이 내게 벌위에 벌을 내리리라" 는 명령이 떨어졌을 때, 엘리야는 그 위대한 영적 모습은 간데없이 이세벨 여자의 말 한마디에 그만 무너지고 말았다.

엘리야는 그 자리에서 일어나서 종을 데리고 유대의 브엘세바까지 도망을 쳐서 그 종을 두고서 또 혼자 하룻길을 걸어 들어가는 로뎀 나무 밑에 앉아 하나님 앞에 죽여 달라고 한 것이다.

아니 왜 영적 전쟁의 영웅인 엘리야가 이런 모습을 보이는 걸까.

이 모습이 바로 직무적 스트레스로 인해 극도의 무력감과 우울증으로 인해 살 희망을 잃어버리고 죽기를 염원한 것이 아니겠는가. 얼마나 힘들고 지쳤겠는가? 엘리야 같이 위대한 종도 극도의 스트레스와 피곤에 몰리니까 과로로 지친 모습을 보여 주고 있는 것이 아니겠는가.

이처럼 예수 믿는 사람도 과도한 직무로 스트레스에 걸린다.

예수 믿는 사람도 과도한 스트레스를 받으면 무너진다.

하나님을 섬기는 엘리야 같은 위대한 종도 마찬가지였다. 어느 목사님의 간증 중에, 교회를 지을 때 1차 오일쇼크가 와 공사한 돈을 달라고 요구하지만, 낼 돈은 한 푼도 없어 일꾼들이 돈 달라고 벽돌을 들고 따라오면 도망을 다니던 때가 있었다고 한다. 집에 들어오니 먹을 것이 하나도 없고… 그런데, 맏아이가 밥 달라고 울어서 제가 "내일이면 어떻게 밥을 만들어 볼 텐데 지금은 밥이 없다"고 하니까 아이가 "밥 줘~ 밥 줘~"라고 보채 길래 "내일까지 참으라고 하는데 뭐냐!"며 극도의 스트레스에 걸려서 애를 때리니까, 사모께서 "왜 애를 때리느냐? 나를 못 때리니까 애를 때리느냐?"라고 하며 소리를 지르기에 "내가 너를 왜 못때려?" 그러면서 사모에게 손바닥을 휘둘렀는데, 하필이면, 코에 맞아 피가 나게 되었는데 어린 애를 데리고 그냥 친정집으로 가버렸다고 한다. 혼자 방에 있으니 살 힘이 없어지고 자괴감속에 주님도 온데간데없고 하나님께 버림받은 심정이고 마음이 절망에 너무나 짓눌려 이제는 살 필요가 없다고까지 생각이 들어 아파트 7층에서 몸을 내밀어서 떨어지려고 했었다고 한다. 정말 그때는 죽음이 유일한 도피처로 생각되었다고 한다. 산다는 것이 너무나 고통스럽고 괴롭기 때문에 죽는 것이 그렇게 편할 수가 없다고 생각해서 죽으려고 하는데 갑자기 벌떼 같은 소리가 귀에 들려왔다고 한다. '죽을 만한 용기가 있거든 그 용기로 살아보라. 안 뛰어 내려도 너는 죽을 것이니까 죽는 것은 언제나 죽을 수 있는데 사는 것은 한번 밖에 못산다. 그러므로 살아보라.' 그런 벌떼 같은 음성이 들려오자 털썩 주저앉고 "하나님, 저는 살지도 못하고 죽지도 못하니 어떻게 합니까?" 라고 부르짖었다고 한다. 그때 성령께서 말하기를 '네 아내에게 가서 회개나 하라.'는 음성에 처갓집으로 찾아가 집사람을 잡고 잘못했다고 용서를 비는데 집사람이 돌아 누워서 대답을 안해 정말 죽을 지경이었다고 한다. 그래도 그 옆에서 새벽까지 기도하고 손목을 잡으니까 손에 힘을 약간 넣어 주어 '아이구 이제 됐다'하고 끌어안아 화해하고 용기와 힘을 내어서 교회를 지었다고 하는 글을 본 적이 있다.

이처럼, 우리는 큰일을 도모 할 때는 눈물 어린 고생과 괴로움이 없으면 안되는 데 힘든 일이 닥치면 무력감으로 인해 스트레스로 좌절을 체험하게 될 때가 있다.

사람은 자신이 견딜 수 있는 한계를 넘은 스트레스를 받으면 무너진다.

엘리야와 같이 그 위대한 종도 과도한 스트레스를 받으면 견디지 못하고 무너지는 것을 볼 때, 우리들도 과도한 스트레스를 받지 않도록 조심해야 할 것이다.

2. 회복케 하시는 하나님

완전히 탈진하고 자포자기하여 죽여 달라고 요구하고 로뎀 나무 아래 드러누워서 죽기를 기다리며 잠이 들었는데 천사가 와서 어루만졌다. 왕상

19:5절 "로뎀 나무 아래에 누워 자더니 천사가 그를 어루만지며 그에게 이르되 일어나서 먹으라 하는지라"고 말씀하였다. 천사가 와서 엘리야를 얼굴로부터 몸을 부드러운 손으로 어루만져 주었다는 것이다. 여기에서 어루만진다는 것은 쓰다듬었다는 의미로, 힘을 북돋아 주고 용기를 주려는 스킨십이 아니고 무엇이겠는가. 그리고 난 후 "엘리야야 일어나서 먹고 마셔라" 보니, 옆에는 떡과 물 한 병이 있었던 것이다. 엘리야가 일어나서 떡을 먹고 물을 마시고 다시 드러누워서 또 혼몽 가운데 빠졌으나, 다시 천사는 엘리야를 어루만졌다. 엘리야는 천사가 와서 발로 찼다고 말하지 않았다. "엘리야 !"라고 고함을 쳤다고도 말하지 않았다. 하나님이 주신 음식을 먹고도 다시 드러누운 엘리야를 쥐어박지도 않았다.

이처럼 번아웃 되고 스트레스를 받아 고통당하는 사람보고 꾸짖고 쥐어박고 욕하면 안된다. 천사가 와서 엘리야를 끌어안고 어루만져 주고 쓰다듬어 주고 그리고 난 다음 또 떡을 구워서 주고 물을 주고 마지막으로 "용기를 내고 힘을 내라 ! 그리고 네가 일어나서 40주 40야를 걸어서 호렙산으로 가라"고 한 것처럼, 일어날 새로운 용기와 동기를 부여하여 스스로 일어설 수 있도록 기다림이 필요한 것이다.

3. 로뎀 나무 아래에 있는 사람에게 어찌 할까?

과도한 스트레스로 인한 이러한 무력감이나 번아웃증후군은 나의 남편이나 아내가 걸릴 수도 있고, 요사이 과도한 경쟁 때문에 자녀들도 공부나 직장문제로 걸릴 수도 있다. 이런 사람들은 엘리야가 로뎀 나무 아래에서 죽기를 간구했던 것처럼, 자신의 무력감 속에서 몸서리치면서, 외로움 속에 불안하고 공포심, 좌절감, 낙심, 분노, 염세주의, 자포자기, 절망 등이 마음을 짓누르고, 가슴에 큰 바위를 얹어 놓은 것처럼 좌절과 절망, 염세주의, 자포자기, 공포, 좌절, 불안 이런 것들이 짓누르는 것을 이겨내지 못하고 로뎀 나무 아래에 있게 될 것이다.

이럴 때, 우리는 어떻게 대처해야 할까?

1) 힘들어 로뎀 나무 아래에 있는 사람에게 누군가가 천사가 되어 줘야 할 것이다.

남편이 천사가 되어 주든지, 아내가 천사가 되어 주든지, 부모가 천사가 되어 주든지, 누군가가 천사의 마음으로 다가 가야 한다. 선생이나 교훈처럼 원칙적인 이야기로 '너는 왜 스트레스를 못이겨 내고 로뎀 나무 아래에 있느냐? 왜 불안 해 하느냐? 왜 절망하느냐? 왜 자포자기하느냐?'고 하기 보다는 어루만져 줄 천사가 필요한 것이다.

자아가 자기를 지탱하지 못해서 무너지는 것을 보고 꾸짖어봤자 소용없다. 밑에 가서 받쳐 주고 도와주고 어루만져 줄 사람이 필요하지 교훈하고 꾸짖고 욕하는 사람이 필요하지 않은 것이다. 천사도 무너져 있는 엘리야에게 위대한 종이 이럴 수 있냐고 한마디 교훈도 하지 않고 꾸짖지도 않고 어루만져 주었다. 떡과 물을 주면서 어루만져 주는 천사 같은 사람이 되어야 한다.

2) 로뎀 나무 아래에 있는 사람에게는 휴식이 필요하다.

인생의 고비에서 좌절하고 스트레스에 걸려 염려하고 근심하고 불안해하고 초조해하고 불면증에 빠진 사람은 먹고 마시는 것뿐만 아니라 잠을 자야 되는 것이다. 휴식해야 되는 것이다. 출애굽기 20:11에 "이는 엿새 동안에 나 야훼가 하늘과 땅과 바다와 그 가운데 모든 것을 만들고 일곱째 날에 쉬었음이라 그러므로 나 야훼가 안식일을 복되게 하여 그 날을 거룩하게 하였느니라"고 하였다. 저도 이런 일을 39살에 겪었었다. 번아웃이 되었을 때, 한 달 만이라도 쉬고 싶었으나 쉴 수 있는 곳은 없었다. 홍천으로 목회를 가게 되어 쉼을 얻고 건강을 회복한 적이 있었다.

많은 직장인들이나 목회자들에게 의사가 '쉬십시오. 휴식하면서 먹고, 자고, 쉬어야 합니다'고 할 때, 시간이 바빠서 도저히 그럴 수가 없다'는 생각이 들 때, 쉬는 것도 일이라는 생각을 갖기란 쉬운 일은 아니지만, 번아웃이란 건전지를 재충전 않고 계속해서 쓰면 방전된 것과 같다. 방전 된 건전지처럼 폐기 처분해야 된다면, 앞으로 더 살아서 일하려거든 쉬어야 된다는 것도 받아 들어야 한다. 우리가 매일 겪는 스트레스를 잘 처리하지 못하면 개인의 인생도, 가정도, 사회생활도 실패하게 된다.

그러므로 먹고 마시며 잠자는 휴식을 통해서 스트레스를 이기고 항상 성령으로 충만할 때 영혼이 잘됨같이 범사에 잘 되며 강건해 질 수가 있는 것이다.

3) 그뿐 아니라 기분 전환을 위한 육체적 운동이 꼭 필요하다.

성경에 보면, 하나님은 엘리야에게 40주야를 걸어 호렙산으로 가도록 하였다. 이는 하루에 시간을 내어서 적당한 운동을 하도록 한 것으로 볼 수 있다.

운동을 하면 엔돌핀이 나와서 마음이 즐거워진다고 한다.

잠언 17:22에 "마음의 즐거움은 양약이라도 심령의 근심은 뼈를 마르게 하느니라"고 하였다.

산책하는 것이나 운동하는 것은 우리 몸에 굉장히 좋다고 한다. 하루에 1만 3천 보 정도를 걸으면 근육이 유지되고 지방이 연소되어 혈액순환이 좋게 된다고 한다.

빌리 그레이엄 목사님은 늘 조깅을 해서 건강을 유지했다. 미국의 루즈벨트 대통령이나 미국 역대 대통령을 보면 걷기나 달리기를 항상 하면서 건강을 유지했다고 한다.

4) 로뎀 나무 아래 있는 사람에게 필요한 것은 말씀과 기도와 하나님과의 만남인 것이다.

하나님 앞에 엎드리고 있으면 하나님의 성령이 임하시면 마음에 큰 평안이 온다.

저뿐만 아니라 심한 스트레스로 로뎀 나무 아래의 엘리야 심정으로 기도원을 찾아가 기도하였을 때, 기도의 자세를 갖추게 되는 것이 아니라 그냥 풀 퍼진 자세로 엎드려 하나님께 하소연을 하던 때도 있었다.

말씀을 마치고자 한다.

이사야 40:31에 "오직 여호와를 앙망하는 자는 새 힘을 얻으리니 독수리가 날개 치며 올라감 같을 것이요 달음박질하여도 곤비하지 아니하겠고 걸어가도 피곤하지 아니하리로다"라고 하였다. 앙망한다는 것은 하나님만 보고 있는 것을 의미한다.

하나님을 의지하고 예수님을 믿을 때 심신에 건강을 갖다 준다.

지금 우리는 어느 때보다 마음이 어두운 때를 보내고 있다.

국가는 국가대로, 사회는 사회대로, 사업은 사업대로, 직장은 직장대로, 우리를 짓누르지 않는 일이 없다. 그렇다고 누구에게도 힘들다고 말하기가 걸끄럽기 조차 하다.

남편이 우울증에 걸리면 자신이 우울증에 걸렸다고 말하지 않는다.

자녀가 힘들다고 말하지 않는다. 로뎀 나무 아래로 숨어 버리고 만다.

그러므로 어느 누군가가 염려와 근심, 불안과 초조, 절망, 좌절, 염세감, 좌절감 속에 허덕이는 것을 감지하거든, 꼭 쓰다듬어 주고 곧장 어루만져 주고 위로해 주어 새 힘을 얻고 삶의 의욕을 얻도록 해 주기 바란다.

로뎀 나무 아래에서 힘들어 하는 가족이, 성도가 있으면, 교회 공동체가, 엘리야에게 천사가 나타나 어루만지며 힘을 북돋아 주었듯이, 서로 천사의 마음을 가지고 어루만져 주며, 새 힘을 나눠주는 성도들이 되기 바란다.

(신대 2018.8.5.)

코람 데오(Coram Deo)

행 4:13-22

8월의 첫째 주일, 그 무섭도록 뜨거운 폭염으로 우리나라의 기후변화를 인식하도록 하고 있는 것이 아닌가 싶다. 요즘 우리나라의 매스컴을 통해 들려오는 소식은 북한의 비핵화를 통한 정전협정과 경제의 어려움으로 인해 중소기업이 최저임금제를 수용하기 어렵다는 이야기가 대부분이 아닌가 싶기도 한다.

예로부터 국가가 어려움을 당하면 지도자가 자신을 돌아보았다고 하며, 성경적으로는 하나님의 말씀을 떠나거나 소홀하지 않았는지를 살펴보는 것이 하나님과의 관계를 회복하며 은혜(긍휼)을 받는 것이 신앙인의 삶이 아닌가 싶어, 이처럼 어려운 현실을 사는 기독교인들에게 필요한 하나님의 말씀은 무엇인지를 생각해 보며, 코람 데오를 주제로 하나님의 은혜를 나누고자 한다.

'Coram Deo'란 말은 라틴어 Coram ~의 면전에, ~의 앞에, 공개적으로'란 뜻이며, Deo는 '하나님'을 의미한다. 코람 데오는 성경 곳곳에 나오는 성경적 언어이다. 종교적 부패에 대한 반동으로 일어난 종교개혁에서 주창되기도 했다. 즉, 루터가 이 말을 사용하면서 종교개혁자들에게 개신교 신학의 영적, 도덕적, 정신적인 기반을 닦아놓았다. 즉 'Coram Deo'는 오늘 본문 19절 '하나님 앞에서'라는 말씀에서 찾아 볼 수 있다. 본문 말씀을 이해하려면 3장부터 보아야 한다. 3:1절 이하에 보면 성전 미문에서 구걸하는 하반신 마비 장애인을 예수 그리스도의 이름으로 일어나 걷게 하는 기적이 있었다. 3장 11절부터 보면 베드로가 솔로몬 행각에서 설교를 한다.

4장 4절에 보면 말씀을 들은 사람 중에 남자만 약 5천 명이 회개하고 주님께 돌아왔다. 그러다보니 제자들에게 박해가 일어났다. 즉, 예수의 이름으로는 말하지도 말고 가르치지를 말라고 경고를 한 것에서 기인하고 있다. 이 경고가 무서운 것은, 그 당시에는 예수님에 대하여 보고 들은 것을 말하는 것은 죽고 사는 문제요, 목숨을 거는 일이었기 때문이다. 그런데 오늘 본문 20절에 보면 베드로와 요한은 "우리는 보고 들은 것을 말하지 않을 수 없다"고 담대히 말한다. 이 말은 이들이 죽으면 죽으리라하고 목숨을 걸고 하는 말이다. 원래 이들이 이렇게 담대히 말할 수 있는 용기 있는 사람들이 아니다. 베드로는 예수님을 세 번씩이나 부인하고 아예 예수님을 버리고 갈릴리 바닷가로 고기잡이를 떠나 버린 사람이다. 예수님께서 잡히시던 날 베드로가 예수님을 부인할 때 베드로는 대제사장이나 공회원들, 로마군인들 앞에서 예수님을 부인한 것이 아니다. 옆에 같이 구경하던 힘없는 하인들, 어린 여자 아이 앞에서 예수님을 부인한 것이다. 요한도 담대하고 용기 있는 사람이 아니었다. 용기라기보다는 혈기, 참지 못하는 분노가 많았던 사람이었다. 그의 별명이 보아너게 즉 우레의 아들이라는 것에서 유추해 볼 수 있다. 이런 베드로와 요한이 담대하고 용기 있게 19절 '하나님 앞에서', 20절 "우리가 보고 들은 것을 말하지 않을 수 없다"고 말하고 있다.

이들이 이렇게 용기 있고 담대한 사람으로 변하여 예수님을 위하여 목숨을 걸고 복음을 전하는 사람들로 바뀌게 된 데는 그만한 이유는 무엇인가.

1. 베드로와 요한의 변화 이유-코람 데오

1) 전능하신 예수님께 붙들렸기 때문이다.

우리가 전능하신 예수님께 붙들려서 쓰임받기만 하면 우리는 모든 것을 할 수 있는 능력자가 된다. 전능하신 하나님께 붙들리기만 하면 마른 막대기도 능력의 지팡이로 변한다.

그래서 예수님께서 예수 믿는 우리들에게 "할 수 있거든이 무슨 말이냐 믿는 자에게는 능치 못할 일이 없느니라(막 9:23)"고 하셨고, "내게 능력 주시는 자 안에서 내가 모든 것을 할 수 있느니라(빌 4:13)"고 사도 바울은 고백하고 있다. 이들은 아주 나약한 자들이었다.

주님께서 잡히시고 십자가에 달리실 때 다 도망쳤던 자들이다. 부활하신 주님의 큰 능력을 체험하고도 주님을 떠나갔던 자들이다. 옛날 물고기 잡던 본래 직업으로 돌아갔던 자들이다. 그러나 주님은 약하고 부족한 이들을 버리지 않으시고 다시 찾아오셔서 "와서 조반을 먹으라"(요 21:12)고 부르셨다.

이때부터 이들은 예수님께 완전히 붙잡힌 사람들이 되었다.

여러분도 여러분을 사랑하시고 다시 찾아주시고 다시 불러 주시는 주님 앞에 온전히 붙잡힐 때 자기 능력의 한계를 뛰어 넘는 능력 있는 인생으로 변화되기 바란다. 우리가 현재 아무리 약하고 부족하여 자신이 없는 인생을 살고 있다고 하여도 그것에 매여 인생을 포기하지 말고, 주님께 온전히 붙들려 능력의 한계를 뛰어넘는 능력 있는 사람이 되기 바란다.

2) 부활의 주님을 만났기 때문이다.

부활의 주님을 만난 후 부활의 증인된 베드로와 요한은 예수님과 함께 했던 때보다 훨씬 더 많은 것을 체험하고 배우고 깨닫게 되었다. 이들은 부활의 주님을 만난 후 담대하고 용기 있는 사도들로 변했고 초대교회의 초석을 놓은 일등 공신으로 변했다. 부활의 증거를 가진 사람들의 특징은 보고 들은 것을 있는 그대로 담대하게 말한다. 그래서 이들은 오늘 본문 20

절에서 보듯이 자신들을 잡아 죽이려는 살벌한 공회원들 앞에서도 담대히 "우리가 보고 들은 것을 말하지 않을 수 없다"고 말할 수 있었던 것이다.

우리는 이런 부활의 주님을 만나야 한다. 오늘도 내일도 모레도 날마다 그리고 영원히 살아계셔서 역사하시는 부활의 주님을 만나야 그 신앙이 죽은 신앙이 아닌 살아있는 신앙이 된다. 그래야 강하고 담대하게 능력 있게 일할 수 있게 된다.

3) 성령의 충만함을 받기 때문이다.

오늘 본문 8절 말씀에 보면, "이에 베드로가 성령이 충만하여 가로되" 하였다. 이들 베드로와 요한은 오순절날 마가의 다락방에서 성령의 불같은 역사로 성령의 충만함을 받았다. 그래서 이들은 겁쟁이에서 용기 있는 사람으로, 소심한 사람에서 담대한 사람으로 변화되었다. 이제 이들은 육적인 사람이 아니라 성령이 충만한 성령의 사람들이다. 마찬가지로 우리도 성령의 충만함을 받고 성령의 사람이 되어야 한다. 하나님의 나라의 일들은 성령 충만하지 않고는 할 수 없다. 성령은 약한 자를 강하게 하고, 비겁한 자를 용기 있게 하고, 도망자가 담대히 나가 증거 하는 자가 되게 하신다.

그러므로 우리가 구할 것은 바로 성령의 충만함이다. 예전의 베드로와 요한이 아니다. 용기가 있다. 성령이 충만하다. 유대종교의 지도자들이 "더 이상 예수를 전하지 말라. 예수에 대하여 가르치지 말라. 만약 이 명령을 거역하면 사형에 처하겠다."는 위협에, 베드로와 요한은 성령이 충만하여 담대히 말하였다. 본문 19절, "하나님 앞에서" 이 말을 '코람 데오'라고 한다. 성령이 충만한 사람은 자신이 항상 하나님 앞에 서있다는 것을 안다. 하나님께서 나와 함께 하신다는 믿음이 있다. 전능하신 하나님 앞에서 두려울 것이 없다. 하나님 앞에서 사람의 말 듣는 것이 옳은가?

하나님 말씀을 듣는 것이 옳은가? 당연히 하나님의 말씀을 듣는 것이 옳다. 마틴 루터가 종교개혁을 할 때 보름스라고 하는 의회 앞에서 재판을 받았다. 이곳 역시 생사여탈권을 가지고 있는 곳이다. 이곳에서 마르틴 루터는 하늘을 쳐다보며, "하나님! 제가 지금 하나님 앞에 서 있습니다(Oh, God. Here I stand.)"라고 고백했다고 한다. 사람 앞에 서있는 게 아니라는 말이다.

스데반 집사도 순교당할 때 하늘을 우러러 바라보았다.

거기 보좌에 예수님께서 서 계신 것을 보았다. 그때 스데반 집사는 자신이 예수님 앞에 서있다는 사실을 깨달았다. 그래서 담대할 수 있었었다. 예수님 앞에서는 죽음도 두렵지 않았다. 그래서 십자가의 예수님이 자신을 죽이는 원수까지 용서하신 것처럼, 스데반 집사도 자신을 돌로 쳐 죽이는 그들을 용서할 수 있었다. 로마에 가면 원형경기장이 있는데 이곳에서 그 당시 기독교인들이 수십만 죽어갔다. 여기에서 순교한 순교자들의 기록 중에 이러한 기록이 남아 있다고 한다. "나를 저주하십시오. 당신들이 나를 저주하면 할수록 나는 당신들을 더 사랑하게 될 것입니다. 내게 침을 뱉으십시오. 나는 당신들에게 사랑의 숨결을 불어낼 것입니다. 나를 찌르십시오. 나는 당신들에게 당신들을 사랑한다고 말할 것입니다. 나를 짐승의 먹이로 던져버리십시오. 나는 당신들을 위한 사랑의 제물이 될 것입니다. 나를 불태워 주십시오. 나는 사랑의 열기로 증오로 가득한 당신들의 마음을 녹일 것입니다."

이렇게 그들은 자기들을 죽이는 원수들 앞에서 말하면서 죽어갈 수가 있었던 것은 성령으로 충만했기 때문이다. 이처럼 우리도 성령이 충만하면, 베드로와 요한처럼, 마틴 루터처럼, 스데반 집사처럼, 원형경기장에서 죽어간 수많은 초대교회 그리스도인들처럼 담대해질 수 있다.

우리는 무슨 일을 하든지 하나님 앞에서 해야 한다.
우리는 무슨 말을 하든지 하나님 앞에서 해야 한다.

이 '코람 데오' 하나님 앞에서, 하나님께서 우리와 함께 하심을 느낄 때 우리는 담대해질 수 있다. 원수까지도 사랑할 수 있다. 이런 사람이 바로 성령이 충만한 사람이다.

이렇게 성령이 충만하면 근심, 걱정, 두려움, 다 사라진다. 담대함과 용기가 생겨난다. 우리 성도들은 'Coram Deo 신앙'으로 살아야 한다. 하나님의 부르심을 입은 '사명자'는 철저한 신전 인격으로, 'Coram Deo 신앙'으로 그 인격이 갖추어져 있어야 한다.

이 'Coram Deo 신앙'이 없을 때 사람을 바라보게 되고, 사람을 두려워하게 되고, '사람 앞에서' 사는 자가 되고, 할말을 못하는 자가 되고 만다. '아니오' 해야 할 때에 '아니오' 하고 '예'할 것은 '예' 라고 해야 한다.

본문의 베드로와 요한을 보라.

'우리는 보고 들은 것을 말하지 아니할 수 없다'고 외쳤다(:20). 대제사장들과 장로들과 서기관들이 모인 산헤드린 공회에서 기탄없이 외쳤다. '그들의 위협' 앞에 있는 것 아니라 '하나님 앞에' 있는 것이다. 이것이 바로 'Coram Deo의 신앙인'이다. 재판장의 자리 앉은 대제사장 안나스와 가야바, 그들이 누구인가? 그들은 바로 하나님의 아들 예수 그리스도를 십자가에 못박아 죽게 한 자들이다(요 18:12-24). 그러나 그들 앞에서, 그들의 위협에도 불구하고 기탄없이 자기의 할 말을 다 하는 베드로와 요한이 된 것이다.

2. 코람 데오의 신앙

1) 하나님의 주권 사상(主權 思想)

시편 16:2에 "내가 여호와께 아뢰되 주는 나의 주시오니 주 밖에는 나의 복이 없다 하였나이다."고 했다.

주권이란 '주된 권리'란 말로 쉽게 말하면 '주인 된 권리'이다.

'하나님 주권 사상'이란 바로 하나님이 나의 주인이 되신다는 신앙 고백이다. 하나님이 나의 주인이 되신다는 것은 하나님은 나의 창조주요, 나는 그의 피조물로 그의 소유라는 얘기이다. 곧 하나님은 내 주인이요, 나는 그 주인의 소유인 종이라는 의미이다.

그러므로 '주 밖에는 나의 복이 없다'는 것이다. 종은 자신의 것이 없다. 자신의 소유도, 자신의 권리도, 자신의 소망도, 자신의 계획도, 자신의 생각도, 자신의 삶도 없다. 그뿐인가.... 자신의 영광도, 자신의 기쁨도, 자신의 즐거움도 없다. 다만 주인의 영광에, 주인의 즐거움에 참예할 뿐이다(마25:21). 이처럼 하나님을 나의 창조주로, 나의 소유주로, 나의 주인으로 알고, 그 앞에서 'Coram Deo의 신앙'으로 종으로서 섬기며 살아가는 신앙 자세가 바로 '하나님 주권 사상'이다. 이러한 '하나님 주권 사상'은 하나님에 대한 절대적 신앙이다. 결코 둘이 될 수 없다. 그러므로 예수님도 말씀하시기를 '주 곧 우리 하나님은 유일한 주시라'고 했다(막 12:29). 'Coram Deo의 신앙'으로 '하나님 주권 사상'을 가지고 살기에 "주의 뜻이면 우리가 살기도 하고 이것저것을 하리라"고 고백한다(약 4:15). "우리가 살아도 주를 위하여 살고 죽어도 주를 위하여 죽나니 그러므로 사나 죽으나 우리가 주의 것이로다."고 고백하는 것이다(롬14:8). 2) 오직 하나님의 영광을 위한 신앙 고전 10:31에 "그런즉 너희가 먹든지 마시든지 무엇을 하든지 다 하나님의 영광을 위하여 하라"고 했다. 우리 인간이 '하나님의 영광을 위하여' 살아야 한다는 것은 하나님이 사람을 창조하신 창조 목적이다. 하나님을 영화롭게 하고 또 영원토록 그를 즐거워하도록 창조되어졌다. 우리 성도가 창조 목적을 수행하며 살아갈 때 하나님이 영광 받으시고 즐거워하신다. 우리성도 또한 그 하나님의 즐거움에 함께 참예하게 되는 것이다. 먹든지 마시든지 무엇을 하든지.... 사나 죽으나 우리의 존재는 '하나님의 영광을 위하여' 있고, 그것이 곧 '창조 목적'이다. 다시 말하면 이것이 우리 '존재의 이유'인 것이다.

본문의 베드로와 요한도 자신의 평안과 안일을 원했다면, 그들의 위협에 굴복하던가 아니면 타협을 했을 것이다. 그러나 그들은 그렇지 않았다. '창조 목적'을 버릴 수 없고, 더욱이 일꾼으로 부르심을 받은 그 사명을 저버릴 수 없었다. "우리는 보고 들은 것을 말하지 아니할 수 없노라"고 소리 높여 기탄없이 외쳤다. 이것이 'Coram Deo의 신앙'으로 '하나님의 영광을 위하여' 살아가는 앞서 간 증인들, 선배들의 모습이다. 이렇게 'Coram Deo의 신앙'으로 '하나님의 능력을 힘입어' 살아갈 때 세상이 저들을 감당하지 못한다. 채찍으로 쳐도, 돌로 쳐도, 톱으로 켜도, 칼로 죽여도, 짐승의 가죽을 입혀도, 굶기고 매질을 해도 굴복시킬 수 없었다. 승리는 항상 이렇게 'Coram Deo의 정신'으로 '하나님의 능력을 힘입어' 살아가는 자들에게 주어졌다.

코람 데오 신앙으로, 오직 하나님 앞에서 교회를 섬기고 코람 데오 신앙으로, 오직 하나님 앞에서 사회에 봉사하고 코람 데오 신앙으로, 오직 하나님 앞에서 이웃을 사랑하고 코람 데오 신앙으로, 오직 하나님 앞에서 사람을 대하고 코람 데오 신앙으로, 오직 하나님 앞에서 신앙을 지켜아름다운 흔적을 남기는 성도 여러분이 되기 바란다.

(2016.8.광복절주일)

여호와께 복 받은 자손

사61:4-9

내일은 71주년을 맞이하게 된다.

일제 36년의 식민지에서 맞이한 광복은 우리에게 회복과 자유를 가져다주었다.

일제 36년 동안 많은 애국지사들이 조국의 광복을 위해 헌신과 희생이 있었다. 하지만 그것만으로 광복을 얻지는 못했다. 더 큰 힘이 필요하였다. 그 큰 힘이 무엇인가? 미국이라는 나라를 통해 광복이 주어졌다고도 할 수 있겠지만, 그보다 역사를 주관하시는 하나님의 손길로 인해 우리나라에 광복이 주어졌다고 보는 것이 신앙인의 믿음일 것이다.

오늘 본문은 이사야 선지자가 이스라엘이 하나님께 불순종과 우상숭배로 말미암아 망하게 되겠지만, 멸망당했던 이스라엘 민족이 하나님께 불순종과 우상숭배의 죄악을 회개할 때 170년 후에는 회복 시켜주실 것을 약속하고 있다.

오늘 본문 이사야 61장의 맥락을 성서학적으로 보면, 하나님이 재건하신다, 복을 주실 것에 대한 약속에 말씀이라 하겠다.

60장부터 63장까지 하나의 섹터(Sector)로 보아야 한다. 60장은 회복과 영광에 대하여, 오늘 61장은 구원의 아름다운 소식에 관하여, 62장은 끝내는 여호와께서 승리하신다는 선언의 말씀인 것이다.

오늘 우리는 복을 받으려고 많이 노력하지만, 복 받을 짓은 하지 못한다고 한 신학자는 말하고 있다. 옳은 지적이라고 생각한다. 복 받으려만 하지 말고 심보를 고치고 심령을 고쳐야 한다. 내 심령이 어둠으로 가득 차 있으면서, 하나님을 무시하고 살면서 복을 받겠다는 자세는 옳지 않은 방법이기 때문이다. 하나님으로 부터 복 받는 자가되기 위해서는 말씀을 통한, 하나님의 방법대로 오는 복을 사모해야 한다.

광복의 은혜를 상고하는 이 시점에서 영육의 자유를 주신 하나님뿐만이 아니라, 이후에 삶을 책임져 주시는 하나님의 은혜는 더욱 놀라운 것이다. 구원해 주신 것으로 끝난 것이 아니요, 먹고 살 수 있도록 복을 누리도록 채우신 힘, 스스로 계신 하나님의 은혜인줄로 믿는다.

오늘 본문에서 이사야 선지자는 이스라엘의 회복을 가져오게 하는 분이 역사적으로는 페르시아로 표현된 바샤의 고레스 왕을 의미하고, 영적인 의미에서는 구원자이신 예수님을 예언하고 있다. 예수님은 바로 이사야 61:1-3의 말씀을 인용하여 이 말씀이 자신을 통해 성취되었음을 누가복음 4:21에서 선포하셨다. 누가복음 4:21 "이에 예수께서 그들에게 말씀하시되 이 글이 오늘 너희 귀에 응하였느니라 하시니"

우리가 정죄와 저주와 심판으로부터 자유케 된 것은 예수님의 십자가의 희생을 통해 받은 놀라운 선물이다. 예수님의 복된 소식이 들어가는 곳에 영적인 자유와 회복과 치유를 누리게 되었다. 우리도 예수님을 믿게 된 후부터 복을 받게 되었다. 찬송과 기도가 메아리 칠 때 그 삶에 회복과 치유와 부흥이 일어나기 시작했다.

그러므로 광복절을 맞아 오늘 본문을 중심으로 하나님께 복 받은 자손이라는 주제로 하나님의 은혜를 나누고자 한다.

1. 황폐한 곳을 회복시키시는 하나님(:4)

오늘 본문 이사야 61:4에 "그들은 오래 황폐하였던 곳을 다시 쌓을 것이며 예부터 무너진 곳을 다시 일으킬 것이며 황폐한 성읍 곧 대대로 무너져 있던 것들을 중수할 것이며"이렇게 말씀하고 있다.

본문에서 말하는 그들은 일차적으로 바벨론 포로에서 귀환하게 될 이스라엘 백성들을 가리킨다. 바벨론에서 귀환한 이스라엘 백성들이 황폐화된 예루살렘을 재건할 것을 말씀한 것이다. 하지만 문맥을 고려해 볼 때 신약의 시대에서의 그들은 예수님의 구속 사역으로 죄에서 구속함을 받은 우리 성도들을 가리킨다고 볼 수 있다.

여기서 오래 황폐하였던 곳을 다시 쌓는다는 말은 두 가지 의미가 있다.

① 죄로 말미암아 영적으로 황폐해진 이 세상에 의의 하나님 나라를 건설하게 될 것을 의미한다.

예수님이 오시기 전 세상은 마치 황폐한 땅과 같았다.

세상은 소망도 없고 의로운 것도 맺을 수 없는 척박한 사막과 같았다. 그러나 예수님이 오셔서 복음을 전하시고 구속 사역을 완수하시면서 이 세상은 새롭게 변화되기 시작했다. 죄와 죽음만이 가득했던 이 땅에 의로운 것, 선한 것이 쌓이면서 하나님 나라가 건설되기 시작했다. 아담의 타락 이후 모든 것이 황폐해져서 오직 사망의 음침한 기운만 감돌던 세상에 생명의 기운이 싹트고 아름다운 모습이 회복되기 시작했다.

예수님의 복음이 들어가는 곳마다, 교회가 세워지는 곳마다 미신과 우상 숭배와 추악한 죄악으로 난무하던 곳들이 하나님을 경배하며 악을 버리고 의로운 열매를 맺고 자비와 긍휼의 역사를 이뤄 왔다.

② 개인적으로 죄로 말미암아 황폐해진 영혼을 다시 세우는 것을 의미한다.

예수님의 복음이 임하기 전에 모든 인간의 영혼은 황폐하게 허물어진 성벽과 같으며, 누구도 거할 수 없는 모습이었다.

황폐한 땅처럼 선한 성품이 자라지 못하는 마음이었는데, 예수님의 복음을 듣고 죄와 어두움의 세력에 붙들린 자가 하나님을 예배하며 성전으로 바뀌는 모습을 보게 된다.

마음이 좋은 옥토처럼 변하여 의의 씨가 풍성한 열매를 맺게 하였다. 복음에는 이런 놀라운 능력이 있다. 복음은 죄로 물든 영혼을 다시 일으켜 세우는 능력이 있다. 새로운 피조물이 되게 한다. 새 사람이 되게 한다. 새로운 마음을 가지게 한다.

예수님의 마음과 영을 가지고 살아가는 사람은 자연을 회복시킨다. 관계를 회복시킨다. 환경을 회복시킨다. 그래서 살기 좋은 곳이 되게 한다. 술과 도박으로 찌들었던 가정들을 행복한 천국으로 만들어 간다. 경제도 회복하게 한다. 관계도 회복하게 한다. 건강도 회복하게 한다. 예수님은 십자가에서 우리의 모든 저주를 담당하셨기 때문이다. 예수님을 통해서만 회복이 일어난다. 치유가 일어난다. 무너진 곳을 다시 일으켜 세우는 일은 예수님을 통해서 이루어진다. 우리 모두다 회복하게 하시는 주님의 도구로 사용되기 바란다.

2. 여호와의 제사장/ 하나님의 봉사자(:6)

오늘 본문 6절에 "오직 너희는 여호와의 제사장이라 일컬음을 받을 것이라 사람들이 너희를 우리 하나님의 봉사자라 할 것이며 너희가 이방 나라들의 재물을 먹으며 그들의 영광을 얻어 자랑할 것임이니라"고 하였다.

하나님께서 이스라엘을 선민으로 삼으신 것은 그들을 제사장 나라로 삼아 그들을 통하여 이방 민족들을 구원하시기 위한 것이었다. 이스라엘을 만민구원을 위한 통로로 삼으신 것이다. 그리고 하나님은 이를 위하여 이스라엘 백성과 시내 산에서 언약을 맺고 율법을 주셨다. 이 율법을 잘 지킬 때 하나님의 제사장 나라가 되어 이방 민족들이 보고 하나님을 믿게 하려고 하였다. 하지만 이스라엘은 율법을 지키지 않고 이방 민족들과 함께 죄악을 범하게 되어 제사장 직분을 박탈당하였다. 그러나 이제 하나님은 제사장 직분을 다시금 회복시켜 주시겠다고 말씀하고 있는 것이다. 여기서 이스라엘은 혈통적인 민족이 아니라 영적으로 이스라엘인 교회를 말씀하고 있다. 하나님은 제사장 나라로서의 임무에 실패한 이스라엘 대신에 신약의 교회를 영적 이스라엘로 삼으시고 제사장 나라로 세우신 것이다. 제사장은 하나님이 먹여 살리는 사람이다. 하나님이 책임져 주시는 사람이다.

베드로전서 2:9 "그러나 너희는 택하신 족속이요 왕 같은 제사장들이요 거룩한 나라요 그의 소유가 된 백성이니 이는 너희를 어두운 데서 불러내어 그의 기이한 빛에 들어가게 하신 이의 아름다운 덕을 선포하게 하려 하심이라"

그리고 "너희를 우리 하나님의 봉사자라 할 것이며" 이 말은 하나님의 일을 하고 일꾼이 되는 축복을 말씀하는 것이다. 하나님의 일을 하는 봉사자! 이것은 소중하고 가치 있는 삶을 살게 되는 축복이다.

교회는 구약 이스라엘 백성을 대신하여 아직 믿지 않는 사람들을 구원하기 위한 하나님의 제사장 나라로 세움을 받았다. 교회의 신자 한 사람 한 사람이 제사장의 사명을 가지고 있다. 제사장은 사람들로 하여금 하나님을 섬기도록 중보 하는 사역이다. 사람들로 저주와 파멸을 가져오는 죄 사함을 받게 하고 하나님과 화목하게 하는 직분이다. 강요나 억지로 예수님을 믿게 하는 것이 아니라 제사장은 삶을 통해 이웃에게 감동을 주어야 한다. 제사장들의 모임인 교회는 믿지 아니하는 자들에게 죄를 용서해 주시고 구원과 생명과 복을 주신다는 복음을 전하여 하나님께 인도하는 사명을 감당하여야 한다.

3. 자손을 세계적인 인물로 높여 주심(:9)

오늘 본문 이사야 61:9절에 "그들의 자손을 뭇 나라 가운데에, 그들의 후손을 만민 가운데에 알리리니 무릇 이를 보는 자가 그들은 여호와께 복 받은 자손이라 인정하리라" 이렇게 말씀하고 있다.

자손들이 누리는 복으로 인해 사람들마다 여호와께 복 받은 자손이라 말하게 된다고 하였다. 어떻게 하여 그렇게 된다는 것인가? 그것은 자손들을 세계적인 인물들로 만들어 주심으로 그렇게 하신다는 것이다. 뭇 나라 가운데서 만인 가운데서 알려주셔서 뜨게 해주신다는 것이다. 존귀와 영광을 누리도록 높임을 받게 하시겠다는 것이다.

만민 가운데 일어난 세계적인 인물 가운데 이스라엘 사람이 차지하는 비율은 얼마나 될까? 우리에게 익숙한 유명 인사들만 보아도 아인슈타인, 에디슨, 프로이드, 우디 앨런, 워렌 버핏, 마크 주커버그 등등 수두룩하다. 유태인은 세계 인구 0.2%에 속하는 것에 불구하지만 역대 노벨상 수상자는 22%, 아이비리그 중 23%, 미국 억만장자 40%를 차지하고 있다.

그렇다면 이 예언은 예수님을 통해 구원받은 하나님의 자녀 된 신약교회와는 관련이 없을까? 아니다. 하나님은 그의 구원받은 자녀들도 재물의 복을 누리게 하신다. 영광을 누리게 하신다. 세상에서 고난을 받았던 믿음의 삶에 대해 배나 보상을 해주신다. 장자처럼 배나 유업을 받게 하시며, 하나님 나라에서 누리게 될 영원한 기쁨의 삶을 누리게 하신다. 예수님을 통해 주신 구원의 삶이 이렇게 완전하고 더 풍성한 것임을 말씀하고 있다(요10:10).

10절의 말씀처럼 하나님으로 인해 기뻐하고 즐거워하는 것이다.

우리는 잘 될 수밖에 없는 하나님의 자녀들이다. 하나님의 인도를 받으며 살면 형통하게 된다. 하나님의 말씀을 따르면 축복의 사람이 된다. 우리로 인해 자손들도 이렇게 복을 받게 될 것이다. 하나님이 회복시키시며 채워주시며 풍성하게 누리게 하신다.

영적인 것과 육적인 것들로 누리게 하신다. 우리도 이런 회복이 이루어지도록 회개하며 하나님의 구원의 역사가 이루어지기를 기도해야 하겠다. 여호와의 제사장의 삶을 살아야 하겠다. 제사장은 하나님을 사랑하고 섬기며 살아가는 자이다. 하나님의 봉사자이다. 이런 삶을 살 때 우리는 모두 축복의 삶을 누리게 되기를 바란다.

말씀을 마무리 한다.

미국의 심리학자 윌리엄 제임스는 "사람은 인정받으려는 본능이 있다"고 하였다. 사람은 이런 뿌리 깊은 본능이 있기 때문에 인정받고 칭찬 받으면 기쁘고 행복하고 더 자신감을 갖게 된다. 하나님께서 어떤 축복을 주셔서 인정받는 자가 되게 하셨는가? 하나님께서 정의를 사랑하고 성실히 갚아주는 자에게 축복하셔서 인정받는 자가 되게 하셨다.

본문 4절에 보면 황폐한 곳을 다시 쌓는 회복의 축복과 무너진 곳을 다시 일으키는 회복의 축복과 대대로 무너져 있는 것들을 중수하는 회복의 축복을 주셔서 인정받는 자가 되도록 하셨다. 그러므로 주변 사람들이 "당신은 하나님께 복 받은 사람이요"라고 인정받는 자가 되기를 축원한다. 내가 잘 났다고 하면 뭐하는가? 다른 사람들이 잘 났다고 해야 잘난 사람이다.

혼자서 부자인척하면 뭐하는가? 다른 사람들이 부자라고 해야 한다.

스스로 복 받은 사람이라고 하면 뭐하는가? 다른 사람들이 "복 받은 사람"이라고 인정해야 하는 것이다. 인정받는다는 것은 행복한 일이다. 더욱이 하나님께 축복을 받아서 그 축복을 인정받는다는 것은 정말 소중한 일이다.

필리핀을 방문한 박정희 대통령이 마르코스 대통령에게 '한국이 필리핀만큼 잘 사는 나라가 언제나 될 수 있을까?' 라고 질문을 한 적이 있다고 한다. 1960년대 그때의 한국 GNP는 $ 80, 필리핀은 $ 180 하던 때였으니 그 부러움은 무척이나 컸을 것이다. 하지만, GDP가 지금은 한국이 $ 28,000, 필리핀은 $ 2,920이니 바뀌어도 너무 바뀐 느낌이 든다.

우리가 이렇게 부강한 나라가 된 것 불과 몇 년이 안된다.

여러분 기억하실 것이다. 바나나가 지금이야 자유롭게 몇 천원에 막 사먹는 시대가 되었지만, 1980년대 중반까지 바나나 한 송이 값이 현 급여수준으로 환산하면 4~5만원 급여수준이었다고 한다. 그래서인지 응답하라 1988에 보면, 바나나 1개를 4조각으로 칼로 잘라 한 조각씩 나눠 먹는 장면이 나오는 것을 볼 수 있다.

그래서인지 나는 지금도 노란 바나나보다는 검은 점이 올라온 것을 먹는다.

일제로부터 해방되어 광복을 찾았지만, 곧 이어 일어난 6.25 전쟁으로 참혹해진 한국을 바라보며, 외국인 참전 용사조차 이 나라가 제대로 잘 살 수 있을까? 하는 의구심을 가졌었다고 한다. 하지만, 지금은 도움을 받던 나라에서 도움을 주는 국가가 되었다. 이런 경제적 기적 속에는 하나님을 바라보고 하나님을 의지하며 기도하는 부모 세대의 성실함을 인정하신 하나님께서 주신 축복으로 인한 것이라 확신 한다.

사랑하는 성도 여러분!

예수님을 믿고 하나님께 인정받고 교회에서 인정받고 직장에서 인정받고 가문에서도 복 받은 사람이라고 인정받아서, 하나님께는 영광이요, 여러분의 삶은 기름지고 풍성한 삶은 풍성해지고 후손은 더욱 잘되는 축복을 받았다고 인정받는 성도들이 되기를 예수 이름으로 축원한다.

(신대, 2014.9.28.)

좁은 문

마7:13-14

프랑스 문호 앙드레 지드(1869-1951)의 소설 중에 '좁은 문'이 있다. 이 작품의 줄거리는 제롬과 사촌 누이들인 엘리사와 줄리에트 간의 삼각관계의 사랑 이야기이다.

청년 제롬은 두 살 위인 사촌 누나 엘리사에게 연정을 느끼나 엘리사는 자기 동생 줄리에트도 제롬을 사랑하고 있는 것을 알고 단념하려고 한다. 그러나 줄리에트는 그 사실을 알고 다른 남자의 청혼을 승낙한다. 엘리사는 그 때문에 동생보다 더 한층 고민하고 연애라는 지상의 행복보다는 '좁은 문'으로 들어가기로 결심하고 수도원에 들어가 거기서 죽는다.

이 소설에서 작가는 이타적 동기에서 자기 절제와 희생적 배려를 골자로 하여 순수한 연애와 고뇌로 자신의 이기적 탐욕을 만족시키기 위해서 수단과 방법을 가리지 않는 오늘의 세태에 큰 도전을 주고 있다. 이 소설의 모티브는 오늘 본문의 성경 말씀이 되었는데, 예수님은 이 '좁은 문'이란 말씀을 통해 어떤 은혜를 주시는지를 살펴보고자 한다.

1. 좁은 문은 찾는 이가 적다(:14)

대부분의 사람들은 당장 자신에게 현실적인 이득을 줄 수 있는 대상에게 모여든다.

그래서 권력이나 재산이 많은 사람 주위에는 친구가 항상 끊이지 않으며 원근 각처에서 사람들이 찾아오다가 어떤 경로에 의해 권력에서 밀려나거나 가진 재산을 날려 버리게 되면 그 많던 주위의 사람들이 흔적도 없이 떠나가는 것을 볼 수 있다. 그래서 부잣집 정승이 죽었을 때 보다 그 정승의 강아지가 죽었을 때 손님이 더 많다는 속담이 있는 것이 아닌가 싶다.

본문에서 예수님은 생명으로 인도하는 좁은 문에는 찾는 이가 적다고 말씀하신다. 반면에 멸망으로 인도하는 넓은 문은 들어가는 자가 많다고 말씀하신다.

이 말은 복음의 진리는 올바로 발견하기도 힘들고 그것을 구체적으로 좇아 살기란 더더욱 힘들다는 뜻도 된다. 그러나 역사의 큰 획을 그었던 인물들은 한결같이 나름대로 진리를 향한 '좁은 문'으로 들어가고자 결단했던 사람들이다.

산란기가 되면 연어들은 강물을 거슬려 올라가서 상류의 모래 위에다 알을 낳고 자신은 죽는다고 한다. 마찬가지로 도도히 흐르는 어둠의 물결을 역류하여 이 땅에 빛과 소금의 역할을 담대히 담당할 자들은 연어와 같이 거슬러 올라가는 용기가 필요하다.

그러므로 우리는 세상의 부패한 기치관이나 군중 심리에 부화뇌동 할 것이 아니라 하나님의 말씀에 바로 서서 비록 찾는 이가 적다할지라도 좁은 문, 진리의 문으로 힘차게 나아가야 할 것이다. 그래서 러시아의 위대한 문호 톨스토이는 그의 저서 '인생론'에서 "우리는 상대가 내편이냐 아니냐에 따라 편을 드는 것이 아니라 그가 과연 진리에 서 있느냐? 그렇지 않느냐에 따라 편을 들어야 한다"라고 말했다.

2. 좁은 문은 길이 협착하다(:14)

결국 모든 사람들은 좁은 문과 넓은 문 중에서 선택해야 한다.

대다수의 사람들은 멸망으로 인도하는 자들을 향해 걸어간다. 달콤하고 그럴듯한 말로 유혹하는 사람들은 많지만 그들의 정체는 결국 드러나게 된다. 왜냐하면 그들의 입에서 나오는 말들은 일순간 사람들에게 위로를 주고 평안하게 하며 사람들이 믿을 수 있도록 가장 할 수 있을지 모르나 결국 그들의 행위는 육신의 정욕을 따라서 그들의 거짓됨을 드러내기 때문이다.

사도 바울은 성도들 속에서 서로 싸우는 두 개의 소욕에 대해 말했다. "육체의 소욕은 성령을 거스리고 성령의 소욕은 육체를 거스린다."고 하였다(갈5:1).

그러므로 영의 길, 진리의 길, 생명의 길이 협착하게 보이는 것은 육신의 소욕으로 보기 때문이다. 그러나 참 진리를 깨달은 자는 이 길을 충만한 자유와 기쁨 가운데 영속적으로 갈 수 있다. 왜냐하면 "진리가 너희를 자유케 하리라"고 했기 때문이다(요8:32). 그러므로 예수 안에서 자유 함을 얻은 성도들은 성공적인 삶을 살기 위해서는 오직 하나님만 바라고 의뢰하는 믿음이 필요하다.

출애굽한 이스라엘 백성이 하나님께 순종하는 믿음을 망각하고 상실하였을 때 그들의 눈에는 막막한 사막의 열기와 허기짐에 대한 공포가 노도처럼 밀려왔던 것을 볼 수 있다. 출17:3 보면 "거기서 백성이 물에 갈하매 그들이 모세를 대하여 원망하여 가로되 당신이 어찌하여 우리를 애굽에서 인도하여 내어서 우리와 우리 자녀와 우리 생축으로 목말라 죽게 하느냐"고 하였다.

요컨대 진리의 길을 바로 갈 수 있는 자는 마치 값진 보화를 만나 자기의 가진 바 모두를 팔아 그것을 기꺼이 사려는 자처럼 진리의 소중함을 뼈저리게 체득한 자라야 한다(마13:46). 그런 자는 가는 길이 아무리 좁고 험한 길이라도 저 높은 곳을 향하여 날마다 나아갈 수 있다.

3. 좁은 문은 생명으로 통한다(:14)

본문은 좁은 문으로 들어간 자와 넓은 문으로 들어간 자가 대조적인 결과가 나타나 있다. 그 결말은 생명과 멸망이다.

시편 기자는 시16:6에 "내게 줄로 재어 준 구역은 아름다운 곳에 있음이여 나의 기업이 실로 아름답도다."고 하였다. 시편 기자는 주의 능력을 신뢰하고 순종하는 자의 기쁨을 체험했던 것이다. 인생을 마라톤으로 본다면 승리의 면류관은 최종 선두에게 돌아가게 된다. 마라토너가 도중에서 쉬고 싶다고 앉아 쉬고 힘들다고 그만둔다면 우승 테이프를 끊을 자격이 없다.

이런 점에서 "내가 선한 싸움을 싸우고 나의 달려 갈 길을 마치고 믿음을 지켰으니 이제 후로는 나를 위하여 의의 면류관이 예비 되었으므로"(딤후 4:7)라고 담대히 고백 할 수 있었던 바울 사도야말로 인생의 진정한 승리자요 생명의 길을 갔던 사람이 아닐 수 없다.

초대 교회에 폴리갑이라는 교부가 있었다. 대 박해 때에 폴리갑도 잡혀 사형을 당하게 되었다. 그를 처형하는 군병들도 폴리갑이라는 교부의 인품을 잘 알고 있었다. 그의 인품이 너무나 고상하고 아름다워 죽이기에는 너무나 아까운 인물이라고 생각하여 "폴리갑이여! 그저 거짓말이라도 좋으니 예수를 모른다고 한마디만 해주십시오. 그렇게 해서라도 당신을 살려 주고 싶소! 후에 다시 믿으면 될 것이 아니요!" 정말 그럴듯한 말이었습니다. 아니 진심 어린 심정으로 한 말인지도 모른다. 그러나 폴리갑은 말하기를 "지금까지 나의 80평생 동안 예수님은 나를 한 번도 실망케 하신 일이 없는데! 한 번도 나를 모른다고 하신 일이 없는데 내가 얼마나 더 살자고 예수님을 부인한단 말이요."하면서 순교의 제물이 되신 것을 우리는 알고 있다.

사랑하는 성도 여러분!

일찍이 모세는 가나안 입성을 목전에 둔 이스라엘 백성들에게 모압 평지에서 마지막 권면할 때에 "오늘날 생명과 복과 사망과 화를 네 앞에 두었다며, 하나님을 사랑하고 하나님께서 명하신 율례와 법도를 지켜 행하면 생명을 얻을 것이요 마음을 돌이켜 유혹을 받아 세상 우상을 섬긴다면 사망에 이르게 된다"(신30:15-20)고 일깨워 주면서 그들과 그들의 자손이 살기 위하여 생명의 길을 택하라고 권면하고 있다.

또한 모세의 뒤를 이어 가나안 땅을 정복한 여호수아는 그의 임종 직전에 마지막 고별 설교에서 "만일 여호와를 섬기는 것이 너희에게 좋지 않게 보이거든 너희 열조가 강 저편에서 섬기던 신이든지 혹 너희의 거하는 땅 아모리 사람의 신이든지 너희 섬길 자를 오늘날 택하라"고 촉구했다(수24:15).

오늘 본문에서도 예수님께서 넓은 문과 좁은 문의 비유를 통해서 생명의 길과 사망의 길을 제시하셨다. 좁은 문은 협착하기 때문에 찾는 이가 적으나 생명으로 인도하는 문이니 이 문을 택하라고 하셨다.

눅13:23-24 보면 어떤 제자가 예수님께 여쭈오며 "주여 구원을 얻는 자가 적으니이까?"라고 질문하는 제자에게 예수님께서 무엇이라고 말씀하셨는가?

"좁은 문으로 들어가기를 힘쓰라"고 대답하셨다.

좁은 문으로 가는 길은 비록 힘들지라도 궁극적 목적지는 형언할 수 없이 좋은 하늘나라이다. 세상의 길은 달콤하나 그 길은 진리의 길이 아니라 사망에 이르는 길이다.

그러므로 우리는 구원의 소망을 가지고 오늘 이 땅에서 그 길이 좁고 협착하여 험하고 고난과 역경이 있는 십자가의 길이라 해도 걸어가야 할 줄 믿는다.

눅9:23-24에 주님은 "아무든지 나를 따라 오려거든 자기를 부인하고 날마다 제 십자가를 지고 나를 좇을 것이니라 누구든지 제 목숨을 구원코자 하면 잃을 것이요 누구든지 나를 위하여 제 목숨을 잃으면 구원하리라"고 말씀하셨다.

3.
교육부 직장선교회 지도목사

(2005.12.)

두 세계를 바라보는 모세

신 34:1~12

지금 우리는 묵은해를 보내고 새해를 맞이하는 마지막 주간에 있습니다. 두 세계를 바라보는 시간이다.

지나간 세계와 다가올 세계를 동시에 바라보고 있다.

모세는 지금 느보산의 비스가 산정에 서서 두 세계를 바라보고 있다. 이미 지나온 세계와 앞으로 전개될 세계를 바라보고 있다. 그리고 지금까지 받은 은혜와 앞을 바라보고 주실 은혜를 생각하고 있다. 모세는 지금 임종의 시간이 다가오고 있다. 그동안 200만 명이 넘는 백성들을 데리고(노예해방) 애굽에서 나온 일, 광야를 지나올 때 하나님이 함께 하신일, 불기둥 구름기둥, 만나를 내리신 일, 시내 광야의 금송아지 사건, 고라의 반역 등의 쓰라린 추억의 세계가 보인다. 그리고 모압 평지에서 느보산정에 올라 희망의 땅을 바라본다.

젖과 꿀이 흐르는 약속의 땅이다.

본론으로 들어가서

1. 모세는 지금 애굽을 생각한다.

바로의 궁정에서 왕자의 대우를 받던 시절을 생각한다.

그러면서도 자기 민족이 압제, 압박받는 것을 보고 하루도 편히 지내지 못한 모세였다. 하나님의 축복으로 해방의 은총을 베풀어 출애굽하여 지금 광야를 지나 목적지를 바라보고 있다.

모세는 광야에서 늙었다. 늙은 모세는 지금 느보산의 비스가 산꼭대기에 올라서 눈앞에 펼쳐질 세계를 바라보고 있다.

감동에 젖었다. 길르앗에서 단까지 이르는 모든 지역이 한눈에 들어온다. 종려나무가 많은 여리고가 보인다. 비옥한 납달리. 그리고 파도가 넘실거리는 지중해의 파란 물결이 눈에 들어온다. 그러나 모세는 자기가 그곳에 들어갈 수 없다는 것을 생각하고 아쉬워했다.

그리고 이스라엘 민족의 먼 장래 일을 생각 했다.

아마도 모세는 장차 새로이 건축할 시온산의 예루살렘 성전을 바라다보았을 것이다. 그리고 영안으로 먼 훗날 예수 그리스도의 십자가가 세워질 모리아산 언덕(골고다 언덕)을 바라보았을 것이다.

참으로 모세는 지금 두 세계를 바라보고 있다.

2. 이제 모세는 자기 사명을 다했기 때문에 죽어야 한다.

모세는 홀로 죽기 위하여 높은 산에 올랐다. 모세는 아무도 없는 곳에서 홀로 누워 죽었다. 자기 주변에 제 아무리 많은 대중이 있어도 죽음의 길은 홀로 가야 된다는 것을 깨달았다.

모세와 하나님 사이에 끼어들 사람은 아무도 없다. 모세는 홀로 죽어야 되었다. 아무도 그의 시체를 보지 못했다.

민수기 12장 3절에는 '이 사람 모세는 온유함이 지면의 모든 사람보다

승하더라'고 했다.

신명기 34장 6절에는 '오늘날까지 그 묘를 아는 자가 없다'고 했다.

만일 모세의 무덤을 발견했다면 예루살렘의 다른 유적들과 마찬가지로 숭배의 대상이 되었을 것이다.

3. 모세는 죽어서 승천한 사람으로 보는 것이다.

마태복음 17:1~10과 유다서 :9~10에 의하면 모세가 변화산에서 엘리야 및 예수님과 함께 나타나고 있다.

모세는 율법의 대표로, 엘리야는 예언의 대표로 나타나고 있습니다. 엘리야가 산 자의 대표라면, 모세는 죽은 자의 대표이다. 모세는 홀로 비스가 산 꼭대기로 올라갔다. 자기는 결코 들어갈 수 없는 약속의 땅 가나안 복지를 바라보기 위해서이다. 모세는 지금 비스가산 꼭대기에서 가나안 복지를 바라본 것과 함께 믿음의 눈으로 자기가 곧 들어갈 하늘의 가나안 복지를 바라본 것이다. 그리고 하늘을 향하여 그는 올라간 것이다.

4. 이 세상 모든 사람들은 '젖과 꿀이 흐르는 제 나름대로의 가나안 땅'을 목표로 살고 살아간다.

농사를 짓는 이, 사업을 하는 이, 공무원, 직장인, 사업가, 학생, 신앙인(종교인) 등은 저마다 자기의 일에 충실하게 한해를 살아오고 있다.

그러나 어느 누구도 이 목표에 도달하지 못한 채 죽음에 이르게 된다.

인간은 어느 누구도 죽음을 피할 수는 없다.

그러기에 우리는 모세가 여호수아를 양성한 것처럼 후계자를 길러야 한다. 이 지구상에는 우리의 목적지가 없다. 우리의 목적지는 다만 하늘나라뿐이다.

이 시간이 지나면 새해가 되고, 새해가 되면 우리들의 나이테는 하나 더 그어지게 된다. 이러한 반복 가운데 어느덧 인간은 하나님 앞에 설 때가 다가오는 것이다.

그러기에 우리들은 순간순간을, 하루하루를, 한해 한해를 후회 없이 살아야 된다.

모세는 후회 없는 삶을 살았다. 그에게는 많은 방해가 있었다. 그리고 그에게는 많은 원수가 있었다. 그러나 결코 반항하거나 대항하지 않았다.

평화로운 삶, 조화 있는 삶, 사랑하는 삶을 살았다. 우리가 가야 될 곳은 하나님 나라이다. 이 세계와 저 세계가 있다. 두 세계를 바라보는 눈이 열려야 된다.

결론적으로, 느보산의 비스가 산꼭대기에서 모세는 두 세계를 바라보았다. 지나간 120년 동안의 과거의 세계를 바라보았다. 그리고 모세는 또 다가올 미래의 약속의 땅 가나안 복지도 바라보았다. 다가올 세계이다.

교육부 신우회 여러분!

오늘 이 송구영신의 정상에서 지난 세계, 다가올 세계를 동시에 바라보라.

땅의 세계와 하늘나라 세계를 동시에 바라보라.

땅의 세계와 하늘나라 세계를 바라보라.

(교육부신우회, 2017.2.16.)

기쁨의 간구

빌 1:3~6

오늘 여러분들을 뵐 수 있어 기쁘다.

2013년 12월 30일 신우회가 송구영신행사를 준비하며 드린 예배 설교를 끝으로 13년 7개월의 지도목사를 마치고 떠났었다.

그동안도 그리움을 안고 남자에게 군생활이 추억으로 남듯, 교육부 신우회의 추억이 여운처럼 남이 있었다. 그러던 중, 경주에서 김성원 집사님을 뵙고 기쁨을 나눴는데... 저를 만났었다는 이야기를 듣고 이처럼 호출? 해 주시니 감사하다.

설교 부탁을 받고, 제목 주제처럼 떠오른 것이 기쁨과 설렘이어서, 여기에 합당한 말씀을 찾아 말씀을 준비하였다.

오늘 본문은 빌립보서의 편지의 앞부분으로, 바울은 편지를 시작하면서 칭찬과 축복을 가득 담고 있다.

:3~:4 을 읽겠다.

"내가 너희를 생각할 때마다 나의 하나님께 감사하며, 간구할 때마다 너희 무리를 위하여 기쁨으로 항상 간구함은"

:3에 너희를 생각할 때마다 감사한다고 하며, :4에서는 간구할 때마다 기뻐한다고 했다.

바울이 그렇게 감사하고 기뻐하는 이유는, :5~:7까지 나와 있다.

1. 빌립보 교인들과 여전히 교제(:5~:6)

먼저 5절을 보면, '첫날부터 이제까지 복음에서 너희가 교제함을 인함이라'

또 6절을 보면, '너희 안에 착한 일을 시작하신 이가 그리스도 예수의 날까지 이루실 줄을 우리는 확신 하노라'

그들이 착한 일을 멈추지 않고 하고 있기 때문이었다. 너희 속에 착한 일을 시작하신 이는 성령이시다. 빌립보교회는 성령의 인도에 순종했다. 그리고 그 착한 일은 바울을 돕는 것이었다(:7).

즉, 빌립보 교회는 복음 전도를 위해 고난을 당하고 있는 사도 바울을 위해, 어떻게 하면 그 고통을 나눠질 수 없을까를 생각했던 것 같다. 이런 생각은 바울과 함께 전도의 전도하는 심정으로 최선을 다해 도움으로 은혜에 참예하고 있었던 것이다. 비록 그들은 몸으로는 멀리 떨어져 있었으나, 영으로는 언제나 바울과 함께 했던 것이다. 이런 빌립보 교회를 향한 바울의 생각과 기쁨은 자연스럽게 기도로 연결되었다.

바울은 빌립보교회를 추억하면서 기도하고 있다.

그 기도에는 바울의 사랑과 축복이 가득 담겨 있음을 보게 된다.

2. 그리스도의 심장이 된 빌립보 교회(:8)

"내가 예수 그리스도의 심장으로 너희 무리를 어떻게 사모하는지 하나님이 내 증인이시니라."

바울은 빌립보교회를 예수님의 심장으로 사랑하고 있다고 고백하고 있다.

여기서 심장이란 단어는, 헬라어 "스플랑크논"이다.
정확한 번역은 '내장'이다. 당시 사람들은 내장이 감정, 특히 사랑이나 동점심의 샘터라고 생각했다. 그래서 아예 스플랑크논이란 단어는 사랑이나 동정심의 뜻으로 사용되기도 하였다.

바울과 빌립보교회는 이렇게 서로를 마음에 품고 있었다.
바울이 빌립보교회를 각별하게 여기게 된 또 다른 이유가 있다.
그것은 5절에 나오는 '첫날'이라는 단어이다.

여기서 첫날이란 바울이 아시아에서 복음을 전하다가 처음 유럽으로 건너간 날을 말한다. 바울은 꿈에 환상을 보았다. 사도행전 16장에 보면 바울은 마게도냐에 건너와서 우리를 도우라는 요청을 받았었다. 바울은 이것을 유럽 선교의 요청으로 보았다. 이것은 바울 선교의 분수령이 되었다.

이제까지 바울은 바나바와 협력 사역을 해왔었다. 또 안디옥교회의 지원으로 선교를 해왔다. 그런데 바울이 유럽 전도를 시작함으로 독자적인 선교를 시작하게 된 것이다. 그리스 반도에 들어가 시작한 유럽 선교의 첫 번째 지역이 바로 빌립보이다. 빌립보에서 복음을 전하기 시작한 첫날은 선교의 한 획을 긋는 중요한 사건이 되었다.
기독교가 로마에 전파되어 전 세계에 퍼지게 되었기 때문이다.
빌립보는 유럽 선교가 시작된 첫 번째 지역으로, 유럽 선교의 거점이 되었다. 빌립보교회의 영적 물질적 후원은 이후 서쪽으로 향하는 즉 땅 끝까지 이르는 선교에 힘이 되었던 것이다.

6절에 나오는 '착한 일'은 구체적으로 빌립보교인들의 기도와 헌금 지원을 의미한다. 더구나 빌립보교회의 이런 후원은 일시적인 것이 아니었다.

첫날부터 빌립보서를 쓰는 당시까지 한결같았다. 그리고 주님 오시는 날까지, 한결같을 것이라고 확신하고 있었던 것이다.

그러기에 빌립보교회는 바울에게는 더욱 각별했던 것이다. 빌립보교회는 바울에게 추억의 교회이다. 하지만 현재 고난을 함께 나누는 동지의 각별한 정이 있었기에 그리스도 예수의 날을 바라보며 미래의 소망을 함께 꿈꾸는 소중한 교회가 될 수 있었던 것이다. 즉 빌립보교회는 바울에게 과거의 교회이다. 그리고 현재 함께 복음을 위해 힘을 쓰는 진행형이기도 하다.

그러기에 함께 미래를 소망하고 있는 즉, 과거, 현재, 미래를 모두 담고 있는 빌립보교회였던 것이다.

이처럼 8년 어간을 만나보지는 못했어도 여러분과 저는 복음의 형제요 자매임에 분명하다.

말씀을 마무리하고자 한다.

바울은 감옥에 있었지만 빌립보교회가 있었기에 행복했다.
재판을 받으면서 판결을 초초하게 기다리고 있었지만 기뻤다.
혼자가 아니었기 때문이다. 버림을 당하지 않았기 때문이다.
오히려 감옥에서 복음을 전할 수 있어 기뻐 할 수 있었던 것이다.

여러분과 저는 하나님이 맺어주신 너무나 소중한 사이이다. 서로 심장

에 안고 사모하며 기도할 사이이다. 바울과 빌립보교회처럼, 서로 사랑을
고백하며 기도하면 좋겠다.

　그리고 고백하자.
　'여러분이 제 심장에 있습니다.' 또한 '여러분의 심장에 제가 있는 줄 믿
습니다.'는 기쁨의 간구가 있기를 바란다.

(교육부신우회 2013.4.)

삭개오를 위한 변론

눅19:1~:10

언젠가 왕따가 사회문제로 이슈가 되더니, 이제는 문제를 피하기 위해서 인지 투명인간 취급을 하는 사회적 현상이 일어나고 있는 듯하다.

오늘 날 많은 사람들이 인생의 성공과 승리를 위해, 가정과 가족을 위해 자신에게 주어진 일에 파묻혀 앞만 보고 살아가는 많은 사람들을 만나볼 수가 있다. 그리고 자신의 목표한 일들을 이뤘다고 득세하며 주위를 돌아 볼 때, 자신의 주위에는 자신이 그렇게 아끼던 가족이나 친척, 이웃 친구 들이 하나도 남지 않았음을 발견하며 군중 속의 고독을 느낄 때가 많다.

오늘 본문에 나오고 있는 삭개오가 바로 오늘날 탐욕과 이기심의 삶으로 인해 직책과 돈을 모아 부자가 되어 주위에는 많은 사람들이 있었겠지 만, 정작 자신이 보고 싶었던 예수님을 만나보고자 예수님께 가까이 가보고자 했을 때 아무도 길을 비켜주지 않았음을 볼 수 있다. 즉 유대 사회에서 사람 취급을 받지 못하는 즉, 투명인간 취급을 받는 것이라고 할 수 있을 것 같다.

왜 많은 사람들은 삭개오를 위해 자리를 내어 주지는 않았을까? 함께 끼워주지는 않고 투명인간 취급을 했을까?

이런 대우를 받는 삭개오를 예수님은 잃어버린 자 중의 하나로 보시고 그를 만나 주시고 그에게 구원을 선포하신 놀라운 사건을 통해, 하나님의 은혜를 나누고자 한다.

1. 삭개오 – 그의 직업이 세리장이었기 때문이다.

예수님 당시의 유대는 로마의 속국이 되어 있었다.

로마의 속국으로서 유대는 로마에 많은 액수의 세금을 바쳐야 했습니다. 로마가 유대인의 세금을 걷는 데 중요한 역할을 한 사람들이 바로 세리였다.

그러나 세리는 동족들로부터 돈을 착취하여 로마에 아부하고 그 자신들도 부를 쌓았기 때문에 보통 사람들로부터 창기와 같은 죄인으로 취급받았다.

그런데 삭개오는 세리장이요 부자였다.

유대인으로서 높은 지위에 오른 것을 보면 그가 얼마나 악착같고 지독하며 무정하고 무자비한 삶을 살았는가를 말해 준다.

어떤 분야든 정상에 오르기 위해서는 다른 사람보다 서너 배의 노력이 필요하다. 더더구나 세리계통은 악착같고 끈질기고 지독하기로 이름난 사람들로 가득 차 있었다.

그가 이런 세계에서 작은 키의 유대인 신분을 뛰어넘어 유능한 경쟁자들을 하나하나 물리치고 마침내는 세리장이 되었다는 것은 그에게 무엇인가 위대한 점이 있다는 것을 보여 준다.

그는 한 마디로 집념의 사나이였지만, 주위 사람들에게, 아니 이웃 사람들에게 조차 인정을 못받고 있었던 것이다.

삭개오가 가난과 키 작은 것에 한이 맺혀 부와 권세를 얻기까지는 자신의 존재의미에 대해 생각할 겨를도 없었을 뿐만 아니라 그런 것을 생각하는 것 자체가 사치스럽게 여겨졌을 것이다. 그는 권세와 부를 소유하면 행복은 자연히 굴러 들어올 것을 믿어 의심치 않았다. 그가 막상 권세와 부를 소유하였을 때 그것이 아무 것도 아니며 그에게 남은 것은 절망뿐임을 알게 되었다.

그래서 그에게는 애벌레가 나비로 탈바꿈하는 것과 같은 새로운 탈출구가 필요했을 것이다.

2. 예수님과의 만남을 갈구하는 삭개오

인생에 있어서 '만남'이 참으로 중요하다고 하다.

특별히 부모와의 만남이 중요하고 스승과의 만남, 배우자와의 만남이 중요하다고 이구동성으로 말을 한다.

그러나 아무리 좋은 부모를 만나고, 아무리 좋은 부모와 배우자를 만났다고 할지라도 인생의 근본문제를 해결하시는 예수님과 만나지 못했다면 그 사람은 실패하는 삶을 살고 있는 것이다.

성경본문을 보면, 어느 날 여리고에는 예수님이 지나간다는 소문이 파다하게 퍼졌다. 그가 이 소문을 들었을 때 그의 마음 가운데는 삶의 희망이 솟아나기 시작했다.

그는 예수님을 만나고 싶었다. 그는 예수님을 만나 자신의 모든 죄를 사함 받고 새 인생을 살고 싶었다.

그런데 바로 이 예수님께서 여리고를 지나가신다는 것이었다. 그는 꿈만 같았다. 그는 예수님을 만나 보기를 간절히 원했다.

3절을 보면;

"저가 예수께서 어떠한 사람인가 하여 보고자 하되" 여기서 '보고자' 한 것은 단순히 호기심으로 예수님을 보고자 한 것이 아니라 마음 깊은 곳에서 나온 영적 소원을 가지고 추구했음을 말해 준다.

그가 예수님을 보고자 한 것은 병을 고침 받고자 함도 아니요, 기적을 바라고자 함도 아니었다. 또 예수님을 통해 무엇인가 얻고자 함도 아니었다.

그는 예수님이 어떤 분이신가 예수님의 인격에 깊은 관심을 가졌다. 그러나 그가 예수님을 만나기 위해서는 극복해야 할 외적, 내적 장애물이 있었다. 즉, 많은 사람들에게 싸여 있는 것과 키가 작은 것이었다. 그러나 그는 결코 포기하지 않고 공인으로서의 체통을 마다하고 앞으로 달려가 뽕나무에 올라가 예수님이 가까이 오시기만을 학수고대하고 있었다(:4).

우리가 예수님을 만나고자 할 때 여러 가지 장애물이 있다. 그러나 장애물이 있다고 해서 예수님 만나는 것을 포기해서는 안된다. 왜냐하면 우리 인생에 있어서 예수님을 만나는 것보다 더 중요한 일은 없기 때문이다.

3. 삭개오를 변론하시는 예수님(:5~:10)

삭개오는 예수님을 보기 위해 뽕나무에 올라갔다.

그러나 삭개오가 뽕나무 위에 올라가서 예수님을 내려다 볼 수는 있었지만 예수님을 만날 수는 없었다.

여러분! 남보다 높은 자리에 올라가는 것은 예수님을 보게 할 수는 있다. 그러나 예수님 만나게 할 수는 없다.

예수님께서 그곳에 이르러 우러러 보시고 "삭개오야! 속히 내려오너라 내가 오늘 네 집에 유하여야 하겠다" 하셨다. 예수님의 부르심은 키가 작으면 작은 그대로, 식견이 짧으면 짧은 그대로, 내가 있는 그대로의 모습으로 만나자는 것이다. 높은 지위의 꼭대기서가 아니라, 한 사람의 적나라한 인간으로 돌아와서 예수님과 만나야 한다. 삭개오는 이 말씀을 듣고 "급히 내려와 즐거워하며 영접했다"고 했다.

그때 삭개오에게는 큰 변화가 일어났다.

삭개오는 예수님에게 말했다.

"내 소유의 절반을 가난한 사람들에게 주겠사오며 만일 뉘 것을 토색한 일이 있으면 사 배나 갚겠나이다."

남의 것을 어떡하면 더 많이 빼앗을까만 궁리하던 이 세리가 완전히 변화된 것이다.

이러한 기적 같은 변화는 예수님을 만나서 그분을 영접하였을 때에 생겨나는 변화이다.

여러분! 기독교는 사람을 변화시키는 종교이다.

변화 받는 일은 인간의 자기 수양의 결과도, 사람들의 강요에 의한 것도 아니다. 예수님을 "바라보고 만나고 영접할 때"가능한 일이다. 삭개오는 예수님을 만나 영접한 그 날로부터 새로운 사람이 되었다. 그의 인격이 그 때로부터 전환이 되었다.

자기의 재산을 나눠주겠다는 변화된 삶의 고백을 들으신 예수님께서는 이렇게 말씀하신다.

"오늘 구원이 이 집에 이르렀으니 이 사람도 아브라함의 자손임이로다"

이 구원의 선포가 언제 이루어졌는가?

삭개오가 자신의 변화된 삶을 고백했을 때이다.

삭개오라는 이름의 뜻은 '순결'이라는 뜻을 가지고 있다.

이름이라는 것은 그 이름을 지어준 부모님의 뜻이 들어있다.

이제 삭개오는 자신을 위해 변론해 주신 예수님이 계시기에 죄인의 모습에서 벗어났다.

남을 생각하는 변화된 모습에서 이제 왕따를 벗어나 남에게 도움을 주는 자가 되었고, 남들이 기뻐하는 자가 되었다.

이렇게 '구원받은 자의 삶', '변화된 삶'을 살고 싶지 않은가?

여러분은 먼저 예수님을 만나야겠다는 열정을 가지고, 자기가 의지하여 올라갔던 나무에서 내려와 예수님을 영접한 성도의 삶이되기 바란다.

3-1.

엑소드 씨엔에어(주) 지도목사

(엑소드, 2015.10)

해답은 문제와 함께 있다

출15:22-:27

문제를 갖지 않으신 분은 하나도 없을 것이다. 내게 찾아오는 사람들은 거의 문제에 대한 해답을 요청하는 사람들이다.

인생에 문제가 있다는 것은 좋은 일이며, 또한 당연한 일이다. 인생이 있는 곳에 문제가 있다. 지금으로부터 약 3,000여년 전에 인생으로서는 절망으로 느꼈던 문제에 부딪친 일단의 사람들이 있었다.

1. 해결책이 없다고 단념해 버린 사람들

1) 문제에 부딪쳐 "나는 할 수 없다"는 사람이 됨
인간을 문제해결의 자원으로 삼기 때문
2) 최악의 사태를 마음속에 상상함
3) 낙심하여 분노와 원망을 가짐
4) 패배와 우울증에 빠짐

2. 해결책이 있다고 믿은 모세

1) 하나님을 모든 문제해결의 원천으로 삼음.
그러므로 "나는 할 수 있다"의 사람이 됨.

2) 모든 문제 속에는 해결도 있다.

3) 기적을 기대함

4) 기도의 위력을 믿음

그 결과 그 문제의 쓴 연못 물결에 그 물을 치료하는 한 나무를 발견했다.

3. 우리들이 배워야 할 교훈

1) 좋으신 하나님을 삶의 전적자원으로 삼으라.

2) 문제 속에 더 나은 삶의 기회가 숨겨 있음을 믿으라.

(모세는 문제가 해결되자 하나님께서 치료자가 되심의 보증을 받았고 또 놀라운 엘림의 오아시스를 얻었다)

3) 해답은 가장 가까운 곳에 있다.

기도하는 자에게 열려진다.

4) 하나님의 기적을 믿으라.

여호와께서는 예비하시는 하나님이시다.

인생에 다가오는 문제는 부정적인 태도를 취하는 자에게는 무덤이 될 수도 있고 하나님을 의지하고 창조적으로 대하는 자에게는 더 나은 세계로 나아가는 관문이 될 수도 있다. 하나님은 문제를 당한 자에게 이 말씀을 주신다.

고전 10:13... "사람이 감당할 시험밖에는 저희에게 당한 것이 없나니 오직 하나님은 미쁘사 너희가 감당치 못할 시험 당함을 허락지 아니하시고 시험 당할 즈음에 또한 피할 길을 주시느니라"

(엑소드, 2019.7.9.)

하나님의 뜻과 하나님의 때

빌2:13

폭염의 7월을 보내고 있다.

오랜 세월동안 사람들은 우리를 향한 하나님의 뜻은 엄하고 고통스러운 것이라고 생각해 왔다. 그래서 하나님의 뜻대로 살려면 인생의 모든 즐거움을 다 버리게 하시고 몸을 병들게 하시며 생활은 적빈하게 하시며 항상 시련과 환란 중에 살도록 하신다고 생각해 왔다. 그러나 이와 같은 생각은 중대한 잘못이다.

하나님은 절대 좋으신 하나님이시다. 그리고 우리를 지극히 사랑하신다. 우리들에게 고통을 주시고 기뻐하시는 변태적 하나님이 아니시다(롬 8:32). 우리들에게 구원과 영생을 주시며 천국의 영광을 주시는 하나님은 근원적으로 선하시고 좋으신 하나님이시다. 이 좋으신 하나님이 내 개인에 대한 뜻과 그 뜻이 이룰 때를 우리는 분별하고 알아내어야만 한다.

1. 하나님의 기쁘신 뜻과 우리 마음의 소원

1) 너희 안에서 행하시는 이는 하나님이시니 우리들의 마음은 하나님의 성소이심.
2) 기쁘신 뜻이 소원으로 나타남.
(1) 시간이 지날수록 더욱 강해짐.

(2) 하나님의 말씀에 일치함.

2. 계시된 뜻을 실천할 용기가 주어짐.

1) 행하시게 하시나니
2) 여호수아의 소명과 용기(수1:9)
3) 다윗의 용기(삼상17:45-47).

3. 희생적 순종의 기쁨이 생김

1) 소원해서 잉태한 자식은 해산의 큰 고통이 따라도 큰 기쁨으로 낳게 됨.
2) 하나님의 뜻과 때를 일치될 때는 내게 어떤 희생이 있더라도 큰 기쁨이 따름.

4. 하나님의 뜻을 이룰 문이 열림.

1) 억제와 강제로 열어놓은 문이 아님
2) 하나님의 사자가 앞서 행하여 문을 여심(홍해가 갈라지는 기적)

렘33:3 "너는 내게 부르짖으라 내가 네게 응답하겠고 네가 알지 못하는 크고 비밀한 일을 네게 보이리라"

우리 자신에게 하나님의 뜻이 분명해지고 그것이 이뤄질 때가 다가오면 위와 같은 4가지 징조가 나타나게 된다.

이와 같은 징조가 확실해지면 우리는 조금도 지체치 말고 실천함으로 하나님의 크신 섭리와 역사가 나타나는 엑소드가 되기 바란다.

4.
총회장(대한예수교장로회(한영))

(사랑의쌀 2016.1.30.)

그 중에 하나

눅17:11~19

몇 년 전 0.3초의 기적이라는 제목의 동영상이 눈길을 끈 적이 있었습니다. 그 내용은 2009년 7월 10일 6시 30분경 10대 고등학생이 지하철 철로에 떨어진 사람을 구하여 철로에 몸을 던져 구한 영상이었습니다.

이 영상을 보며, 위기의 상황에서 구해준 사람들은 어떠할까를 생각해 보았습니다. 물에 빠진 아이를 구해 준 것이라든지, 소방관이 불에서 생명을 구해준 사람들의 이야기를 많이 접하고 있었습니다만, 그 뒤의 이야기가 궁금해졌던 것입니다.

이 때, 목숨을 구한 사람들의 행동은 어떠했을까요?

감사했을까요? 대부분의 사람들은 그 현장을 떠나고 난 후, 구해 준 사람에게 와서 감사하다는 말을 하는 경우는 많지 않다고 합니다.

이 현상에 대한 답은 오늘 본문의 말씀을 통해 찾을 수 있을 것 같습니다.

오늘 본문을 보면;

예수님께서 사마리아와 갈릴리 사이로 가시다가 한 촌에서 열명의 문둥이를 만나게 되었습니다. 문둥이들은 인가에서 멀리 떨어진 곳에 격리 수용되어 살았고, 혹시 성한 사람이 그 곳을 지나가게 되면 스스로 "우리는 부정하다, 부정하다"라고 하여 접근치 못하도록 하던 자들이었습니다. 그런데 문둥이들이 예수님을 보자 멀리 서서 "예수 선생님이여 우리를 긍휼히 여기소서"라고 부르짖으며 애원했습니다. 이에 예수님께서 그들을 보시고 "가서 제사장들에게 너희 몸을 보이라"고 하였습니다(:11~14).

당시에는 제사장들만이 문둥병의 완치를 확인해 줄 수 있었기 때문에, 이 말씀의 의미는 문둥병자들의 병이 치유됨을 의미하는 것입니다.

이 열명의 문둥이들은 예수님의 말씀을 믿고 순종하여 제사장들에게 가는 도중 깨끗하게 나음을 받았습니다. 하지만 그 중에 하나 사마리아 문둥이만이 제사장에게 가서 자기 몸이 나은 것을 확인 받음을 제쳐두고, 하나님께 영광을 돌리며 돌아와 예수님의 발아래 엎드려 감사했습니다. 그러자 예수님께서 그에게 "열 사람이다 깨끗함을 받지 아니하였느냐 그 아홉은 어디 있느냐... 일어나 가라 네 믿음이 너를 구원하였느니라."고 하셨습니다(눅 17:15~19).

열 명의 문둥병자가 나음을 입은 것은 분명하지만, 그 중에 하나만 예수 그리스도께 돌아와 감사를 하고 있습니다. 감사를 할 줄 아는 "그 중에 한 사람" 그는 어떤 사람입니까?

10명의 문둥병자 중 예수 그리스도께 찾아와 감사한 "그 중에 한사람"을 통해 하나님의 은혜를 나누고자 합니다.

1. 그 중에 하나- 그는 감사를 아는 사람입니다(:15)

그는 불치의 병으로 죽을 날만 기다려야하는 병자를 고쳐주신 예수 그리스도를 아는 자였습니다. 신앙생활을 함에 있어 감사를 안다는 것은 하나님의 은혜를 안다는 것입니다. 감사함이 없는 사람은 참 그리스도인이 결코 아닙니다.

신앙생활의 문제는 감사를 알지 못함이요, 잊고 사는 것입니다.

그리스도인들은 세상일에는 무지무식하고, 잊고 살지라도 감사는 알아야하고 잊지 않아야 합니다.

감사를 아는 것이 신앙이요 감사를 아는 자가 그리스도인 입니다. 기독교인이면서 감사를 모르는 이유는 받고도 받은 줄을 모르기 때문이요, 심령이 완악한 까닭입니다.

세상 일만 열심히 생각하고 주님의 은혜는 생각하지 않기 때문입니다. 하나님 중심의 생활을 아니하고 인간중심의 생활을 하는 까닭입니다.

한마디로 감사를 알지 못함은 불신앙입니다. 그러므로 감사를 아는 그리스도인들이 되기 위해선 성령의 도우심을 간구해야 합니다.

본래 소경이었던 자가 예수님의 은혜로 안식일에 눈을 뜬 후, 바리새인들이 예수님은 죄인이라며 예수를 정죄 할 것을 협박, 회유하는 과정 속에서도 그는 이렇게 말하고 있습니다. "그가 죄인인지 내가 알지 못하나 한 가지 아는 것은 내가 소경으로 있다가 지금 보는 그것이니이다."(요9:25)

미국의 큰 정신병원에서 운전기사로 일하는 사람이 있었습니다. 어느 날, 평상시처럼 정신병 환자들을 병원에 내려놓고 차를 돌리려 하는데 병실 2층 창문에서 누가 그를 불렀습니다. "여보세요! 여보세요!" "나를 부르십니까?" "그렇습니다. 내가 당신께 한 가지 물어봐도 될까요?" "예, 말하세요" "당신은 건강한 정신을 가졌음에 대해 하나님께 감사해 본 일이 있나요?"

그는 전기에 감전 된 듯 했고, 깊이 회개 했으며, 이를 자기 교회에서 간증했다고 합니다. "나는 15년 동안 정신 병원에서 일하면서 매일 정신병 환자를 운송했건만 나의 건강한 정신에 대하여 한 번도 하나님께 감사하지 않았습니다. 지금까지 난 진정한 그리스도인이 아니었습니다." 감사치 못함은 회개거리입니다.

그 중에 한 사람, 그는 예수님의 은혜에 대한 감사를 알았고, 안 감사를 즉시 행동으로 옮긴 자였습니다. "큰 소리로 하나님께 영광을 돌리며 돌아와 예수의 발아래 엎드리어 사례하니…" '사례하니'라는 헬라어 '유카리스 데오'는 단순한 인사치레의 말이 아니라 깊은 환희와 감격에서 나온 감사를 뜻합니다.

행하려면 알아야 합니다. 감사를 알아야 감사를 할 수 있습니다. 아는 감사를 행동으로 옮길 줄 아는 것은 신앙의 바른 동작입니다.

주님의 은혜를 감사함은 복된 미래를 열고, 감사치 않음은 열린 미래도 닫게 합니다. 지나간 은혜를 감사하지 못하면 새로운 은혜를 받지 못합니다. 사람다운 사람은 은혜를 알고 감사하는 자입니다. 하나님의 사람다운 사람은 하나님의 은혜를 알고 감사하는 자입니다.

그래서 기독교인의 별명은 '감사하는 사람'입니다. 하나님께 감사드림은 하나님을 하나님으로 아는 신앙고백입니다. 따라서 신앙과 감사는 분리될 수 없습니다. 살아있는 감사는 아는 것에 멈추지 아니하고 감사를 드리는 자리까지 나아갑니다.

어느 날 하나님께서 두 천사에게 땅에 내려가 사람들의 기도를 모아오라고 했답니다.

두 천사는 하루 종일 기도 소리가 나는 곳을 돌아다녔습니다. 일을 마친 두 천사가 서로의 바구니를 살펴보았습니다. 그런데, 한 천사의 바구니는 넘쳤고, 한 천사의 바구니는 거의 비어 있었습니다.

두 천사는 서로에게 물었답니다.

"어떻게 해서 천사님의 바구니는 그렇게 넘치나요?"

"사람들이 간구하는 소원들을 담았더니 이렇게 넘치는 군요"

"그런데 천사님의 바구니는 왜 그리 비었나요?"

"감사드리는 기도만 담았더니 이렇답니다."

이것은 '이것을 해 달라' '저것을 해 달라'는 기도만 했지, '이렇게 해 주셔서 감사드리고 저렇게 해주셔서 감사합니다.'라는 기도는 거의 없는 현실의 신앙인들에게 주는 메시지임에 분명합니다.

그리스도인들에게 있어 감사생활은 하나의 과제, 곧 숙제입니다. 학생들이 숙제를 해야 함은 당연한 것이나 잘 하는 학생도 있고, 안 하는 학생도 있는 것처럼 그리스도인의 감사 생활도 똑같습니다.

하나님의 은혜가 감사하다고 하면서도 감사드리지 아니하는 사람은 표리부동한 기독교인이요 영적 열매가 없이 잎사귀만 무성한 무화과나무 같은 위선자일 것입니다.

하나님께서는 아는 감사를 하는 감사로 옮기는 사람에게는 계속해서, 더 크게, 감사할 조건과 상황을 주실 것입니다.

3. 그 중에 하나– 구원까지 받은 사람입니다(:19)

"일어나 가라 네 믿음이 너를 구원하였느니라"

그 중에 하나, 사마리아 문둥이는 육체의 질병만 고침을 받은 것이 아니라 영혼까지 구원 받았습니다. 하지만, 아홉 문둥이는 육의 치유함을 받기는 했으나 인간에게 가장 중요한 영혼의 문제는 해결 받지 못했습니다.

"그 아홉은 어디 있느냐?", 주님의 책망이시며, 탄식이십니다.

그리스도인의 감사는 아는 내적 감사에서, 하는 외적 감사로, 그리고 영적 구원에까지 이르러야 합니다. 감사의 생활은 '너'를 위한 것이 아니라 '나'를 위한 삶입니다.

현재의 감사는 나를 더 올라가게 하고, 더 좋아지게 하며, 신앙을 깊게 만듭니다.

사람에게는 누구나 각자가 감당해야 할 삶의 몫이 있습니다.

신앙생활에도 내 몫의 감사가 있습니다.

오늘 우리는 사랑의 쌀 운동을 25여년 전부터 시작하여 북한 동포들의 배고픔을 어루만지는 일에 동참하였으며, 어려운 교회, 이웃을 향한 사랑의 손길을 펴왔습니다.

예수님께 찾아와 감사를 한 사람은 열 명 중 한사람뿐이었습니다.

감사의 소리를 듣고자 시작했더라면 실망이 컸을 것입니다.

사랑의 쌀 운동을 25여년 동안 지속할 수 있었던 것은 감사의 소리를 듣고자 하는 마음이 아니라, 주께 받은 은혜를 갚고자 하는 겸손한 동기에 있었기 때문이라고 생각해 봅니다.

'다른 사람, 다른 사랑', 남다른 신앙인이 되어야 하나님으로부터 남다른 사랑을 받습니다. "믿음이 없이는 기쁘시게 못하나니 하나님께 나아가는 자는 반드시 그가 계신 것과 또한 그가 자기를 찾는 자들에게 상 주시는 이심을 믿어야 할지니라. (히11:6)"

누가복음 15장에 나오는 탕자는, 아버지의 은혜를 등지고, 아버지를 떠났으며, 그를 기다리고 있는 것은 비참한 불행이었습니다. 그러나 그가 아버지께 대한 감사를 알고, 겸손히 돌이켜 아버지께로 돌아옴으로 그의 생은 다시 회복되었고, 눈물 끝!, 불행 끝!이 되었습니다. 회개는 빠를수록 좋고, 은혜는 깨달을수록 귀합니다.

예수님은 병에서 나음을 입고 돌아와 사례하는 자에게 "열 사람이 다 깨끗함을 받지 아니하였으냐 그 아홉은 어디 있느냐?"고 묻고 계십니다.

우리는 어디에 속하고 있습니까?

9/10입니까? 아니면 그 중에 하나 1/10입니까?

〈총회장 이임사〉

지난 일 년 간 여러 동역자들과 함께 우리 교단과 전국 교회를 섬긴 것은 제게 큰 기쁨이었습니다. 부족한 것이 많았지만, 이 부족함을 아시는 총회 임원을 비롯한 상비부와 특별위원회, 여러 기관과 목사님 및 장로님들의 동역과 협력, 그리고 격려와 기도로 소임을 마치게 되어 여러분 모두에게 감사드립니다.

지난 1년을 되돌아보며, 전국 노회를 순방하면서 총회의 정체성을 확립하여 총회를 중심으로 발전해 나가자는 의지를 확인 할 수 있었기에, 한영총회의 미래를 희망적으로 보게 되었습니다. 그러기에 필리핀노회를 설립하였으며, 수도노회가 가입을 한 것은 이를 반영하는 것이라고 할 수 있을 것이라 하겠습니다.

이는 하나님께서 한영총회를 사랑하시어 소망을 두고 계심이라고 믿고 감사와 영광을 올려드립니다. 이젠 떠나는 자의 말보다 제101회기를 이끌 신임 총회장님의 포부를 듣는 것이 우리 총대 여러분들의 거는 기대라 생각합니다. 그동안 협력을 아끼지 아니하신 모든 노회와 지교회에 감사드리며, 모든 영광을 하나님께 올려드리며 이임사에 갈음 하고자 합니다.

감사합니다.

2016. 9. 27.

남 궁 선 목사

5.

성경 강해설교

(사도행전 6장, 빌립 집사)

(신대교회 2017.2.19.)

일곱 일꾼을 세우다

행6:1~6

1월을 맞이하여 첫날 오후 설교를 했었는데 벌써 2월의 중순을 넘기고 있다. 올해는 강해 설교를 하고자 했었기에... 그 시작점을 오늘 봉독한 말씀으로 삼고자 한다.

오늘 본문에서는 교회사에 있어서, 처음으로 교회의 직분자가 공식적으로 세워지는 광경을 볼 수 있다. 여기에는 직분자가 세워지게 된 원인이 기록되어 있고, 직분의 종류와 자격이 동시에 밝혀지고 있으며, 세워진 직분자의 수와 이름까지 세세하게 기록되어 있다. 그러므로 오늘 본문의 말씀을 중심으로 하나님의 은혜를 나누고자 한다.

1. 일곱 집사를 세우게 된 배경

6장에 보게 되면, 그 때에 제자가 더 많아졌는데 헬라파 유대인들이 자기의 과부들이 그 매일 구제에 빠지므로 히브리파 사람을 원망한대 열두 사도가 모든 제자를 불러 이르되 우리가 하나님의 말씀을 제쳐 놓고 공궤를 일삼는 것이 마땅치 아니하니 형제들아 너희 가운데서 성령과 지혜가 충만하여 칭찬 듣는 사람 일곱을 택하라 우리가 이 일을 저희에게 맡기고 우리는 기도하는 것과 말씀 전하는 것을 전무하리라(행 6:1~4)고 하였다.

1절에 제자의 수가 많아졌다고 했는데 얼마나 될까?

성경에 나타난 단순 수치이기는 하나, 그 초대교회에는 120명이 기도해서 성령 충만을 받고, 사도행전 2장에서 베드로의 설교를 듣고 3천명이 주님 앞에 돌아오고, 4장 4절에 보면 5천명이 돌아와서, 숫자로는 8,120명이나 되는 교인으로 늘어났다.

초대교회에는 교인들이 자기의 재산을 교회에 갖다 바쳤다. 자기들의 재산 즉 믿음의 분량대로 밭과 집을 팔아서 교회에 갖다 바치고, 성도들은 교회에 매일 모였으므로 교회에서는 공궤(식탁)를 베풀었다. 그런데 문제가 생긴 것은 공궤와 구제를 할 때, 교회에 돈을 많이 바친 사람이나 적게 바친 사람이나 차별이 없었다. 또 헬라파와 히브리파는 언어가 다르다. 헬라인으로서 믿은 사람과 유대인으로 믿은 사람이 언어가 달라서 간격이 생긴 것이다. 이것으로 인해 그 사이에 원망이 생겼다. 베드로를 비롯한 사도들이 목회하는 예루살렘 교회에 생긴 원망을 없애기 위해서 집사를 뽑은 것이다. 이렇게 한 목적은 교회를 섬기고, 사도들을 돕고, 보조하고, 협조하기 위해서 즉 사도들이 말씀전하는 것과 기도하는 것에 전념하도록 하기 위해서 그들을 뽑게 된 것이다. 그러면서 사도 베드로는 집사의 자격을 제시하고 있는데, 집사의 자격을, 성령이 충만하고 지혜가 충만하고 믿음이 충만하고 그리고 교회에서 칭찬 듣는 사람을 택하라고 했는데, 이 자격을 교인들은 기쁘게 받아 들였다는 것이 중요하다 하겠다.

2. 집사의 자격

① 성령 충만한 사람(:3)

성령 충만이 무엇인가? 물론 여러 가지로 해석할 수 있겠지만 중요한 것은, 당시 모든 사람들이 이해하는 내용이라는 생각이다. 그 당시 성령 충만은 전도였다(행4:27).

나의 모든 생활이 주님으로 부터 다스림 받아야 한다. 이것이 성령 충만한 사람이다. 전인격적으로 주님에게 하나님에게 성령님께 다스림 받는 것이며, 인도받는 것이다. 이런 사람이 성령 충만한 사람이다.

롬12:1~2 '너희 몸을 하나님이 기뻐하시는 거룩한 산제사로 드려라 이는 너희가 드릴 영적 예배니라.' 아멘.

성령 충만한 성도는 몸을 거룩한 산제사로 드려야 한다. 몸이란 표현은, 나의 시간 물질 은사 지식 직장 사업 가정 등을 가리킨다 할 수 있다.

이 몸을 누구를 위해 어떻게 쓰고 있는가?

이런 것들이 주님의 의해서 다스림 받아서 하나님을 기쁘시게 하는데 쓴다면 그 사람이 바로 성령 충만 성도인 줄 믿는다.

② 지혜가 충만한 사람

어떤 성도는 일은 많이 하는데 지혜롭게 하지 못해서 역효과가 나타나는 경우를 볼 수 있다. 남을 세워주는 말과 행동을 해야 한다. 지식은 내가 많이 공부하면 얻을 수 있다. 그러나 지혜는 말씀과 기도로 얻어진다. 야고보 1:3 '누구든지 지혜가 부족하면 후히 주시고 꾸짖지 아니하시는 하나님께 구하라'고 가르치고 있다.

예수를 구주로 믿는 성도들은 지혜로운 사람이 되어야 한다.

그래야 교회를 세우지 만약 그렇지 않으면 교회는 세우는 것이 아니라 무너뜨리는 결과를 가져오기 때문이다. 잠14:1 '무릇 지혜로운 여인은 그 집을 세우되 미련한 여인은 자기 손으로 허느니라.' 그렇다. 미련하면 가정을 헐고 교회를 헐 수 있다. 성도는 교회를 세워야 한다. 자신이 불편해도 교회를 위해 양보하고 교회중심으로 모든 일을 해야 한다.

성도 여러분, 열심히 기도하여 성령과 지혜가 충만한 성도가 되기 바란다.

③ 칭찬 듣는 사람

위에서 열거한 성령과 지혜 충만은 영적인 것이라며, 칭찬 듣는 사람은 주변사람들의 평가이며 객관적 기준이 되는 것이다. 이 말은 교우들과 사도들에게 모두 칭찬 듣고 사회로 부터도 즉 불신자들에게도 칭찬 듣는 자를 선택하라는 것이다. 교회는 성도들이 다 좋다고 해도, 목회자가 좋다고 해도 안된다. 교회가 인정하고 성도와 목회자 모두에게 인정받아야 합니다. 더욱이 남에게 칭찬 듣지 않고 비난받는 사람이 일꾼이 된다면, 주님께 영광이 되지 않기에 교회를 세우기는커녕 교회를 어지럽게 한다.

우리 신학대학교회는 이런 조건을 갖춘 사람들이 대부분 속해 있다.

부족한 것이 무엇인가를 생각해 보니, 첫사랑의 간절함이 예전만 못하다는 점이었다. 그러기에 고전 4:1-2의 말씀 '그리스도의 일꾼은 하나님의 비밀을 맡은 자'라는 말씀을 잊지 않으려 하고 있다.

3. 일곱 집사의 행적

사도들의 제안은 무리를 흡족하게 했고(:5) 헬라파 유대인은 자신을 대표하는 일곱 집사, 곧 스데반과 빌립, 브로고로와 니가노르, 디몬과 바메나, 훗날 니골라당의 당주가 되는 니골라를 택해 사도 앞에 세웠고, 사도들은 회중의 결정을 존중하여 그들을 집사로 인정하고 기도하고 안수했다(:6). 이렇게 초대교회는 최초의 분쟁거리를 지혜롭게 극복했고 그 결과 하나님의 말씀이 점점 왕성하여 제자의 수가 심히 많아졌으며(:7), 허다한 제사장의 무리도 이 도에 복종하게 되었다(:7b).

이 일곱 집사 중, 그 이름이 첫 번째 나오고 있는 스데반집사는 면류관이라는 이름을 가졌다. 그는 교회를 세우기 위해서 자신을 바쳤다. 즉 그리스도인과 유대인 사이에 큰 논쟁이 생겼을 때, 스데반집사는 7장에 기록된 설교를 통해 예수 그리스도를 변호함으로써 결국 그는 사울이 증인이 된 가운데 순교를 하게 된다. 사울이라는 청년은 후에 바울로 이름이 바뀌고 기독교를 세계에 증거 할 때에 위대한 사역을 했다. 그의 마음속에는 항상 천사 같은 모습으로 순교하던 스데반집사에 대한 부담이 있었던 것이다. 집사가 먼저 순교의 반열에 들어갔다. 스데반집사는 예루살렘 교회의 면류관이었고 기독교 역사의 면류관으로 가장 훌륭한 집사로 기억되고 있다.

다음에 빌립집사가 나온다.

빌립은 집사로 있다가 성령 충만해서 전도자로 나가게 되었다. 그가 사마리아에 가서 복음을 전했을 때 사마리아에서 기적이 일어났고 많은 사람들이 하나님께로 돌아오는 놀라운 역사가 일어났다. 그에게 딸 넷이 있었는데 출가시키지 않고 전부 예언하는 자로서 초대교회에 봉사하게 했다 (행 21:8,9). 일곱 집사 가운데 빌립 집사는 복음을 전하는 하나님의 영광의 자리에 참여하였다.

그 다음에 나오는 네 명의 집사는 이 후로 성경에 한 번도 나오지 않는다.

이들의 이름을 소개하면, 브로고로, 니가노르, 디몬, 바메나이다.

이들을 기억하는 사람은 거의 없다.

국립현충원 무명용사의 묘원을 가보면, 초라하지만 무명용사의 순국이 있었다는 점을 잊을 수가 없다. 이처럼, 저는 이 말씀을 보면서 교회 안에서 순교의 각오로 봉사하는 일꾼도 필요하고, 전도를 열심히 하는 일꾼도 필요하지만, 전혀 이름 없이 교회 안에서 집사로 봉사하는 사람도 필요하다라는 생각을 하게 된다.

예루살렘 교회의 교인이 후에 4만 여명으로 늘어나게 된 것은 이름 없는 이 집사들의 충성과 헌신과 봉사 때문이라고 믿는다.

오늘도 이름 없이 봉사하고 섬기는 일꾼이 칭찬과 상급을 받을 것이라 생각한다.

말씀을 마무리 하고자 한다.

위의 스데반과 빌립을 제외한 5명의 집사 중 4명의 무행적의 집사에 대해서는 잠시 생각해 보았다. 빠진 한 사람은 니골라이다. 니골라 집사는 원래 유대교에 입교한 안디옥 사람으로 개종해서 믿고 일곱 집사 가운데 들었다. 유대교에 입교한 안디옥 사람 니골라를 택하여(행6:5) 세웠다.

그런데 7집사 중 니골라는 시비가 있긴 하다. 즉 계시록에 보면, 니골라는 결국 당을 만들었던 것 같다. '오직 네게 이것이 있으니 네가 니골라당의 행위를 미워하는도다.
나도 이것을 미워하노라(계2:6). 교회를 해롭게 하고 당을 만들었을 뿐만 아니라 니골라주의, 곧 주님께서는 네가 니골라당의 행위를 미워하는도다 라고 했다.

똑같이 한 날, 한 시에 안수를 받았는데 결말은 왜 이렇게 다를까?
이렇게 니골라처럼 변질 되지 않으려면, '먼저 그의 나라와 그의 의를 구하라 그리하면 이 모든 것을 더하시리라'(마 6:34)는 말씀을 마음에 새겨야 하겠다.

언젠가 2등은 기억하지 않는다는 홍보물이 있었다.
빌립의 행적을 찾아 살펴봄으로써 은혜를 나누고자 한다.

빌립의 사마리아 전도

행 8:4~:7

사도행전은 예수 그리스도의 부활과 승천 이후 최초 30년간의 기독교회의 역사이다.

인물로 구분하자면 1~12장까지는 베드로를 중심으로 한 복음전파를, 13~28장까지는 사도바울을 중심으로 한 복음전파를 기록하고 있다. 하지만 행1:8에 의한 지역적 지리적인 구분에 의해 그 내용을 구분한다면, 1~7장까지는 예루살렘에서의 교회의 설립과정과 성장과정을, 8~12장까지는 사마리아와 온 유대에서의 복음전파, 13장~21장 상반부(16절)까지는 수리의 안디옥을 중심으로 소아시아와 유럽으로의 복음 전파(여기에 1~3차 바울의 전도여행이 들어 있다), 21장하반절부터 28장까지는 예루살렘에서 로마까지의 복음전파(제 4차 바울의 로마전도여행)를 다루고 있다.

이 중에서 사도행전 3장에서 7장까지는 예루살렘교회의 폭발적이 성장과 팽창을 다루고 있다. 사도행전 6장은 예루살렘교회의 제자들이 많아지는 가운데 발생한 구제사역 때문에 사도들이 집사를 세워 그 일들을 맡기고 자신들은 기도와 말씀전하는 일에 전무할 것을 결정한 사실(행6:1~6)과 아울러 새롭게 임명받은 일곱집사 가운데 하나인 스데반 집사의 역동적인 사역과 유대교 회당에서의 변론으로 인한 체포기사(행6:8~15)를 다루고 있다. 이어지는 행7장은 예수복음의 정통성과 유대인의 오류를 역사로서 논증하는 스데반의 최후진술설교(행7:1~53)와 담대한 최후 진술 설교를 마친 스데반의 순교기사(행7:54~60)을 다루고 있다. 그리고 8장부터 12장까지는 유대와 사마리아와 안디옥까지의 교회 확장의 역사를 기록하고 있으며, 13장부터 28장까지는 바울의 전도사역을 통해, 로마에까지 교회가 확장되는 역사를 기록하고 있다.

오늘 본문은 '그 흩어진 사람들이'(:4)로 시작하고 있다. 흩어진 사람들이란 누구일까?

8:1 후반에 보면, '그날에...' 박해가 있어 사도 외에는 다 유대와 사마리아 모든 땅으로 흩어졌다는 기록이 있다. 즉 그날은 담대한 최후 진술 설교, 이는 예수의 속죄의 죽으심과 부활의 사건으로 설교를 마친 스데반의 순교(행7:54~60)로 사울은 스데반의 죽임 당함을 마땅히 여김으로(:1a) 예루살렘 교회에 대한 박해(행8:1~3)가 심해짐으로 흩어졌던 것이다. 이 박해는 사울이 교회를 잔멸하기 남녀성도들을 색출하여 옥에 넘겼으니 (:3), 그 박해의 정도를 가늠 할 수 있을 것이다. 그런데 박해를 피해 흩어진 성도들은 숨어만 있었던 것이 아니고 두루 다니며 그리스도의 말씀을 전했던 것이다(:4).

1. 박해를 주시는 하나님의 뜻은 무엇일까?

하나님의 선하신 뜻과 목적은 항상 반대에 부딪쳐 왔다. 왜냐하면, 세상은 악한 자에게 속해있기 때문이다(요일5:19). 그러므로 하나님의 뜻과 목적을 수행하는 사람들은 악한 자(사탄)의 박해에 처하게 된다. 악한 자는 여러 가지 방법으로 박해를 가한다.

어떤 방법으로 박해를 가하는가?
① 직접적으로 박해를 가한다.

사울이라는 청년을 통하여 그리스도인들을 박해한 것처럼 말이다. 사울은 살기등등하여 주의 제자들을 잡아 옥에 넘겨주기도 하고 잡아 죽이기도 한다. 군사를 내어 다메섹까지 가서 그리스도인들을 잡아오려고 하는 것을 볼 수 있다(행9:1-2).

② 때론 더 교묘히 역사하기도 한다.

교회 안에서 갈등하게 하여 사람들로 하여금 교회에 오지 못하게 하게도 한다. 서로 물고 찢으면 누가 교회 오기를 기뻐하겠는가! 우리가 악한 자의 도구가 되지 않도록 주의해야 한다. 그렇지 않으면 악한 자의 뜻대로 교회가 부흥하지 못하도록 하는 자가 될 수도 있다.

③ 그리스도인들을 안주하게 만들기도 한다. 편안함과 익숙함에 안주하게 만든다.

아무 일도 안생기면 그것이 좋은 것으로 착각하게 만든다. 마치 개구리가 가마솥에서 유영하는 것처럼 말이다. 때가 되면 물이 끓어 삶아질 것을 모른 채 말이다.

삶이란 치열한 영적인 전쟁이라는 것을 잊게 하는 것이다. 우리가 경주하여 이루고 얻어야할 것도 망각하게 만드는 것이다(히12:1). 이런 사람들은 주님 앞에 서는 날 빈 손이 될 것이다. 면류관도 없을 것이다. 심은 대로 거두는 것이 자연의 원칙이요 영적인 원칙이기 때문이다(갈6:8~9).

2. 흩어진 사람들

스데반 집사의 순교가 예루살렘 교회로 하여금 움직이게 만든다.

안주하는 교회에서 탈피하여 흩어지게 된다. 흩어지는 교회가 된 것이다. 하나님은 모이는 교회뿐만 아니라 흩어지는 교회에도 관심을 가지신다. 종종 하나님은 슬픔과 고통을 통하여 하나님의 뜻과 목적을 이루시기도 한다. 하나님은 스데반의 순교를 통하여 예루살렘 믿는 자들을 흩어지게 하고 그것을 통하여 복음이 예루살렘과 유대와 사마리아 땅 끝까지 확산되게 하신다. 흩어진 사람들이 가는 곳 마다 예수의 이름으로 기적을 행하고 구원의 복음을 전한 것이다. 예루살렘 교회가 확장된 것이다.

그렇다고 하나님이 순교를 조장하는 것은 아니다. 다만 일어난 박해와 순교를 통하여서도 하나님은 하나님의 뜻과 목적을 이루신다는 것이다. 어떤 것 하나도 하나님에게는 버릴 것이 없다. 다 유용하다는 것이다. 합하여 선을 이루신다는 것이다. 하나님은 우리가 고통에서 질병에서 문제에서 구원받기를 원하신다. 그것을 위하여 채찍에 맞으셨다(벧전2:24). 하지만 때론 우리의 고통과 슬픔을 통하여 더 좋은 결과를 창출하신다는 것이다. 스데반의 순교가 그러했다.

3. 빌립 집사

흩어진 사람들 중에 빌립 집사도 있었다. 그는 예루살렘을 떠나 사마리아 땅으로 간다(행8:4-5). 그는 슬픔을 안고 있는 사람이다. 그의 동료인 스데반이 돌에 맞아 순교당한 것을 보았기 때문이다. 그럼에도 불구하고 스데반이 외쳤던 그 복음을 전한다.

예수 그리스도의 복음을 전한 것이다. 예수 그리스도의 복음은 그의 오심과 십자가에 죽으심과 부활하심과 승천에 대한 이야기다. 그를 믿는 자는 멸망치 않고 영생을 얻는다는 것이다(요3:16). 그의 이름을 부르는 자는 구원을 받는다는 것이다(롬10:13).

빌립이 전한 복음을 들은 사마리아 사람들에게 기적이 나타난다.

귀신들이 크게 소리를 지르고 나가고 또 많은 중풍병자와 앉은뱅이가 나음을 얻는다(행8:6-7). 복음은 멸망하는 자에게는 미련한 것이 보여도 구원을 얻는 사람들에게는 하나님의 능력이기 때문이다(고전1 8). 복음에는 하나님의 능력이 있다. 하나님의 빛이 있다는 이야기다. 사마리아 성은 큰 기쁨이 넘쳤다고 말한다(행8:8). 슬픔이 기쁨으로 변한 것이다. 복음의 진리가 있는 곳에 기쁨이 있고 자유함이 있기 때문이다.

4. 복음증거의 방법

여기에 복음증거의 큰 비밀이 숨겨져 있다. 빌립은 복음을 증거 하기 위하여 사마리아에 간 것이 아니다. 예루살렘에서 일어난 박해를 피하여 사마리아로 간 것이다.

그러나 그는 주어진 상황에서 예수의 이름을 전한 것이다. 예수의 이름은 사마리아 사람들을 괴롭히는 문제를 해결해준 것이다.

우리는 복음을 증거 하기 위하여 시스템이나 방법을 찾기 보다는 우리에게 주어진 상황에서 복음을 증거 하기 위하여 준비되는 것이 더 나을 것이다. 성령께서 어떤 상황에 우리를 두든지 그 상황에서 예수 이름의 권세를 집행할 믿음과 담대함을 가지는 것이 더 유용할 것이라는 이야기다.

베드로와 요한이 성전 미문에 앉아 구걸하던 앉은뱅이를 고친 것도 의도적인 것은 아니었다. 그를 고치기 위하여 성전미문에 간 것이 아니라는 것이다. 지나다가 닥친 상황을 이용했을 뿐이다. 만일 우리가 베드로와 요한처럼 그리고 빌립처럼 주어진 상황에서 성령의 인도하심을 따라 복음을 전한다면 더 많은 기회를 가질 수 있을 것이다. 계획을 세우고 시스템을 정비하여 행사로 나가는 것보다 오히려 일상에서 주어진 기회를 활용할 수 있다면 더 많은 기회를 얻을 수 있을 것이라는 이야기다. 뿐만 아니라 더 좋은 효과를 얻을 수 있을 것이다. 그들의 필요를 채워줄 수 있기 때문이다.

그러려면 우리가 항상 준비되어 있어야 할 것이다.

항상 성령이 하시는 음성을 들을 수 있도록 깨어 있어야 한다는 것이다. 귀 있는 자는 성령이 하시는 음성을 들으라고 하신 것도 그 때문이다(마

11:15). 성령은 항상 우리에게 말씀하시기를 원하신다. 우리를 통하여 구원하고 치유하고 귀신을 내어 쫓기 원하신다. 포로 된 자에게 자유를 눈 먼 자에게 다시 보게 함을 전파하며 눌린 자를 자유케 하기를 원하시기 때문이다(눅4:18). 성령의 음성과 감동을 따라 복음을 증거 하는 것이 우리가 배워야할 가장 효과적인 복음 증거의 방법이다.

말씀을 마무리 하고자 한다.

순교의 피는 복음의 씨앗이라고 누군가가 말했다.

순교자 스데반의 피가 교회의 밑거름이 되어 복음은 예루살렘에서부터 시작하여 유대로 사마리아로 땅 끝까지 물결처럼 퍼져나갔다(행1:8). 예수께서 말씀하신 순서대로 복음을 전파되었다. 박해로 인하여 흩어진 사람들이 복음을 전했기 때문이다.

담대하게 예수의 이름을 증거 할 때 기적과 표적이 나타난다.

기적과 표적이 나타나는 이유는 흩어진 자들의 증거를 확증시켜주시기 위함이다. 그들의 증거가 참이라고 하는 것을 입증하기 위하여 능력과 기적이 나타난 것이다. 특히, 빌립의 사마리아 전도는 선교 현장에서 주님께 효과적으로 사용되었다. 즉, '유대인이 사마리아인과 상종하지 아니함이러라'(요4:9) 했던 우물가 여인의 말은 이제 과거사가 되도록 하였다는 점에서 중요하다 하겠다. 핍박은 유대인에게 버림받고 천대 받는 사마리아까지 복음이 전해지는 계기가 되었다. 복음은 전해져야 한다. 핍박 받을 때 할 것이냐 아니면 평안할 때도 할 것이냐 하는 것은 우리의 선택이다.

주님은 그들과 항상 함께 하시겠다고 약속하여 주셨다(마28:20).

예수의 생명과 이름을 가진 사람들은 어디를 가든 예수의 향기요 편지가 되기 바란다(고후2:15, 3:3).

성령으로 주도하게 하라

행 8:26-29

　지난 번 설교에서 스데반 집사의 순교로 유대인들의 핍박이 극성에 달해 예루살렘 교회로 하여금 움직이게 만든 사실을 살펴보았다.

　안주하는 교회에서 탈피하여 흩어지게 된다. 흩어지는 교회가 된 것이다. 하나님은 모이는 교회뿐만 아니라 흩어지는 교회에도 관심을 가지신다. 빌립이 사마리아로 가서 복음을 전파하여 병든 자와 못 걷는 자가 나음으로 그 성에 큰 기쁨이 있었다. 즉, 스데반의 순교를 통하여 예루살렘 믿는 자들을 흩어지게 하고 그것을 통하여 복음이 예루살렘과 유대와 사마리아 땅 끝까지 확산되게 하신 것이라 할 수 있다.

　오늘 본문은 단문으로 선택하였다. 빌립이 주제이므로 빌립에 관련된 사실을 전하면 되는데… 사실 빌립의 전도는 성령의 지시를 받은 것이라는 사실을 간과할 수가 없기에 성령으로 주도하게 하라는 주제로 말씀을 증거 하고자 한다.

　오늘날은 교회가 부흥이 되지 않는다고 한다. 신입교인은 들어오지 않고 인간의 수평이동이 이뤄지는 현상이 두드러지는 것은 사실이다.

　그러기에 전도에 많은 관심을 기울이고 있다.

　오늘날 교회 안에서는 그 종류를 일일이 다 언급하기 어려울 정도로 다양한 전도 방법이 행해지고 있다. 그러나 애석하게도 그 수많은 전도의 방법들은 거의 대부분 미신적이든지, 아니면 상업주의적 전략이나 인본주의적 방법에서 벗어나지 못한 것들로 가득하다. 물론 미신적인 전도방법이나 상업주의적, 인본주의적 전도 방법들을 주장하는 분들도 나름대로는 성경의 근거를 가지고 있다고 주장 한다. 그러나 그러한 그들의 주장은 몇 개의 성경 구절만 사용하더라도 쉽게 그 허구성을 입증할 정도로 성경적 근거가 빈약하다. 그러기에 이러한 미신적이고 상업주의적이며 인본주의적인 전도법에 대하여 강도 높은 비판을 가해오고 있다. 더욱이 개혁주의 교회들은 더욱 그렇다. 이 비판과 함께 대안을 제시하고는 있지만 어쩌면 그 방법도 미약하다고 할 수 있지만, 개혁주의 전도의 원리 그 내용은 다음과 같다.

첫째, 전도에는 오직 '십자가의 도'만을 사용해야 한다는 것이다.

둘째, 선택과 유기의 원리를 담고 있다.

셋째, 하나님의 주권(성령의 주권) 사상을 염두에 두어야 한다.

오늘 본문은 사마리아 선교 이야기는 일단락되고 새로운 선교 활동에 관한 이야기가 시작되면서 초자연적 능력이 가시적으로 개입되었음을 나타내 주고 있다. 즉, 주의 사자와 성령으로 나타나 있다. 보편적으로 주의 사자란 표현은 '하나님의 사자' 또는 '천사'와 동일한 의미이며 하나님의 임재와 직접적인 개입을 강조할 때 사용되는 용어로서 사용되었다. 그리고 29절에서는 '성령이 빌립더러 이르시되'로 빌립에게 지시하는 자가 '주의 사자'(:26)에서 '성령'으로 바뀌어 언급되었다.

이에 대해서는 다음 두 가지로 생각해 볼 수 있다.

(1) 26절은 빌립에게 가시적으로 천사가 나타났으나 본 절은 음성이나 영감을 통해 명령이 주어졌기에 누가가 '성령'이란 표현을 사용했을 것이다.

(2) 구약성경에서는 하나님의 현현(顯現)을 '주의 사자'가 나타난 것으로 표현했다. 이는 사람이 하나님을 대면하면 죽는다는 유대인들의 사상

에 의한 것이다.

그렇다면 빌립에게 '내려가라' 지시한 사자나 본문의 성령은 동일한 분으로 이해될 수 있을 것이다. 그러므로 여기서는 주의 사자와 성령을 크게 구분하지 않고 성령으로 사용하기로 한다.

사람은 아무리 좋은 일을 할 계획을 세워도, 그것이 하나님의 성령의 인도하심이 아니면 그 계획은 수정되어야 하고, 바꿔져야 한다. 자기의 뜻을 이루고자 하는 사람들이 많지만 예수의 제자는 오직 성령께 주도권을 맡기도 할 일을 해야 한다.

1. 처음에 성도들은 성령과 상관없이 사역을 진행하려고 한다.

구원을 확신하는 성도들은 그 감격으로 인해 충성심에 사로잡힐 때가 있다.

바울은 아시아에서 말씀을 전하지 못하게 하신 성령의 역사를 알고도 브루기아와 갈라디아 땅으로 다녔다. 바울은 갈라디아 지역에서 육체의 약함 즉 질병에 걸리게 된다. (갈4:13) 그러나 바울은 자기에게 있는 육체의 약함이라는 문제 앞에서도 사역에 충성하는 마음을 변함없이 유지했다. 성령이 아시아에서 말씀을 전하지 못하게 하셨으나 사도는 여전히 자기 생각으로 브루기아와 갈라디아 땅으로 다니며, 비두니아로 가고자 애를 썼다. 복음의 전파라는 당위성은 있지만 성령의 이끄심은 아니었다.

다윗의 성전건축계획은 자기의 생각이었다. 아무리 좋은 생각이라고 해도 하나님의 뜻에 맞아야 한다. 계획을 이루는 열정을 가졌다.

바울이 비두니아로 가려고 애를 쓴 것은 그만큼 노력한 것이다. 열정 그 자체는 분명히 좋은 것이지만 하나님의 계획을 따르는 열정이 아닐 때 잘못된 결과를 가져올 수 있다. 바리새인들이 가진 열정은 잘못된 결과를 낳

앗다(마23:15). 열정이 있을수록 더욱 하나님 앞에 무릎을 꿇어야 한다.

2. 성령은 사역의 주도권을 가지고 모든 일을 진행한다.

성령은 온 세계 모든 민족을 바라보시는 분이시다.

성령은 사역자가 나아갈 방향을 제시하신다. 이것은 아시아 사람들을 버리는 것이 아니라 온 세계 즉 땅 끝을 향하여 나아갈 방향을 제시하신 것이다. 성령은 온 세계를 상대로 복음을 전하는 일을 이루어 간다.

바울은 나중에 이 사실을 깨닫게 된다(롬15:23). 성령은 새로운 곳에서의 사역을 위하여 동역자를 더 붙여준다. 10절에서 "우리가"라는 단어는 사도행전을 기록한 누가가 전도사역에 동참하기 시작한 흔적이다. 의사 누가는 바울의 건강을 돌보며 성령의 사역을 글자로 기록하는 사역을 하게 된다(골4:14). 성령은 사역에 있어서 계획적, 조직적으로 일을 이루신다. 성령은 사역의 주도권을 가지고 이끄신다.

사도가 아시아로 가려는 것에 대해 "예수의 영이 허락지 아니하시니라"고 하였다. 사역 방향을 결정하는 것은 성령 즉 예수의 영에게 있다. 예수는 바울을 부르시고 보내신 분이시다. 예수의 영은 사역에 주도권을 가지고 사역자들에게 환상을 보여주어 나아갈 길을 깨닫게 하신다.

3. 성령께 사역의 주도권을 내어맡긴 사람으로 사역해야 한다.

성령, 예수의 영에 민감하게 반응해야 한다.

모든 상황에서 내 생각보다 예수께서 어떤 마음과 자세를 가지셨는가를 알아야 한다. 질병, 고난, 갈등, 실패 같은 상황에서 성령의 이끄심을 알아야 한다.

욥이 고난을 통과하고 결국 그 안에 두려움을 가졌던 것을 회개한 것처럼(욥3:25) 상황 속에서 성령의 이끄심을 발견해야 한다.

성령이 주신 비전을 형제와 이웃과 함께 나누어야 한다.
하나님의 말씀 속에서 성령의 이끄심을 찾은 사람은 비전이 있는 사람이다. 그런 사람은 이제 자신이 성령에 이끌리면서 또 다른 사람들과 함께 그 일을 이루어야 한다.
우리가 서로 나눌 것은 다른 사람에 대한 비판과 정죄가 아니라 하나님의 사역의 비전이다. 성령의 사역에 열정으로 실천해야 한다.
바울은 처음에 자기 계획에 대해 힘쓰는 사람이었지만 성령의 이끄심을 알고 나서는 성령의 사역에 힘을 다했다. 하나님의 사역자들의 삶은 깨달음과 함께 열정이 있어야 한다. 성령의 뜻을 알고도 열심을 내지 못하는 사람은 한 달란트 받은 자처럼 성령의 인도하심을 가로막게 된다. 성령은 사역의 주도권을 가지고 우리를 사용하셔서 하나님의 구원의 사역이 이루어지게 한다. 하나님의 일을 알고, 그 일에 열정을 가지는 사람이 되기 바란다.

말씀을 마치고자 한다.
빌립은 성령과 지혜가 충만하여 칭찬을 듣는 자였기에 집사로 선출되었다.
빌립의 출발은 과부된 자들을 섬기는 것이었으나, 집사 동기인 스데반의 순교로 흩어지게 된 교회로 인해 사마리아로 가서 복음을 전하게 되어 그 성에 기쁨을 주었었으나, 집사로서의 직분이 더 강했을 것이다.

그런데 오늘 본문에 이르러 주의 사자의 말과 성령의 이르심에 순종하여 전도자로 거듭나는 계기가 된 것처럼, 우리의 삶에 성령께서 하시는 말씀에 민감하게 작용 할 줄 아는 신학대학교회 성도가 되기 바란다.

주의 사자가 이르되

행8:26

지난 번 설교에서 본문을 중심으로 '성령이 주도하시게 하라'는 주제로 말씀을 증거하였다. 오늘 본문이 사도행전에 기록된 이유는 구스(현 에티오피아) 내시에게 주의 말씀을 전하게 하기 위해 성령께서 어떤 사전 작업을 하셨는지를 보여주고 있다.

오늘의 본문 기사는 구원의 복음이 예수님이 말씀하셨던 그대로 예루살렘과 온 유대와 사마리아를 넘어서 드디어 땅 끝으로 전파되기 시작되었다는 것을 증거하기 위해서라고 할 수 있다. 즉, 성경을 읽거나 아는 여러 성도들은 이미 주지의 사실처럼, 빌립이 이방인이면서 유대교를 믿었던 에디오피아의 고관을 전도하여 복음을 믿게 하는 과정에 앞서 성령의 지시가 있었다는 점을 보이고 있는 것이다.

당시, 로마와 더불어 땅 끝이라고 불리던 곳 중의 하나가 바로 북아프리카의 에티오피아였다고 한다. 그러니, 비록 그 당시 예수님의 제자들이 거기까지 직접 간 것은 아니더라도 그가 복음을 믿게 되었다는 것은 드디어 복음이 땅 끝으로 전파되기 시작되었다는 사실을 보여주고 있고, 게다가 폴리갑의 가르침을 받은 이레니우스가 2세기에 기록한 책을 보면 이 관리는 자기 고향으로 돌아가서 그곳의 선교사가 되었다고 하니 복음은 확실히 땅 끝까지 전파되었던 것이 분명하다. 에티오피아는 이때를 기점으로 하여 아프리카에서 이집트곱트교와 유대교가 정착된 국가로 이어오고 있는 것으로 볼 수 있다. 작년도(2016년도) 기쁨의 교회에서 에티오피아 하원의장 '아다불라 게미다 다고'를 초청하여 가진 간증집회에서 그는 에티오피아 정교가 2000년의 역사이나, 개신교는 120년 밖에 되지 않으나 1996년부터 성령의 역사가 일어나 2000만명의 성도를 가졌다고 하였다.

에티오피아에서의 이 일을 위해 주의 사자가 빌립에게 지시한 말씀을 중심으로 하나님의 은혜를 나누고자 한다.

1. 일어나라

빌립은 유대인의 핍박을 피하여 사마리아성에 거하면서 복음을 전했다. 사마리아성은 유대인들에게 멸시받던 곳이었지만 복음을 받아들였을 때 구원의 역사를 보게 되었다(행8:5~7, :8). 그런데 성령께서는 빌립에게 지시를 하였다.

'일어나'

어떻게 보면 이 명령은 좀 이상한 명령이다. 막 사마리아에서 복음의 역사가 일어나기 시작했고 또 아직 복음을 전할 대상이 너무나 많아 이곳에서도 할 일이 많은데, 이곳에서 일어나라고 하신 것이다. 사람이 살지 않는 광야, '가사로 내려가는 길'(26절)까지 가라고 하는 지시를 하신 것이다.

성경에 보면, 다윗의 자손이여 나를 불쌍히 여겨주시옵소서 라고 외치는 소경 바디매오를 향해 일어날 기회를 주실 때가 있다. 죽어있는 청년에게 일어나라고 외치실 때가 있다. 죽어있는 소녀에게 달리다굼 일어나라고 말씀하실 때가 있다.

내가 여기 있나이다 나를 보내소서 라는 사명자 이사야를 향해 일어나 빛을 발하라고 말씀하실 때도 있다. 가끔 우리가 안주하려 할 때 주님은 일어나라고 말씀 하실 때도 있다.

우리는 이런 저런 이유로 말미암아 앉아있던 자리에서 일어나라는 주님의 음성에 순종하려는 의지를 갖고 마음의 귀를 기울이는 믿음의 사람이 되기 바란다.

2. 남쪽으로 향하여 가라

빌립이 현재 사역하고 있는 곳은 사마리아이다. 이곳을 떠나 나아가야 하는 방향을 제시하고 있는데, 그곳은 남쪽이라고 하신 것이다. 이 남쪽이라는 단어를 보았을 때 신학지남이 생각이 났다. 지남(指南)이라는 뜻은; 남쪽을 가리키다, (어떤 사람이 다른 사람을) 이끌어 가르치다는 뜻을 갖는다. 즉, 신학의 나아갈 방향을 이끌어 가겠다는 의지가 엿보인다고 하겠다.

이처럼 주의 사자는 우리의 나아갈 방향을 명확하게 제시해 주고 있다. 북극을 가리키는 지남철은 항상 그 끝을 떨고 있다. 여윈 바늘 끝이 떨고 있는 한 지남철은 자기에게 주어진 사명을 완수하려는 의사를 잊지 않고 있음이 분명하며, 바늘이 가리키는 방향을 믿어서 좋다. 만약 그 바늘 끝이 불안스러워 보이는 전율을 멈추고 어느 한쪽에 고정될 때는 버려야 한다. 이미 이것은 지남철이 아니기 때문이다.

이처럼 우리는 이 세상에서 끊임없이 신앙인으로 살기 위해, 끝을 떨고 있는 지남철처럼 사명자로 살기 위한 몸부림을 치며 고뇌하는 삶에서, 하나님의 자녀로서 올바르게 살아가고 있는 것이 아닌가 한다.

이 성경 말씀을 확인하려고 성경지도를 살펴보았다.

예루살렘은 사마리아에서 남쪽 방향으로 56Km 였다. 그리고 가사는 예루살렘으로부터 남서쪽 방향으로 80Km 지점에 있었다.

주의 사자는 길의 방향성뿐만 아니라 나아가야 할 지점을 정확하게 지명하고 말씀하고 있는 것에 놀라울 뿐이다. 왜냐하면, 하나님은 우리에게 사명을 맡길 때 그 일을 확실하게 감당 할 수 있도록 능력을 주시는 분이시기 때문이다.

출애굽기 36장 1~2을 보면, 성막 만드는 자들을 임명하시는 하나님은 '브살렐과 오홀리압과 및 마음이 지혜로운 사람 곧 여호와께서 지혜와 총명을 부으사 성소에 쓸 모든 일을 할 줄 알게 하심을 입은 자들은 여호와의 무릇 명하신 대로 할 것이니라' 고 하셨고, 모세는 '브살렐과 오홀리압과 및 마음이 지혜로운 사람 곧 그 마음에 여호와께로 지혜를 얻고 와서 그 일을 하려고 마음에 원하는 모든 자를 부르매', 즉 지도자 모세는 하나님의 뜻대로 일하는 자를 채용하고 있음을 볼 수 있다.

그런데 우리는 우리가 하나님에 의해 사명자로 부르심을 받았을 때, 우리 식대로 일하면 되는 것으로 알고 있는 사람들이 너무도 많다는 사실에 놀랄 수밖에 없다.

(내 자신도 포함된다는 사실이 슬프다...;;)

그리고 여기서 살펴보고 싶은 것은, 예루살렘에서 가사로 내려가는 길까지 이라는 말씀에 의해 가사를 살펴보고 싶은 생각이 들었다. 왜일까? 가사는 요즘 이스라엘 지명으로는 가자(gaza)로 팔레스타인 자치기구로 되어 있기 때문이다. 이스라엘은 세계의 압력에 의해 팔레스타인 사람들의 자치지역을 내주었으나, 높은 장벽으로 들러쌓아 왕래를 못하도록 막았다. 팔레스타인 자치지역으로 또 한군데는 여리고가 있는 서안지역인데, 여기도 높은 장벽으로 막아놓아 자유왕래를 막고 있다. 그런데 여리고 지역에서는 십자가를 볼 수 있었다는 점에서 기독교인이 억압을 당해도 정치적 논리에 도울 수 없음에서 비애를 느낄 수밖에 없었다.

각설하고, 우리는 주님의 명령에 순종하는 삶을 산다고 자신 있게 말하곤 한다.

그런데 그 결과가 어렵고 힘든 일이라면 원망과 불평을 쏟아놓을 때가 있다.

평상시 항상 감사해야 한다고 말을 했음에도 불구하고 말이다.

오늘 본문에서 성경은 이렇게 기록하고 있다.

'그 길은 광야라.'

주의 사자가 지시하는 내용을 전부 듣고 난 빌립은 깨달았다.

아하! 그 길은 광야인데… 어떻게 보면 이 지시는 좀 이상한 명령이다.

이제 막 사마리아에서 복음의 역사가 일어나기 시작했고 또 아직 복음을 전할 대상이 너무나 많아 이곳에서도 할 일이 많은데 하필이면 사람도 별로 없는 광야로 가라고 하시니 말이다. 그러기에 빌립집사는 불합리한 명령이라고 생각 할 수도 있었을 것이다. 아니 하나님의 뜻을 이해하는 편에서 이성적으로 생각한다 해도 사마리아에 많은 사람들이 복음을 받아들이기 시작하고 있기에, 좀 더 열심을 내어 복음의 역사를 이루어갈 기회라고 생각 할 수도 있었을 것이다. 그래서 '하나님 조금만 기다려 주십시오. 여기 아직 할 일이 많습니다. 막 복음의 역사가 힘 있게 일어나고 있는 이때 다른 곳은 조금 후에 하고 우선 여기에 복음의 역사를 온전히 이룬 다음에 가겠습니다.' 라고 이유를 댈 수도 있을 것이다.

그런데 빌립은 주의 사자의 지시에 반문 하지 않고 기꺼이 순종하여 곧 바로 광야로 갔던 것 같다. 즉, :27에 '일어나 가서 보니' 라고 기록하고 있다.

말씀을 마치고자 한다.

* 사울: 아라비아 광야 3년(갈1:17) * 강태공의 세월 낚는 낚시

우리는 먼저 이 빌립의 순종의 모습을 기억해야 한다.

오늘날 우리는 너무나 이성적으로 모든 것을 생각하고 판단하려고 한다. 자신의 경험과 세상의 가치관을 따라서 모든 것을 결정 지으려고 한다. 그래서 때로는 하나님의 말씀이나 지시가 뒷전으로 밀려나기도 한다. 그러나 빌립은 순종했다. 주의 사자의 지시가 있을 때는 분명 하나님의 선하신 뜻이 있을 것을 믿어 의심치 않았기 때문이다.

우리는 이것을 본받아야 한다. 이성적 판단이나 경험적 결정과 세상적 잣대기준보다는 인간이 보기에 불합리한 것처럼 보인다고 해도 오직 하나님의 법칙을 따라야 한다. 하나님의 명확한 뜻은 처음부터 주어질 때도 있지만, 빌립의 경우처럼 하나님의 뜻을 순종해 가면서 발견하는 경우도 있다. 그래서 분별력이 더 중요하고 하나님을 향한 흔들리지 않는 신뢰가 더 중요한 것이다.

특별한 하나님의 일을 하고 있든지, 아니면 그저 일상생활을 하든지 우리에게 이 두 가지가 없다면 우리의 인생은 혼란스럽고 확실치 않은 추측들로 채워질 수밖에 없고, 또 불안한 걸음이 될 수밖에 없다. 그러면 하나님의 일도 제대로 이루어갈 수 없다.

그러므로 주의 사자의 지시와 성령의 이르심에는 분명 우리가 생각하는 것보다 훨씬 더 좋은 뜻이 있음을 믿고 순종을 통해 생명의 은총과 성도의 삶에 진정한 은혜가 충만하시기를 축원한다.

(신대교회 2017.10.1.)

광야에서

행8:27~31

한가위 추석을 맞이하여 신학대학교회의 많은 성도들이 고향을 찾아가고 여행을 하고 있을 것이다. 지난 번 설교에서 성령의 음성에 귀를 기울여 순종하는 자세를 가져야 함을 강조하였다. 그 명령이 광야 같은 곳이 된다 해도 이성적으로 계산하지 말고 순종해야 신앙인이며 사명자임을 살펴보았다. 물론 빌립은 성령께서 지시하시는 대로 즉각적으로 움직이는 순종의 사람이었다. 빌립은 머리를 굴리는 법이 없었다. 성령께서 지시하시는 일이 좀 힘들고, 고되고, 명령이었음에도 불구하고, 그런 걸 재고 따지질 않았다. 그런 점에서 빌립만큼 순종적인 사람도 없을 것이다.

그러므로 오늘은 본문을 중심으로 '광야에서'라는 주제로 빌립과 에디오피아 내시에 대해 살펴봄으로써 하나님의 은혜를 나누고자 한다.

1. 광야에서

성경에서 광야는 사막과 비슷한 의미로 사용됐다. 광야는 일반적으로 죽음과 쇠퇴, 파멸의 땅을 의미한다. 광야에는 수많은 위험이 도사리고 있고, 기아와 갈증이 존재한다. 또 무서운 모래 바람, 위험한 뱀과 전갈 등이 생명을 호시탐탐 노리고 있는 곳이다. 더욱이 이스라엘 민족에게 광야는 의미가 깊다. 그들은 종살이하던 이집트에서 나와 약속의 땅 가나안으로 들어가기 전에 광야에서 40년을 지냈다(민14, 33). 이스라엘 민족은 광야 생활을 통해 강한 공동체 의식을 지닐 수 있었다. 이스라엘 백성에게 광야는 시험과 시련의 장소이며(출15, 22-26), 구약성경은 하나님의 심판과 구원을 표현하기도 했다. 동시에 하나님과의 친교 장소로서 그분의 보호와 은총을 체험하는 장소이기도 했다(출16:32). 신약성경에서 광야는 고행이나 수련, 정화, 기도의 장소로 묘사되고 있다. 세례자 요한은 유다 광야에서 극기 생활을 하면서 회개와 세례를 촉구했다. 예수님은 공적 직무를 시작하기 전에 광야에서 단식과 기도로 40일을 보내셨다(눅4:1-13). 공적 직무를 수행하는 예수님께 광야는 기도의 장소로 아버지 하나님과 대화를 나누셨던 곳이었다(눅4:42). 이처럼 광야는 하나님을 만나는 장소이다(신32, 10). 이스라엘 백성은 광야에 사는 동안 수많은 고난을 겪고 불평을 반복하면서 마침내 하느님께서 함께하심을 깨달을 수 있었다. 광야는 인간이 자신의 힘만으로는 살 수 없음을 뼈저리게 가르쳐준 장소다.

2. 일어나 가서(:27)

주의 사자의 지시를 들을 때 이미 빌립은 그곳이 광야라는 것을 알았다. 그런데 주의 사자는 사마리아를 떠나가라고 하니 좀 어이가 없었을지도 모른다.

그러나 빌립은 즉시 순종하였다. 즉, :27을 보면, '일어나 가서'

일어났다는 것은 앉아 있거나 쉬거나, 좀 더 상상력을 발휘한다면 빌립 집사는 잠자고 있었을 가능성도 있다. 그동안의 사역이 숨 가쁘게 진행되었기에 노곤하기도 했을 것이다. 그런데 그런 상황에 있는 빌립 집사를 성령님은 가만히 놔두질 않으셨다.

빌립 집사은 한 마디의 불평도 하지를 않았다. 그의 입에서 불만의 목소리를 내지 않았다. 일어나 가사로 내려가는 길까지 가라는 명령에 그는 곧바로 일어났고, 가사로 달려간 것이다.

여러분, 그런데 성령께서 지시를 내렸던 장소는 사마리아이다. 그리고 성령께서 가라고 지시하셨던 그 길은 26절에도 나와 있듯이 예루살렘에서 해변에 위치한 가사로 내려가는 길이다. 하지만 빌립 집사는 지금 사마리아 성에 있기 때문에 과거 아브라함과 이삭과 야곱 등의 족장들이 이용했던 족장 길을 따라 예루살렘까지 가야했고, 다시금 예루살렘에서부터 가사까지 가야 했다. 예루살렘은 해발 900미터나 되는 고지이다. 그리고 가사는 해변에 위치해 있다. 그러니 사마리아에서 예루살렘까지는 계속해서 올라가야 하는 길이고, 예루살렘에서 가사까지는 계속해서 내려가는 일이었다. 해발 900미터까지 올라갔다가 다시 내려간다면 다리가 어떻게 될까? 쉴 새 없이 걸어갔다면 내리막길에서 다리가 많이 풀리지 않겠는가? 한 미디로 빌립 집사가 갔던 길은 그렇게 평탄지 않은 길을 즉시 일어나 갔던 것이다. 이 거리는 사마리아에서 예루살렘까지 30Km, 그리고 예루살렘에서 가사까지 70Km나 되는 장장 이틀 반이나 걸려서 갈 수 있는 100 Km길을 떠났다. 이렇듯 지시는 간단해 보여도 그 지시를 이행하는 사람은 결코 쉽지 않은 길이 되는 스파르타 훈련 같이 고된 길인 것이다.

우리의 신앙은 어떤가?

한참 자고 있는데, 툭툭 건드려서 깨우면 기분이 좋겠는가?

처음부터 순종할 수 없는 마음이 생길수도 있을 것이다.

우리는 조금만 상황이 변해도 '덥다.' '춥다.'를 교대로 반복해 댄다. 이것을 인간의 변덕이라고 한다. 그만큼 사람의 마음이 간사한 존재이다. 자기 좋은 식으로 언제든 해석하려고 한다. 하지만 이런 상태로 과연 성령의 명령을 제대로 따를 수 있을까?

그럴 수 없다고 생각한다. 절대로 성령님의 명령을 따를 수 없다.

그러므로 우리의 마음을 하나님의 말씀으로 순종하는 부드러운 마음으로 변화를 시켜가기를 바란다.

3. 에디오피아 내시를 만나다.

빌립 집사가 주의 사자의 지시에 군소리 없이 순종하여 100Km의 길을 갔을 때 그 곳에서 에디오피아의 내시를 만났다. 에디오피아 내시는 에디오피아 여왕의 모든 국고를 맡은 관리인이었다. 그는 애굽의 총리를 지냈던 요셉과도 같은 인물이었다.

여러분은 요셉은 어떤 인물이었는지를 잘 알고 있을 것이다.

실질적인 애굽의 왕의 권세를 행하던 사람이었다. 애굽의 왕이 요셉에게 모든 일을 다 맡겨두었으니 말이다. 에디오피아의 내시가 그런 인물이었다. 그는 에디오피아에서 상당한 고위층의 사람이었다. 아마도 이 사람은 디아스포라 유대인이었을 것으로 추정하는 신학자도 있기는 하다. 어찌 하다가 에디오피아에서 상당한 지위를 갖게 되었지만 유일신 신앙이 있기에 예루살렘에 들렀다가 성전에 들려 예배를 마치고 집으로 돌아가는 길이었을 수도 있다.

빌립 집사가 에디오피아의 내시를 만났을 때, 그는 성경을 읽고 있었다. 그런데 그는 깨달을 수가 없었다. 고민하고 고민했지만 깨달아지지 않았다. 이럴 때에 성령께서 빌립 집사에게 내시가 타고 있는 수레에 가까이 가라고 지시했다. 빌립집사는 이때에도 어김없이 순종했고, 내시가 이사야의 글을 읽는 것을 듣고는 그것을 깨닫느냐? 라고 질문했다. 이에 내시는 '지도해 주는 사람이 없으니 어찌 깨달을 수 있겠느냐?' 그러면서 그는 빌립집사를 마차로 끌어 올렸다. 아마도 급하게 여기까지 달려왔다면 빌립의 온 몸은 땀으로 얼룩졌을 것이다. 당연히 땀 냄새가 옷에 배었고 땀 냄새가 풀풀 났을지도 모른다. 하지만 고위관리였던 내시는 그런 걸 가리지 않았다. 왜냐하면 그는 그런 외적인 것보다 더 중요한 게 있었고, 그것은 성경을 깨닫는 일이었기 때문이었다. 그래서 그는 빌립 집사를 외모로 판단하지 않고, 정말 자신을 깨우쳐줄 성경 지도교사로 생각하여 자신의 깨끗한 마차로 올라오게 할 수 있었던 것이다.

여기서 우리는 내시의 겸손한 마음과 알지 못하는 것을 알고자 초청하는 적극적인 성품의 소유자임을 알게 된다.

말씀을 맺고자 한다.

사랑하는 성도 여러분, 지금까지의 말씀을 잘 들으셨는가?

빌립은 하나님의 사자의 음성에 철저하게 순종하였다.

이 순종이 물론 평안과 기쁨만을 주기 보다는, 그 과정을 수행하기 위해서는 많은 고난과 역경을 이겨내야 하는 것을 살펴보았다. 그런데 빌립의 순종과 에디오피아 내시의 말씀을 사모하는 그 영적 배고픔은 읽는 말씀의 뜻을 아느냐고 묻는 빌립을 스스럼없이 자신의 마차로 올라오도록 했던 것은 영적인 사람들은 영적으로 통한다는 사실을 알게 된다, 이것을 영적 수용성이라고 하면 될 것이다. 성도는 영적인 수용성이 뛰어나야 한다. 이 영적 수용성의 특징은 두 가지로 말할 수 있다.

① 항상 하나님의 말씀을 갈급해 있어야 한다.

② 언제든 성령의 음성에 순종할 수 있는 마음의 상태여야 한다.

이 두 가지를 잘 할 때에 우리는 '영적인 수용성이 좋다'라고 할 수 있는 것이다.

성도는 말씀 위에 자신을 만들어 가야하고, 성도는 성령의 부르심에 귀를 열어놓아야 한다. 이것이 하나님의 일을 감당하는 일꾼으로서의 기본기라고 생각한다.

이번 한가위 명절을 위해 고향을 찾는 그 길이 막혀 힘들고 어려워도 즐거운 마음으로 가는 귀성객들처럼, 우리에게 예루살렘으로 가라하든, 유대로 가라하든, 사마리아도 가라하든, 광야로 가라하든, 하나님의 뜻에 순종하여 일어나 가는 영적인 수용성이 뛰어나 하나님의 일을 온전히 감당하는 신학대학교회 성도가 되기 바란다.

읽는 것을 깨닫느냐?

행 8:30~39

오늘 본문 말씀은 성경을 읽으면서도 그 뜻이 무슨 뜻인지 모르는 에디오피아의 내시에게 빌립이 다가가 예수 그리스도를 가르치고 복음을 전하는 장면이다. 성경을 바르게 해석하지 못해서 엉뚱한 곳으로 교회를 이끌고 가는 어리석은 지도자들이 깨달아야 할 귀한 말씀이기도 한다. 진정한 그리스도인이 되려면 성경을 바르게 이해를 해야 한다. 성경에서 말씀하고 있는 예수 그리스도를 바르게 알고 믿어야 한다.

오늘 분문은 이사야의 글을 읽는 간다게 내시가 빌립 집사의 설명으로 말씀을 깨닫고 세례를 받은 장면이 나오고 있다. 이 말씀을 중심으로 하나님의 은혜를 나누고자 한다.

1. 성령의 지시에 의해 달려간 빌립(:29~:30)

:27에 보면, '에디오피아 사람 곧 에디오피아 여왕 간다게의 모든 국고를 맡은 관리인 내시가 예배하러 예루살렘에 왔다가'

이는 빌립의 선교대상으로 언급된 이에 대해서 알 수 있는 것은 이름이 아니라 출신지와 직책이다. '검은 피부'라는 의미를 지닌 '에디오피아'는 애굽의 남쪽 지역으로서, 나일강 유역을 중심으로 형성된 구스 족속(사

11:11)의 후예로 구성되어 있다(사11:1).

에디오피아에서는 당시 모계(母系) 왕통을 갖고 있었으며 '간다게'는 사람 이름이 아니라 왕조를 나타내는 명칭으로서 로마의 '가이사' 또는 애굽의 '바로'와 같은 것이다.

:29에 보면, '성령이 빌립에게 이르시되'라고 하고 있다.

빌립에게 지시하는 자가 '주의 사자'에서(:26) '성령'으로 바뀌어 언급되었다.

:26 '주의 사자가 빌립더러 일러 가로되 일어나서 남으로 향하여 예루살렘에서 가사로 내려가는 길까지 가라 하니 그 길은 광야라'

이에 대해서는 다음 두 가지로 생각해 볼 수 있다.

(1) :26은 빌립에게 가시적으로 천사가 나타났으나 본 절은 음성이나 영감을 통해 명령이 주어졌기에 누가는 '성령'이란 표현을 사용했을 것이다.

(2) 구약성경에서는 하나님의 현현(顯現)을 '주의 사자'가 나타난 것으로 표현했다. 이는 사람이 하나님을 대면하면 죽는다는 유대인들의 사상에 의한 것이다.

그렇다면 빌립에게 '내려가라' 지시한 사자나 본문의 성령은 동일한 분으로 이해될 수 있을 것이다.

2. 읽는 것을 깨닫느냐(:30~:35)

그런 그가 예배하러 예루살렘에 왔다가 돌아가는 길에 병거를 타고 선지자 아사야의 글을 읽고 있었다(행8:28). 이 소리를 들은 빌립은 '읽는 것을 깨닫느뇨?'라고 물었다.

일반적으로 유대인들은 큰 소리를 내어 성경을 읽었다고 하므로, 이 내시도 유대인들의 관습을 따라 마차 속에서 큰 소리로 성경을 읽었을 것이다. 이에 내시는 '지도하는 사람이 없으니 어찌 깨달을 수 있느뇨' 하고 빌립을 청하여 '병거에 올라 같이 앉으라.'고 하였다(행8:31).

지도하는 사람이 없으니 어찌 깨달을 수 있겠느뇨?라는 말을 생각해 보니 읽기는 읽어도 깨닫지 못하는 안타까운 마음을 토로하고 있는 것이 아닌가 하는 마음이 들었다. '지도하는' 이란 표현이 미래형으로 사용되었다. 직역하면 '지도해 주게 될' 이란 의미이므로 내시의 소망을 담고 있다.

성경은 높은 지위에 있다고 복음을 깨닫는 것이 아니다.

복음은 박사학위를 가지고 있다고 알아지는 것이 아니다.

에디오피아 내시는 예루살렘에 예배하러 왔고 성경을 읽었지만 아직 복음은 깨닫지 못했다. 이것은 읽어도 보아도 들어도 듣기는 듣되 깨닫지 못한다는 성경의 진리를 기억해야 한다(행28:26 사6:9). 그래서 복음은 반드시 누군가가 전해 주어야 한다.

그래야 믿을 수 있다.

그러면서 자신이 읽은 성경구절을 알려주었다. 그 말씀은 이사야 53장의 말씀이었다.

그리곤 마차에 올라탄 빌립에게 자신이 읽고 있던 부분을 이야기를 해주었다(행8:32~33). 이 말씀은 이사야 53:7~:8의 말씀으로, '그가 곤욕을 당하여 괴로울 때에도 그 입을 열지 아니하였음이여 마치 도수장으로 끌려가는 어린 양과 털 깎는 자 앞에 잠잠한 양 같이 그 입을 열지 아니하였도다. 그가 곤욕과 심문을 당하고 끌려갔으니 그 세대 중에 누가 생각하기를 그가 산 자의 땅에서 끊어짐은 마땅히 형벌 받을 내 백성의 허물을 인함이라 하였으리요.'

그러면서 선지자가 말한 이 사람은 누구를 가리킴이냐면서 선지자나 다른 사람을 가리킴이냐고 물었다. 내시가 자신을 지도해 주는 사람이 있었으면 좋겠다는 소망을 나타내었기에(말씀을 받아들일 자세가 된 것이다.), 빌립은 '입을 열어 이글에서 시작하여 예수를 가르쳐 복음을 전했다'고 하였다(:35-36).

이 이사야 53장의 말씀은 '예언된 그리스도의 인간상'에 대한 것으로, 총신대 학장이었던 김희보 박사의 학설로 알려져 있다.

예수님이 십자가에 달려서 죽으신 것은 힘이 없어서 어쩔 수 없어서 억울하게 죽임을 당하신 것이 아니다. 우리의 죄를 용서해 주시기 위해 그렇게 해야 하셨기 때문이다.

하나님께서 우리를 구원하시기 위한 계획이 그것이었기 때문에 예수님은 그 계획에 순종하기 위해서 죽음도 마다하지 않으시고 그 길을 가신 것이라고 설명했을 것이다.

그런데 이 내시가 그렇게 많은 책들 중에서 이사야서를 읽고 있었고, 이사야의 글 가운데서도 직접적으로 예수님에 대한 예언의 말씀이 기록된 53장을 읽고 있었다는 것은, 우연한 것이 아니라 하나님의 자상하신 섭리라고 생각한다. 메시야에 대한 믿기 쉬운 본문 설명하면 바로 아멘 하고 예수님을 믿을 수 있는 본문을 그가 읽고 있었던 것은 우연히 아니라 하나님의 섭리라 하겠다.

많은 사람들이 자기의 욕심 때문에 자기의 욕심을 채울만한 말씀을 찾아서 읽는다.

그리고는 자기의 뜻대로 해석을 하기도 한다. 그런 자기의 욕심을 가득 찬 사람이 아무리 성경을 읽는다고 해도 예수 그리스도의 복음은 발견하지 못한다. 부자가 되고 싶어 하는 사람이 자기 욕심을 채우고자 교회에 다니는 사람이 진리를 발견할 수 없는 이유가 여기에 있다. 그런 마음에는 성령께서 역사하시지 않는다.

예수님의 죽으심에서 예수님을 가르치고 예수님의 복음을 전해야 하는 또 하나의 이유가 있다. 많은 사람들이 예수님에 대해서 가르치면서 예수님을 본받아야 한다, 예수님을 따라야 한다고 가르친다. 예수님은 본받아야 할 대상이기 전에 믿어야 할 분이시다. 예수님은 이 세상에 오셔서 우리들에게 본을 보이신 일들도 많았지만, 궁극적 삶의 목적은 인류의 속죄였음을 잊지 말고, 우리도 예수님처럼 살아야 할 것이다.

3. 세례를 받음에 무슨 거리낌이 있느냐(:36~:39)

빌립이 전해 준 복음을 들은 내시는 길 가다가물 있는 곳에 이르러 고백을 하고 있다. '보라 물이 있으니 내가 세례를 받음에 무슨 거리낌이 있느냐?'

우리 성경에는 :37이 없음이라고 나오고 있다. 그러나 다른 사본에는 빌립이 아르되 '네가 온전히 하여 믿으면 가하니라. 대답하여 이르되 '내가 예수 그리스도께서 하나님의 아들인 줄 믿노라'는 내용이 있다.

세례는 새신자가 학습을 받고 6개월이 지나면 세례를 받는 종교적인 예식이 아니다.

세례는 예수 그리스도께서 하나님의 아들인줄을 믿는다는 신앙고백에 근거하여 베풀어져야 하는 것이다.

내시의 신앙고백과 요청에 의해 빌립은 수레를 멈추고 물에 내려가 세례를 베풀었다.

초기 기독교는 복음을 전한 사람이 복음을 듣고 신앙고백을 하는 사람에게 즉각적으로 세례를 베풀었다. 베드로가 복음을 전한 후 우리가 어찌할 꼬 탄식하는 이들에게 예수 그리스도를 믿고 죄사함을 받고 성령을 선물로 받으라고 선포할 때 그 날에 삼천 명이 세례를 받았다(행2:41).

이는 복음의 재생산을 의미한다. 복음전도자를 통해 복음을 듣고 구원받은 사람은 즉시 세례를 받았으며, 그렇게 복음이 전해지는 과정이 반복되면서 지속적으로 복음의 재생산이 이루어졌던 것이다.

말씀을 맺고자 한다.

세례를 베푼 후에 주의 영이 빌립을 이끌어 가셨고 내시는 기쁘게 자신의 길을 갔다.

내시는 빌립에게 복음을 듣고 구원받았지만 더 이상 빌립에게 연연하지 않았다. 예수 그리스도의 복음을 듣고 구원받은 성도는 사람에게 그의 마음속에는 예수 그리스도가 계시기 때문에 사람에 의해 좌우되지 않는 것이다. 빌립은 가사를 출발하여 아소도에서 복음을 전하며 가이사랴에 이르렀다. 이 여정은 팔레스틴 남방 지역에서 북방 지역까지의 이동 경로를 보여주는 것으로, 이는 빌립의 전도가 멈추지 않았음을 시사한다. 복음전파는 결코 멈출 수 없는 예수 그리스도의 지상 명령이다.

사랑하는 성도 여러분

에디오피아의 내시가 성경을 읽고도 그 뜻이 무엇인지 모르고 있을 때 성령께서 빌립에게 임하셔서 그 말씀에서 시작하여 예수님을 가르치고 복음을 전하게 하셨다.

성경에서 예수 그리스도의 복음을 발견한 우리들이 얼마나 행복한 사람인가를 기억하고 살기 바란다. 예수님을 믿는 믿음이 소중하다는 것을 잊지 말고, 성경을 읽고 들을 때마다 예수의 구원과 사랑을 깨닫는 복되고 행복한 신앙인 되기 바란다.

(신대교회 2017.12.31.)

주의 영이 이끄신 빌립

행 8:39~40

2017년도의 마지막 주일인 오늘, 전도자 빌립 집사의 행적을 마무리 할 수 있어 기쁜 마음이다. 스데반 집사의 순교로 예루살렘교회에 핍박이 닥침으로, 3,000명, 5,000명으로 모으던 교회는 흩어지게 되었다. 이 흩어짐 속에서 나타난 사람은 빌립으로 하나님의 역사가 빌립을 통하여 담대하게 복음이 전파되는 것을 우리는 살펴보았다. 복음은 모으심의 역사인 동시에, 또한 흩어짐의 역사라 하겠다.

에디오피아 내시가 복음을 전해 듣고 물이 있으니 세례를 받는 것이 무슨 거리낌이 있겠느냐 세례를 받고 물에서 올라올 때의 장면까지를 지난번 설교를 통해 살펴보았다. 그런데 물에서 올라올 때 빌립이 사라지고 말았다. 그래서 내시는 다시는 빌립을 보지 못하고 자기의 갈 길을 떠났다고 하였다.

이 말씀을 중심으로 하나님의 은혜를 나누고자 한다.

1. 주의 영이 빌립을 이끌어 간지라(:39)

성경은 '둘이 물에서 올라올 새 주의 영이 빌립을 이끌어간지라 내시는 기쁘게 길을 가므로 그를 다시 보지 못하니라'고 기록하고 있다. 즉, 물에서 올라와 옷도 채 마르기 전에 성령께서 빌립을 이끌고 가셨다. 킹 제임스 역에는 "주의 영께서 빌립을 채어가시니(caught away Philip)"라고 되어 있다. 좋게 번역하면 그를 내시에게서 '빼앗어' 버리셨다는 것이지만, 직역을 한다면 날치기 해 갔다는 말도 된다. 왜 그러셨을까? 내시는 빌립을 붙잡기 쉬웠을 것이다. 그를 에티오피아까지 데려가려고 했을지도 모르고, 그랬다면 빌립도 굉장히 좋아했을 것 같다. 핍박받으며 이리저리 도망 다닐 필요 없이, 영적인 소원이 가득한 내시를 따라 에티오피아에서 대접받고 존경받으며 살 수 있었을 것이다. 그런데 성령께서 바로 그를 데리고 가버리셨다.

에스겔서를 보면 성령께서 에스겔 선지자를 여기저기로 데리고 다니셨다.

성령께서는 우리가 원하는 곳에 가기보다 우리를 이끌고 다니기를 원하신다. 내 의지대로가 아니라 성령의 음성을 듣고 성령께서 이끄심을 받는 성령의 사람이 되도록 기도해야겠다. 그래야 성령께서 우리를 자유자재로 사용하실 수 있다.

본문(행 8:39, 40)은 앞으로 일어날 휴거(携擧, rapture)의 예표이기도 하다. 구약에서는 에녹과 엘리야가 휴거로 하나님의 나라로 간 기록이 있다. 그리고 신약에 들어와서 집사 빌립이 '채어서' 다른 장소로 옮겨졌다. 예루살렘에서 가자로 가는 사막에 있던 빌립이 순식간에 아소도로 옮겨졌던 것이다. (약30마일=48Km)

이처럼 예수님의 재림시에는 살아있던 모든 그리스도인들은 공중으로 '채어 올라가(caught up)' 예수님과 연합하게 된다(살전4:16). 성도로서는 가장 축복받는 사건이 될 것이다.

주의 영이 빌립을 이끌어 다른 곳으로 데려간 이유는 빌립을 필요로 하는 곳이 있었기 때문이다. 아소도의 여러 성을 다니며 복음을 전할 사람이 필요했다. 성령께서 빌립을 한 군데 두지 않으시고 그를 통해 하실 일이 있는 곳, 그를 통해 도움을 받을 사람들이 있는 곳으로 이끌어 가신 것이다.

2. 아소도에 나타나 가이사랴까지 복음을 전한 빌립(:40)

"빌립은 아소도에 나타나 여러 성을 지나다니며 복음을 전하고 가이사랴에 이르니라"

성령께 순종하여 나아가는 빌립은 곧 더 놀라운 것을 경험한다. 그 시대를 주님은 전도자 빌립을 통해서 열게 하셨다. 본문 마지막 절에 보면 빌립은 성령에 이끌리어 순식간에 가사에서 아소도까지 약 48Km 되는 거리를 성령님께서 옮겨 주신다. 또한 아소도에서 가이사야에 이르는 100Km까지 넘는 지역에 복음을 전하는 순종의 사람이 된다. 이처럼 성령을 따라 순종할 때 우리 능력과 경험의 한계를 뛰어넘을 줄 믿는다.

1) 아소도와 가이사랴는 어떤 곳인가?

아소도는 구약성경의 아스돗과 이명동지(異名同地)이다, 다곤 신전이 있는 블레셋의 5대 도시 중 하나로 해안 도시이다. 가이사랴는 헤롯왕에 의해(BC22~10년) 세워진 지중해 해변의 항구 도시이다. 이 도시의 고넬료라 하는 이다랴야대의 백부장은 베드로 사도를 불러 이방인으로서는 처음 예수를 믿은 사람이 되었다(행10:1~:43). 아울러 바울 선교 여행의 기지이기도 하였으며(행9:30, 18:22, 21:8), 그가 로마로 호송되기 전에 2년 동안(BC 58~60) 이 도시의 감옥에 갇혀 있었고(행24:27), 그 때 로마의 총독 벨릭스와 후임자 베스도, 그리고 유다왕 헤롯 아그립바 2세 앞에서 변론을 펴기도 하였다(행25:~26:). 바울은 다시는 돌아올 수 없는 길을 떠나면서 이 항구와 작별하였던 곳이다.

빌립은 이처럼 남들이 가기 싫어하는 곳, 즉 사마리아로 갔고, 광야의 길로 갈으며 항구도시로 갔다. 항구도시는 거친 곳이며, 미신이 난무 하는 곳이다. 그러나 빌립은 기쁨으로 그런 곳을 마다하지 않고 갔던 것이다. 아니 정확하게 말하자면 성령의 이끌림에 순종하여 갔다는 표현이 더 옳을 것이다,

사마리아에서 성령의 역사를 체험한 빌립은 이제 여러 곳을 다니며 성령의 역사를 일으키는 큰 종으로 성장하게 되었다. 성령께서 우리를 빌립과 같이 사용하실 때 성령의 사람이 된 것이 얼마나 큰 축복인가를 깨닫고, 어떻게 해야 성령과 함께 성령의 사람으로 살 수 있는가를 배우게 된다. 우리 삶 속에도 이런 일이 있기를 원한다.

성령께서 나를 필요로 하는 곳으로 이끌고 가셔서 아름다운 성령의 역사를 이루시기를 바란다.

2) 빌립이 전한 복음의 내용은 무엇일까?

빌립이 전했던 복음은 아주 단순하면서도 힘이 있는 복음이었다. 그 복음은 사도들의 믿음의 고백의 내용과 일치하는 것이었으며, 사도들이 전했던 복음의 내용과 일치하는 것이었다. 그 내용은 다름 아닌, "예수는 하나님의 아들이시며, 바로 그분이 그리스도시다." 였을 것이다. 이 말은 다른 말로 바꾸면, "예수 그리스도께서 바로 하나님의 아들이시다, 그분이 곧 하나님이시다"라는 말이다. 유대인들에게 하나님의 아들이라는 말은, 곧 하나님이라는 말과 같은 말이다.

복음의 내용 중의 핵심은, 예수님에 대한 설명이다.
그중에서도 예수님의 죽으심과 부활이 복음의 핵심이다.

복음의 내용을 정확히 이해하여 정확히 전하는 것이 매우 중요하다.

3. 빌립의 가정(행21:8~:9)

사도행전 8장을 마치며 빌립은 사라진 듯하였으나, 빌립이 짧게나마 다시 등장한 곳은 사도행전 21장에 와서이다. 빌립이 아소도(Azotus)에 나타나 여러 성을 지나다니며 복음을 전했고, 여기 가이사랴(Caesarea)까지 이르러 거주하게 되었던 것이다. 가이사랴에서 복음을 전하고 있다는 말씀을 통해 빌립의 행적은 사라지는 듯하다. 하지만, 20년 후, 그 사이에 사울이 변하여 바울이 된 그가 1차~2차~3차 전도여행을 마치고 예루살렘으로 들어가는 길목에 (어쩌면) 20년 만에 처음으로 빌립집사를 만나, 이렇게 빌립집사의 집에 들어와 '사도행전적인 만남'을 하게 되었던 것이다. 두 분 사이에는 20년간의 공백기가 있었지만 예수 그리스도를 중심으로 한 삶이라는 점에서 공통점을 갖는다.

이렇게 두 영적 거성, 사도바울과 빌립집사가 만난 것이다.

바울이 복음의 전도자 빌립의 집에 들어가 본 것은 무엇인가?
그것은 행복한 가정을 이룬 복음전도자의 삶이 아니었나 싶다.

1) 네 딸을 둠:

빌립에게는 네 딸이 있었다. 이렇게 빌립은 아내와 자녀를 거느리고 아름다운 가정을 이룬 유복한 사람이었다. 아마 집사로서 열심으로 교회를 섬기고 봉사하며, 또한 전도자로서 복음 전도에 최선을 다한 그의 삶을 하나님께서 기쁘게 받으시고 이런 축복들을 허락하신 듯하다. 물론 사랑스런 아내를 얻고 아름다운 자녀를 갖는 것이 인간 행복의 척도는 될 수 없다. 하지만 하나님께서는 때로 이런 방법으로도 당신의 일꾼들을 축복하시기도 하신다. 이런 점에서 볼 때 빌립은 이미 세상에 사는 동안도 세상에서 누릴 수 있는 행복들을 맛본 복 있는 사람이었다 해도 과언은 아닐 것이다.

시 127:3-5 자식은 여호와의 주신 기업이요 태의 열매는 그의 상급이로다 젊은 자의 자식은 장사의 수중의 화살 같으니 이것이 그 전통에 가득한 자는 복되도다 저희가 성문에서 그 원수와 말할 때에 수치를 당치 아니하리로다

2) 가정을 복음으로 인도함

그런데 빌립의 네 딸들은 모두 예언자였다. 그것도 동정녀로 살면서 말이다. 이는 곧 빌립이 하나님으로부터 복음을 받고, 집사 직분을 맡으며, 또한 전도자로서 열심히 하나님을 섬겼을 뿐만 아니라, 자신의 가정을 돌보며 복음으로 인도했음을 분명하게 증명해 주기에 충분하다. 이렇게 빌립은 나가서 다른 사람에게도 복음을 전하는 모범의 전도자였지만, 안으로 집안에서도 그의 자녀를 복음으로 양육하고 지도한 훌륭한 가장이었다. 명실공이 전도자라면 이렇게 먼저 가정을 올바르게 복음으로 인도할 줄 아는 자세가 선행되어야 하고, 또한 요구된다. 흔히 구약의 사무엘이나 대제사장 엘리의 불량스런 자녀들을 볼 때 빌립의 가정 신앙교육은 참으로 아름답고 좋은 모범이 될 것이다.

말씀을 맺도록 하겠다.

7 집사 중 하나로 뽑힌 빌립은 스데반 순교 후 몰아친 핍박을 피해 간 사마리아에서 복음을 증거 하였다. 그리고 성령의 이끌림으로 전도자가 되어 에티오피아 내시에게 복음을 전하였고, 성령의 채 가심에 따라 가사에

나타나 전도하고 가이사랴에 이르러 정착하였다. 어쩌면 다 인정받고 안정되게 일할 만 하면 성령이 뺏어가 새로운 곳으로 보내신 것이다. 그러나 원망치 않고 묵묵히 순종하던 빌립은 말년에 아름다운 가정을 이끈 모습은 오늘 날의 모든 신앙인의 꿈이 아닌가 싶다.

2018년도 새해에는 사명 감당하고도 가정적 삶을 살았던 빌립처럼 주의 영의 이끄심을 받는 성도, 성령에 순종하는 복된 성도가 되기 바란다.

VII.

교수로서의 삶

1. 복음신문 칼럼

2. 논문

1.

복음신문 칼럼

· 서울한영대학교 교수
· 한국사회복지지도자협의회 대표회장

(복음신문. 2019.7.3)

하나님이 살아 있는 삶인가

　니체가 죽은 지 120년이 되어가지만 서점가에는 그의 저서가 지속적으로 출간되고 있음을 보게 된다. 5대째 목사의 집에서 태어난 니체가 '신은 죽었다'고 했을 때 그 당시 기독교는 큰 충격을 받았을 것 같다. 신학을 공부하던 시절, 니체가 짜라스트라를 통해 '신은 죽었다'고 말한 것과 사신신학(Death of God theology)을 다루면서 토론이 벌어진 적이 있었다. 그러나 창조주 하나님을 믿는 신학도로서 신의 죽음을 말하는 사람을 도저히 이해하거나 용납하는 것이 있을 수 없었다. 그래서 그 당시 이들의 신학사상을 사신(死神) 부분의 영문 첫 글자를 따서 Dogology 라고 불렀던 적이 있었다.

　그런데 세월의 흐름 속에서 '신의 죽음'을 논하는 현상들이 도처에서 나타나고 있는 것 같다.

　더욱이 그것이 기독교계에서 나타나고 있음은 당혹하게 하는 것은 분명하다.

　오래전 목사인 동창들이 병문안 후 택시를 타고 전철역으로 향하고 있었던 때의 일이다. 이 와중에 어느 교회가 행사를 하는지 플래카드를 전면에 하려하게 부착하고 있었다. 이를 본 택시 기사분이 '요즘 교회는 사회와 다를 바가 없습니다. 이익에 대해서는 지지 않으려 하거든요.' 하는 말에 일말의 책임감을 느꼈지만 그러려니 했었다. 그러나 시간이 지남에 따라 '이익에 대해서는 지지 않으려는' 이런 현상이 대형교회를 비롯해 교회에서 두드러지게 나타나고 있는 것은 아닌가 하는 우려가 생기기 시작했다는데 문제가 있는 것 같다.

한국의 경제부흥과 맞물려 교회부흥을 이룬 교회는 건물의 대형화를 통해 작은 교회의 성도를 흡수해 감으로써 교회가 설 길을 차단해 갔고, 축복은 물질과 연관 시켜 세상에서의 성공이라는 등식을 부여함으로써 하나님의 복은 이 땅에서 받아야 신앙생활을 제대로 하는 것으로 인식하게 하지 않았나 싶다.

그리고 교회의 대물림 현상은 교계와 사회의 치열한 변론 과정을 통해 몇몇 교단은 규정에 넣음으로 교회의 대물림을 막고자 하였다. 하지만 몇 년이 못되어 변칙을 사용하고자 하는 움직임으로 소속 교단의 내홍과 사회적 지탄을 받고 있는 현실이 된 것 같아 안타깝기만 하다.

하지만 이럴 즈음 사회에서 기독교를 향해 비판하고 아니 더 나아가 비난하던 사람들의 목소리가 잦아들었던 같다. 왜였을까? 역설적인 말 같겠지만 기독교에 대한 기대치가 낮아졌기 때문이었다. 전에는 기독교만이라도 정체성을 지켜달라고 비평 내지는 비난을 했던 사람들이 기독교의 영적인 상태는 물론 도덕적이고 윤리적인 면이 사회와 별반 다를 바가 없어진 하나의 조직사회가 되었음을 알았기 때문이 아닐까 한다. 기독교만은 사회와 다른 그 무엇을 기대하며 소망했던 그 열망이 무너진 것이 아닌가 싶기도 하다.

일반 사람들은 나이가 들어가면 갈수록 자신의 잘못을 뉘우치고 반성하고 진실하게 살려고 한다. 그런데 기독교의 대표적 교회가 법을 어긴 사례가 매스미디어를 통해 심심찮게 나타나고 있다. 일선 목회를 떠나게 될 때 자신의 몫을 분에 넘치도록 요구하는 사례로 인해 교인이 상처받고 교회를 떠나게 되었다는 이야기를 들릴 때는 마음이 아프기조차 하다.

왜 이들은 목회의 첫 마음을 잊고 자신의 지경을 넓히는데 힘쓰고, 자신의 몫을 위해 교인들을 시험에 들게 하는 걸까? 왜 하나님께 가야 하는 시간이 가까움에도 불구하고 탐욕을 부리는 것은 하나님을 믿는, 아니 지도자의 역할을 하던 사명자의 삶에 배치되는 모습을 보이는 것일까를 생각하게 된다. 죽음이 가까울수록 자신의 잘못된 삶을 반성하는 불신자들과 죽음이 가까울수록 자신의 몫을 챙기기 위해 탐욕을 부리는 지도자 중 누가 내세의 두려움을 느끼고 내세를 믿는 종말의 삶의 사는 것일까?

잠자리에 들고 다음날 눈을 뜰 때 내일일지 내세일지는 아무도 모른다. 그러기에 우리는 하나님의 살아계심을 믿는 삶을 말년까지 지켜가야 하겠다.

이제 교회는 알파와 오메가가 되시는 하나님을 믿고 가르쳐 왔음을 잊지 말고 처음과 나중이 동일한 사명을 이루기 위해 힘써야 할 것이다.

(복음신문. 2019. 4)

부활, 그 고난의 반전

지난 3월 6일 재의 수요일을 시작으로 하는 사순절의 여정을 지나 부활 주일을 맞았다.

예로부터 초대 교회에서는 재의 수요일에는 회개의 날을 선포하고, 전년도 종려주일에 흔들었던 나뭇가지를 태워 재로 만들었다가 머리에 뿌린대서 연유가 되었다. 이 사순절은 예수 그리스도의 십자가 고난을 묵상하며 회개로부터 시작하고 있다는 점에서 그 의미가 있다 하겠다.

그러기에 매주 하루를 정하여 금식하도록 하거나 자신이 좋아하던 취미나 음식을 금하거나 절제하면서, 고난과 연단에 참여하는 마음으로 경건하게 살고자 하는 교회와 성도들이 기독교의 정체성을 유지해 왔다고 해도 과언은 아닐 것 같다.

그럼에도 불구하고 사순절의 초점은 부활에 있다는 사실이다.

부활의 아침을 맞아들이기 전, 예수 그리스도는 빌라도의 심판과정을 통해 모진 고통을 당하였으며, 십자가를 지시고 골고다 언덕을 오르시며 결국 십자가에 못박혀 돌아가시는 고난의 한 주간이 있었다. 이 고난의 막중함을 아시는 예수님은 겟세마네 동산에서 두 제자에게 '고민하여 죽게 되었다'는 심정을 토로하시며 '나와 함께 깨어 있으라'고 당부하셨다. 그리곤 조금 더 나아가사 얼굴을 땅에 대시고 엎드려 기도하시면서 '내 아버지여 만일 할 만하시거든 이 잔을 내게서 지나가게 하옵소서 그러나 나의 원대로 마시옵고 아버지의 원대로 하옵소서'라고 기도하셨다(마26:38~:39). 이렇게 기도했음에도 불구하고 예수 그리스도는 군대에게 잡혀 빌라도에게 재판을 받는 과정에서 채찍으로 맞으시며 가시관을 쓰고 자색 옷을 입혀 침 뱉음과 손바닥으로 때리며 '선지자 노릇을 하라, 너를 친 자가 누구냐'는 고통과 조롱, 십자가를 지고 가신 비아돌로사의 길은 홀로 받으신 고난이었다. 결국 예수 그리스도는 십자가에 달려 돌아가셨다. 십자가의 고통과 죽음을 피하는 것이 하나님의 뜻이 아니었던 것이다.

그렇다고 이것으로 예수 그리스도의 행적이 마감이 되었는가? 아니다.

아리마대 요셉의 무덤에 장사되셨던 예수 그리스도는 사흘 되는 안식 후 첫날에 부활하신 모습으로 마리아와 제자들에게 나타나셨다. 이런 사실을 베드로는 유대인과 예루살렘에 사는 사람들에게 '너희가 십자가에 못 박은 이 예수를 주와 그리스도가 되게 하셨다(행2:36)고 선언하였던 것이다.

사실 고난 자체가 즐거운 것은 아니다. 하지만 고난 없이 영광을 얻은 사람이 없다는 사실은 자명하다. 고향과 친척과 아버지의 집을 떠나 알지 못하는 곳으로 향했던 아브라함, 번제할 어린양 대신 제물로 바쳐졌던 이삭, 바로 앞에서 험난한 세월을 보냈다고 고백한 야곱, 애굽에 팔려갔던 요셉, 죽으면 죽으리라고 선언했던 에스더 등이 받은 고난은 성경의 인물이기에 당연하다고 생각할 수도 있겠지만, 그들도 우리와 같은 성정을 가진 사람들이었다는 사실은 분명하다. 이처럼 세상에서도 성공적인 삶으로 알려진 사람들조차 고난을 통해 자신의 삶을 개척했음을 간과해서는 안될 것이다.

고난을 당하는 것은 누구나 두려울 것이다. 하지만 도전하며 고난을 통해 성공하고 실패하는 영욕의 이 과정을 겪은 사람들이 역사를 이끌어 왔을 뿐이다. 실패한 사람이 실패자가 아니라 포기한 사람이 실패자였던 것이다. 칼빈은 이 세상에 고난이 많은 것은 '천국을 사모하는 마음을 갖게 하기 위해서'라고 하였다. 그렇다고 인생이 고생하며 근심하게 하심이 하나님의 본심은 아니다(애3:33). 하지만 예수 믿으면 고난 없이 쉽게 성공하고 승리하고 축복받는 것처럼 오남용 되고 있는 오늘의 교회와 성도들에게 다시 강조하고 싶은 말은, 부활은 십자가의 고난과 죽음을 통해 왔다는 사실에서 No Cross, No Crown을 되새겨 보게 된다.

(복음신문. 2019. 5)

슬픈 5월...

　가정의 달 5월은 계절의 여왕, 메이퀸, 봄꽃의 향연 등의 아름다운 수식어로 장식하며 우리들에게 매년 다가온다. 그러기에 5월의 대학가는 축제와 다양한 행사 등으로 청춘의 즐거움과 흥을 돋우며 미래를 꿈꾸기도 한다. 이 5월에는 가정과 밀접한 의미가 있는 어린이날, 어버이날, 스승의날, 부부의 날, 성년의 날이 있어 그 인륜적 의미를 되새기게 하며 우리의 삶의 현장과 밀접하게 다가오고 있다. 이렇게 맞이한 5월을 벌써 중순을 보내고 있다. 그런데 주제가 너무나도 생뚱맞은 느낌이 든다. 슬픈 5월이라니...아름다움으로 치장되어진 이면에는 슬픔을 감추기 위한 것은 아니었을까를 생각해 본다. 왜냐하면, 어린이날은 그 당시 아이들이 사회에서 제대로 보호를 받지 못하는 현실에 눈을 뜨고 아이를 인격을 가진 한 사람의 독립된 사회 구성원으로 대해야 한다는 의미로 '어린이'라고 부르기 시작하며, 소년 운동에서 시작 되었다. 어버이날은 효를 가장 중요하게 여기는 도덕이며 윤리는 우리나라의 전통적 가치관에서 본다면 어버이날을 별도로 지정하여 둘 필요는 없었을 것이다. 그러나 1956년에 제정된 어머니날이 1973년 어버이날로 개칭되며 부모의 은덕에 감사드리는 기념일이 제정된 배경은 어머니의 헌신을 기리다가 아버지까지 넣은 것은 결국 사회적 변화와 관련이 깊다 하겠다. 부부의 날도 마찬가지라 할 수 있을 것 같다. 부부가 상호 소중함을 일깨우고 화목한 가정을 이뤄야 청소년문제·고령화문제 등의 사회문제를 해결할 수 있다는 취지에서 법정 기념일로 제정하였다. 위에 열거된 세 가지 날의 시작이 어떠한가를 생각해 보면, 그렇게 긍정적인 환경에서 제정된 것은 아니라는 생각이 아주 빗나가지 않았음을 인식하게 된다. 그렇다고 기념일이 제정된 이후의 삶이나 환경이 나아졌느냐를 생각해 봐도 역시 변한 게 없다는 생각을 갖는 것은 나 혼자만의 기우일까? 요즘에는 '가족이 무섭다'는 말이 나올 정도라고 한다. 이는 시설에 가는 아이들이 혼외자로 태어났거나 부모가 이혼해 가는 횟수는 해마다 줄어들고 있는 반면, 부모의 학대로 시설에 가는 아이들은 갈수록 늘어나고 있다고 한다. 더욱이 아동 학대 다섯 건 중 한 건은 영유아에 대한 학대인데 가해자의 절대다수가 '부모'였다고 하니 경악을 금치 못할 지경이다, '부모 품이 제일 따뜻하다'는 관념은 바꿔야 할 것 같아 슬픈 마음이 든다. 그렇다고 부모에 대한 예우는 나아졌을까? 노인 학대도 엇비슷한 것 같다. 정서적 학대가 가장 많지만 신체 학대도 적지 않았는데, 노인 학대의 발생 장소가 대부분 가정이었으며 가해자 사분의 일이 아들이었다고 하니, 이른바 가정의 해체가 파괴로 급속히 이어진게 아닌가 하는 우려를 갖게 한다. 그럼에도 불구하고, 어버이날을 맞는 백수 청년들은 고마움을 표현할 방법이 마음밖에 없어 슬프다. 어버이를 불러보고 싶어도 부를 어버이가 세상에 계시지 않아 이날이면 더욱 슬픈 자녀가 있다. 자녀를 가슴에 안고 싶으나 불임으로 고통을 당하는 마음이 슬픈 부부가 있다. 사랑하는 이성은 있으나 가정을 이루기 위한 미래를 논하기 어려운 현실에 슬픈 청년이 있다. 기념일이 있어 오히려 갈등이 조성되고 심적 고통과 슬픔을 당하는 사례를 볼 때, 어떤 기념일이 정해진다고 환영하고 좋아만 할 것이 아닌 것 같다. 사실 그 기념일은 그 당시 사회문제화 되었거나 위기를 맞이할 때였음을 인지한다면, 그저 평범하게 이어지는 나날이 우리에게 소중한 삶을 영위하는 시간이었음을 깨닫게 한다.

(복음신문. 2019.6)

땅에서 피의 호소가 들리지 않게 하라

6월 호국보훈의 달을 지내고 있다. 호국보훈(護國報勳)은 '나라를 보호하고 지킨다.'라는 뜻과 '공훈에 보답한다.'라는 말이 합쳐진 것으로, 우리나라를 위해 희생하신 분들의 뜻을 되새기고 애국정신을 함양하자라는 뜻을 담고 있다. 즉 이 말에는 오늘의 대한민국을 있게 하신 분들의 희생과 자유를 위해 죽음을 불사하신 분들의 생명이 어우러져 있는 것이다. 오늘의 대한민국은 오랜 역사의 긴 시간 중 영욕(榮辱)의 세월을 지나며 지키고 이뤄 온 이런 숭고한 희생을 바탕으로 이뤄진 것으로 제헌헌법전문에 그 정체성을 잘 나타내고 있다. 그런데 어느 새부터인지 대한민국의 정통성을 부정하거나 왜곡하는 세력의 목소리가 높아지며 갈등을 유발하는 이 시대를 살면서 가인과 아벨의 이야기가 생각나는 이유는 무엇일까? 성경을 보면, 하나님께 제사를 드리고 난 후, 형 가인과 동생 아벨 사이에 갈등이 생겨난 사건이 기술되어 있다. 가인은 땅의 소산으로, 아벨은 양의 첫 새끼로 제사를 드렸는데 하나님이 아벨의 제사는 받으시고 가인의 제사는 받지 않으셨다는 데서 갈등은 기인하고 있다. 하나님이 제물의 열납 여부에 대해 구속사적 의미로 해석을 하는 것이 상례이지만, 제물의 차이였다면 직업의 차별을 낳는 결과를 가져오게 된다는 글을 보고 생각의 다양함을 느꼈던 적이 있었다. 하지만 이후 성경은 아벨이 옳았다고 기술하고 있다. '믿음으로 아벨은 가인보다 더 나은 제사를 하나님께 드림으로 의로운 자라 하시는 증거를 얻었으니 하나님이 그 예물에 대하여 증거 하심이라 저가 죽었으나 그 믿음으로써 오히려 말하느니라'(히11:4). 하나님이 아벨이 가인보다 더 나은 제사를 드렸다고 증거를 한다고 하였다. 이 말의 의미는 무엇일까? 아벨은 하나님께 드리는 그 예물의 정체성을 바르게 인식하고 있었다고 할 수 있을 것이다. 하나님께 바친 아니 바쳐질 그 예물에 대한 이 갈등의 종말은 결국 형 가인이 동생 아벨을 쳐 죽이고 말았다. 이처럼 갈등은 형제이라 할지라도 생명을 해하는 데까지 이르고야 마는 속성이 있는 것 같다. 이 사건에서 오늘을 살아가며 생각하게 하는 것은, 어느 새부터인지, 대한민국의 정체성은 조롱거리로 만들고 평화와 통일이라는 미명하에 동족상잔을 일으킨 북한에 우호적인 발언을 하고 그 정권의 논조에 동조하여야 미래지향적이고 지식인처럼 여겨지는 시대가 되고 있는 현실에 안타까움을 느끼는 것은 웬일일까? 자신의 젊음과 생명을 바쳐 자유 대한민국을 세운 그 숭고한 정신을 폄하하는 자들에게 얻어지는 유익은 무엇이며, 누가 갖는 것일까? 대한민국을 정체성을 훼손하는 이들의 그 언행은 평화를 부르짖으나 훗날 그 어떤 형태의 국가가 이루게 되는 그 때를 기대하며 보험에 드는 것은 아닐까 하는 마음은 비합리적 의심일까. 가인과 아벨의 제사에서 생겼던 갈등은 결국 가인의 마음에 분노를 일으키며 동생 아벨을 쳐 죽이는 결과를 가져왔다. 그런데 이 사건에서 완전범죄는 없다는 사실을 직시하게 된다, 즉 아벨의 핏 소리가 호소하여 하나님께 상달되어 개입하신 것이다. 오늘날 많은 미사여구의 말들이 쏟아지고 있다. 특히 SNS를 통해서는 비난과 혐오를 일으키는 말 등이 난무하고 있다. 이들은 주어지는 당장의 이익을 위해 국가의 정체성을 허무는 일도 서슴지 않고 하고 있다. 더욱이 대한민국을 이루고 유지해 왔던 그 많은 영욕(榮辱)의 세월들에 대해 정당한 평가보다는 이데올로기(Ideologie)적 관점에서 호국영령들에 대해 비아냥하는 이 시점이 매우 안타깝기 조차 하다. 하지만 죽은 아벨의 피의 소리가 호소하는 것을 들으시는 하나님은 제사의 정체성을 인정하는 자가 되셨듯이, 오늘 날 대한민국의 국기(國基)를 흔드는 거짓과 증오로 분열을 조장하는 그 언행으로 인해, 숨죽이고 사는 민초(民草)들이 땅에서 호소하는 피의 소리를 듣고 계심을 지나쳐서는 안될 것이다. 자유와 평화는 지키는 힘이나 의지가 없는 자에게는 주어지지 않는다.

(복음신문. 2019.7)

타는 목마름으로

7월의 무더위가 맹위를 떨치고 있다. 하긴 우리나라가 아열대지역으로 바뀌고 있다고 하니 이상한 일도 아니다. 그런데 6월말이면 시작하던 장마조차 올해는 고기압에 밀려 장마전선이 북상하지 못하고 있었으니 작은 텃밭을 일구는 마음도 타들어간다고 한다. 예로부터 가뭄이 들어 농심(農心)이 타들어갈 때, 임금은 나라를 잘못 다스려 하늘의 벌을 받은 것이라 하여, 스스로 몸을 정결히 하고 하늘에 제사 지내는 것은 물론 식음을 전폐했다고 한다. 또 궁궐에서 초가로 거처를 옮겨 임금 스스로 근신하는 모습을 보여주었던 것이 고통당하는 백성의 마음에 임금도 자신들과 함께 하고 있다는 정신이 있었기에 600년 종묘사직을 이끌어온 조선왕조의 힘이 아니었나 싶기도 하다.

그렇다면 지금 대한민국의 힘은 무엇일까? 일제의 식민지 지배에서 해방되어 정부수립 후 얼마 안되어 겪은 6 · 25 전쟁으로 인하여 초토화 된 이 나라는 질곡의 세월이 흐르며 거저 이룬 것은 아니지만 경제적으로는 성장하여 1990년대 이후 외국인 노동자들에게는 Korean Dream을 꿈꾸는 나라가 되었다. 한국의 경제적 위상이 커지면서 1996년 OECD 회원국으로, 1998년 G20에 가입하게 된 것을 보면 격세지감(隔世之感)을 느낀다. 이로 인해 세계적으로 퍼져가는 한류열풍은 우리나라의 힘을 객관적으로 나타내는 지표라 해도 과언은 아닐 것이다. 하지만 국내적으로 살펴보면, 우리나라의 힘을 스스로 깨닫지도 못하고 인정하지 않는 비관적인 분위기가 대세를 이루고 있다는 사실에 놀라움을 금할 수 없다. 왜 이렇게 됐을까? 유신정권 속에서 남모르게 타는 목마름으로 불렀던 민주주의의 열망은 이

뤘건만, 그토록 기득권층을 싫어하던 그 세대가 정권을 잡았음에도 불구하고 자신의 이데올로기에 갇혀, 아니 보상심리로 인해서인지 적대적 발언을 서슴지 않고 있다. 이를 지적하면 '너는 그 때 어디에 있었는데?'라며 조롱을 하는 그 모습에서 당시의 신념을 찾아 볼 수 없다는 데 비애를 느낀다. 물론 민주화 과정에서 당한 그들의 고통과 번뇌를 잊을 수야 없지만, 그들 스스로도 타파 대상이었던 기득권층의 양상을 닮아가고 있는 것이 아닌가 하는 생각은 기우일까? 그 당시 '오직 공법을 물 같이, 정의를 하수 같이 흘릴찌로다'(암5:24)는 성경 말씀을 부여잡고 기도하며 각기 자기의 방식대로 민주화의 열망을 이뤄왔다고 해도 과언은 아니다. 많은 사람들이 당시 비인간적인 노동과 보호받지 못하는 가난한 사람들, 억눌린 빈민들을 대변해서 민주화를 외쳤고 그 무렵 중심된 이야기들이 아모스에서 말씀한 정의와 공법이었다. 그러나 지금 우리 사회에 공법과 정의가 흐르고 있을까? 국민에게 주권이 있다고는 하지만, 그런데 어느 순간에 어느 한 부류가 나타나 자신들만이 '이 정부를 탄생' 시킨 공적이 있다는 후안무치한 주장과 언행을 일삼고 있으나, 어느 누구도 그들의 주장에 대꾸조차 못하는 시대가 될 줄은 누가 생각이나 했을까? 국민에게 주권이 있으며 민주주의의 꽃을 피었다고 하며 권력을 짊어진 위정자들조차 국민은 안중에도 없고 자신의 안위를 위해 표 계산에 열심인 체 명분만 찾고 있는 그들도 기댈 곳이 아닌 듯하다. 남 탓으로 돌리기에는 마음의 한 쪽이 간지러워 자신을 돌아보는데, 이는 교회가 선지자적 외침을 하지 못하고 있는 우리의 책임이 아닌가 하는 생각에 머물게 된다. 이 선지자의 외침을 누가 해야 하는가. 선지자의 반열에 있는 교회가 해야 할 것이다. 선지자적 외침이 없음으로 우리 사회가 위기를 맞고 있는 것은 아닐까? 타는 목마름으로 민주화를 외쳤던 그들을 향해 초심을 잃지 말아달라고, 국가의 정의가 다시 하수 같이 흐르도록, 사회에 변화가 일어나도록, 희망을 잃고 방황하는 미래세대를 위해 이제 우리도 타는 목마름으로 하나님 앞에 기도할 때가 아닌가 한다.

(복음신문. 2019.8)

2019년 광복절을 맞는 소고(小考)

8월을 맞으며 넘긴 달력의 한가운데에 빨간 숫자가 눈에 들어온다. 8월 15일 광복절이다. 어렸을 때는 여름방학 중에 있는 쉬는 날이어서 서운한 마음이 들곤 했었다.

그런데 이날의 의미를 알게 되면서, 오늘날 대한민국이 있게 된 이 날이 긍지로 다가오고 있다. 그런데 혹자는 대한민국의 독립이 일본의 패망으로 생각지도 않았다가 얻은, 그저 그렇게 어부지리로 얻은 것으로 치부하는 사람들도 있다. 정말 그럴까?

1905년 국권 피탈의 결정적 계기가 된 을사조약은 당시 대한제국으로서는 일본에게 일방적으로 당한 어이없는 사건이었다. 이에 문제를 제기하며 그 유무효 논쟁이 생겼다 해도 국권의 상실로 이어진 것은 자명하다. 힘 없는 국가와 힘 있는 국가와의 조약 간에 힘없는 국가의 억울함을 들어줄 나라는 세계에 없었던 것이다. 이에 당시 대한제국은 국채 보상 운동, 헤이그 특사 파견, 안중근의 이토 히로부미 저격 등으로 조선의 독립을 위해 투쟁을 하였으나, 결국 1910년 한일합방으로 일본에게 국권을 침탈당하고야 말았다. 이런 와중에서도 대한광복군정부수립, 3·1운동, 청산리 대첩, 6·10만세 운동, 광주 학생 운동, 이봉창 의거, 윤봉길 의거, 한국광복군 결성하여 항일전을 계속하여 왔다. 이로써 한국 독립운동의 강력한 후원자가 된 중국의 장제스 총통에 의해 카이로 선언에서 유일하게 한국의 독립을 보장한다는 내용을 이끌어 냈던 것은, 결국 백범 김구와 임시정부의 외교 활동이 쟁취한 큰 성과라 하겠다. 이후 일본의 항복으로 한국은 해방이 되었으나, 이념의 갈등으로 사회적 혼란은 가중되었고 남북으로 분단된 유일한 국가로 지금까지 민주화와 경제적 성장을 이루어 G20에 속하기까지 와있다. 그렇다고 안심해도 좋을까? 우리는 얼마 전 일본의 수출규제로 전자사업부분이 긴장을 하며 일본 상품 불매운동을 시민적 차원에서 '독립운동은 못했어도 일본 불매운동은 하겠다.'며 진행하고 있다. 이만큼 한국인의 의식은 일본의 식민지에서의 불리한 여건에서 광복을 이룬 선조들의 독립정신을 이어 지켜가겠다는 강한 신념이 표출되고 있는 것이 아닌가 싶다. 하지만 이런 와중에 중국전투기와 러시아군용기가 한국 정보식별구역(KADIZ) 안을 나란히 진입 비행하고, 이 과정에서 러시아군용기는 독도 인근 영공을 침범하는 사태가 벌어졌다. 많은 이들은 한미일의 공조가 느슨해진 틈을 노린 수법이 아닌가 하며, 주변 열강의 먹잇감으로 전락한 구한말 조선의 상황과 비슷하다고 분석하고 있다. 이런 때 ISIS와의 전쟁에 참여한 쿠르드민족이 생각나는 것은 왜일까? ISIS의 문제가 해결된 지금 그들에게 땅을 마련해 줄 국가도, 이를 상기하는 국가도 없다는 점을 명심해야 한다. 국제정세에 어둡고 발전을 게을리 할 때 망국을 막지 못한 처참한 과거가 트라우마처럼 남아있는 우리에게 평화는 부르짖는다고 해서, 주권을 부르짖는다고 해서 주어지는 것이 아님을 아픈 상처로 체득되고 있다. 주여, 신앙인들의 기도를 들으시어, 나라를 빼앗기고 바벨론 강가에서 우는 민족이 되지 않도록(시137:1) 지키는 힘을 갖게 하소서, '내 생명을, 내 민족을'(에7:3) 우리에게 주사, 다시는 이 땅이 전쟁으로 유린당하는 일이 없도록 강한 힘이 되어 주소서.

(복음신문. 2019.9)

희열(喜悅)에서 비열(卑劣)을 보다

8월의 달력을 넘기니 연이은 빨간 숫자가 눈에 들어온다. 아마도 출근을 하는 사람들이 찾아보는 것은 공휴일 일게다. 올해는 이른 추석으로 인해 추위가 일찍 오려나 하는 생각을 갖는 걸 보니, 스쳐간 세월을 통해 음력에 순응하는 것 같다. 어렸을 때 명절이 되면 고향을 찾아 귀성하는 사람들로 인해 열차표를 예매하기 위해 서울역에서 밤을 새는 사람이 있었다는 라디오나 신문을 보며, 고향을 찾는 사람들의 심정을 헤아려 본 적이 있었다. 후에 목회자가 되어 '고향을 찾는 사람들'이란 주제로, 천국 고향으로 가는 인생의 삶이 그리 녹록하지 않아도 고통스러워도 주님을 만난다는 즐거움으로 참을 수 있는 것이 아닌가 하는 설교를 한 적이 있다. 이제 이 글이 읽혀지는 때는 추석의 연휴기간일터니 그간에 있었던 일상의 이야기와 요즘에 핫한 소식들을 나누며, 기쁨은 함께 하고 슬픔은 함께 나누고 격려하며 새 힘을 북돋아 주었을 것이다. 그 많은 화제 중에 어쩜 지난 달에 있었던 희열과 비열을 동시에 접하게 된 한 이야기는 친분의 여부와는 상관없이 가족들 사이에서 한번쯤은 주제로 떠올리지 않았을까 하는 생각이 든다. 그 이야기의 주인공(이하 '그'라고 표현 한다.)은 진보의 아이콘으로 언어의 마술사 같았다. '그'의 SNS의 글을 보는 사람들은 희열(喜悅)에 가득 찼고 열광 하였다. '그'를 배척하고픈 사람들조차 '기회 평등, 과정 공정, 결과 정의'를 중심 주제로 흔들림 없이 써대어 주눅이 들 정도였다. '그'는 자신을 지지하는 사람들에게는 동지적 애정을 보내지만, 자신에게 조금이라도 이의를 제기하는 사람에게는 철저히 잔혹한 언어로 모멸을 안겨주었다. 하지만 이들은 대항할 의지조차 상실한 듯하였다. '그'를 추종하는 사람들의 열광은 신념을 넘어 신앙에 가까웠던 것이 아닌가 하는 생각이 들 정도였다. 더욱이 '그'의 페이스 북 계정을 보니 자신의 소개하는 글로 'Cho est lux mundi'('Cho는 세상의 빛이다' 뜻의 라틴어)라 하여 미래의 향방을 제시할 빛으로 자칭 한 것을 보며, '그'는 자신을 '빛의 존재'로 과대평가하여 마음먹은 위치까지 막무가내 식으로 도전하는 위선과 교만한 자가 아닌가 하는 생각이 들며, 구약성경에 나타난 '계명성'이 생각나는 이유는 왜였을까? 이 '계명성'은 선지자 이사야가 자신을 하나님처럼 여기며 지존자로 자칭하는 바벨론 왕에게 빗대어 사용하였다(사14:4, :12). 이 비유는 하나님과 같이 되고자 하는 욕망과 교만으로 하나님에게 도전하다가 결국 땅에 떨어진 천사 계명성을 빗댄 것이기도 하다.

사람의 됨됨이를 알고자 할 때, 그 사람이 평소에 하던 말을 되새기게 된다.

"'나는 사람에게 충성하지 않는다'는 윤석열 검사의 오늘 발언, 두고두고 내 마음속에 남을 것 같다."(2013년 10월 21일), 당시 수사를 받던 문화체육관광부 장관을 향해 실명을 거론하며 "도대체 조윤선은 무슨 낯으로 장관직을 유지하면서 수사를 받는 것인가?" 이처럼 공직자들을 향한 원칙적인 글들과 그동안 모르쇠를 주장하던 공직 후보자들에게 던졌던 비난의 글들은 많은 사람을 열광하고 희열을 느끼게 하던 '그'였다. 하지만, 이제는 자신이 공직 후보자로서의 위치에 서게 되니, 그간의 신념은 아랑곳하지 않고 적폐라 일컫던 사람들처럼 모르쇠로 일관하는 장면을 TV에서 볼 때, '그'분을 향한 신뢰감이 무너지며 공직의 적임자인가 하는 의구심을 갖게 하였다는 점에서 비애를 느끼는 것은 나만 일까하는 생각이 든다. 그동안 '그'가 SNS를 통해 한 말이 기준이 되어 '그'는 원칙과 신념이 없이 약한 자를 헐뜯었던 비열한 비도덕적인 인간의 나락을 보는 것 같아 비애를 느낀다. '칼을 가지는 자는 다 칼로 망하리라'(마26:52).

(복음신문. 2019.10)

스러진 말과 신조어 '조적조'

10월을 맞이했다. 지난 추석연휴 때 고향을 찾아 가족 친지들과 요즘에 핫한 소식을 나누었을 터이지만 진보의 아이콘이었던 그 분이 장관으로 임명이 되었다. 아마도 임명권자는 조용해 질 것이라는 예상했겠지만, 장관후보자가 청문회에서 모르쇠로 일관하던 답변이 거의 모두 거짓으로 들어나면서 '조적조'라는 신조어가 생긴 것 같다. '조적조'라는 신조어는 '조국의 적은 조국'(자신의 적은 바로 자신이라는 뜻)이라고 하니 참으로 기괴하지 않을 수 없다. 왜 이런 현상이 일어났는가를 살펴보니, 과거 SNS를 통해 자신이 쓴 글로 인해 자신이 공격을 받는 형국이 되어있었던 것이다. 하긴 그가 남긴 어록은 참으로 신선하고 정의로웠기에 많은 사람들이 그에게 기대를 걸었고 그가 공직에 나설 때에는 개혁의 선봉으로서 조금의 의구심을 갖지 않았었다. 하지만 그 어록과는 달리 그의 삶의 과정은 일반인과 달랐다는 사실을 알기에는 그리 긴 시간이 필요하지 않았다. 삶과 일치하지 않은 문자로 열광을 받았던 그가 '법을 어기지 않았다'는 구차한 변명을 들은 대다수의 사람들은 그가 장관의 직임을 받기에는 적합한 지도자는 아니라고 생각하게 된 것은 어쩌면 당연한 일일 것이다. 그런데 이 파동으로 한국 사회가 요동을 치고 있는 이때에 문득 드는 생각이 있었다.

없어진 말 3가지였다. 이 말은 과거에 자신이 한 말로 자신이 공격을 받는 '조적조'의 유형에서 사용될 수 있음에도 불구하고, 누가 만들고 퍼뜨렸는지 그 당시 사용하여 꽤 재미를 보았으나 지금은 사라진 3말인 것이다.

첫째는 '헬조선'이다. 이 말은 '북조선'에게 어울리는 말이지만, 그렇게도 언론과 SNS 를 통해 한국은 살기 어려운 나라를 강조하며 당시 한국사회를 휩

쓸었던 단어였으나, 지금은 언제 그 말을 썼나 싶을 정도로 사라진 말이 되었다. 하지만 이 말이 사라진 지금 청년들과 자영업자들에게 '헬조선'이 현실이 되어 있다는 점은 아이러니하다.

둘째는 '국민법감정'이다. 이 말은 실제로는 유죄이지만 법률적으로는 무죄가 되거나 판결이 약하게 나왔을 때, 국민들이 받는 충격과 마음의 상처가 너무 큼으로 범죄인을 더 강하게 처벌해야 한다고 주장하며 '국민법감정'을 강조했었다. 이 '국민법감정'은 국민의 기준을 어떻게 두느냐 하는 방점이 중요하긴 하다만서도 한 사건에 대해 지금까지 살아온 법이 기득권과 권력층에게 법이 제대로 적용하지 못한다고 느끼는 대다수의 목소리에 귀를 기울이게 되는 때가 아닌가 싶다. 하지만 이번에 임명된 장관은 법을 어긴 적은 없다고 말하는 그 자세가 도덕과 윤리는 어겨도 지도자는 될 수 있다는 주장으로 일반 시민의 삶을 얕잡아 보는 것 같아 국민의 분기가 충일하지만 왠지 이 말은 조용하기만 하다.

셋째는 '국민의 알권리'이다. 전 정권에서의 현 권력층들은 이 말을 전가의 보도처럼 사용하며 시시각각 수사상황을 발표하곤 했었다. 하지만 그는 장관이 되자마자, 수사상황을 공표하지 말라며, 취재원을 찾아 고소를 일삼는 일이 비일비재하게 함으로써 '국민의 알권리'를 막으려 했다. 하지만 '~카더라' 하는 막연한 말이 나돌게 되며, 이는 유언비어의 발로가 될 것이 뻔하기에 사회의 분열이 예상된다 하겠다. 현 권력층은 자신을 지지하는 사람들을 대검찰청 앞에서 촛불시위를 하게 함으로 200만 명이 모였다고 언론에 공표했다가 '예상보다 많은 사람들이 모였다'고 바꾸는 촌극으로 창피를 모면하기 어렵게 되었다. 이를 통해 그들에게 국민이라는 것은 자신을 지지하는 사람이었음을 드러나게 한 점은 그들의 부끄러운 민낯이 아닌가 싶어 권력층에 실망감을 감출 수 없다. 이로써 사라진 3말을 통한 '조적조'의 현실에서, '미련한 자의 입은 그의 멸망이 되고 그 입술은 그의 영혼의 그물이 되느니라 입술은 다툼을 일으키며 그 입은 매를 자청하느니라'(잠18:7)가 생각나는 것은 왜일까?

(복음신문. 2019.11)

청교도 정신으로 보는 추수감사절

11월이 어느덧 중순을 지나고 있다. 전국 교회에서는 이번 주일을 추수감사주일로 지키고 있을 것이다. 추수감사절을 우리나라의 계절과 맞춰 좀 더 앞당기거나 추석으로 하자는 의견이 오래전부터 있어 왔지만, 아직도 많은 교회들이 11월 셋째 주일을 추수감사절로 지키고 있는 것은 선교적 영향이 아닌가 싶다. 물론 이 추수감사절의 유래는 구약성경에서 찾을 수 있다. 구약에서 추수감사 절기를 찾는다면 무교절의 보리 추수와 칠칠절의 밀 추수, 초막절의 포도 추수 등 매 절기마다 지켜진 것이 추수감사였다. 아마도 1년 내내 감사생활이 끊이지 않는 하나님께 감사하는 거룩한 백성들의 응답적 삶의 자세였음을 엿볼 수 있다. 이날을 기독교인들의 축제의 하나로 생명과 풍요를 주신 하나님께 감사하고, 이웃과 사랑을 나누는 뜻 깊은 날이 된 것은, 당시 영국의 국교에 의해 박해를 받던 청교도들이 신앙의 자유를 찾아 신대륙 미국으로 건너간 청교도들에 의해서이다. 이들이 신앙의 자유를 찾는 대가는 혹독하리만큼 컸다. 즉, 1620년 9월 16일 102명의 청교도들이 신앙의 자유를 찾아 영국의 프리모아스에서 메이플라워호를 타고 65일간의 항해 중 풍랑으로 인한 죽음의 위협과 항로이탈로 인해 먹을 물과 음식이 부족하여 병에 걸린 사람들이 많았으나 이를 이겨내고 마침내 도착한 곳은, 미국의 버지니아 북쪽의 낯선 곳이었다. 하지만 그곳에 도착했다고 신앙의 자유가 평탄대로로 열려진 것은 아니었다. 그들은 계획과는 달리 지연한 까닭에 겨울 즈음에 도착하여 월동하는 과정에서 얼어 죽고, 괴혈병으로 47명이 죽었다. 이런 청교도들이 불쌍했는지 인디언들이 가르쳐 준 경작법으로 봄에 옥수수를 재배하여 가을에 풍년을 거두게 되었다. 야산으로 사냥 나가 칠면조와 들새들을 잡고, 바다에서 농어와 대구를 잡아다가 여전히 풍성한 소출을 거두게 해주신 하나님께, 동료들이 묻혀 있는 공동묘지에서, 꽁꽁 얼어붙은 땅바닥에 무릎을 꿇고 앉아 눈물을 흘렸다. 그리곤 하나님께 추수 감사 예배와 축제를 3일 동안 하였다. 이것을 계기로 그들은 새로운 터전에 정착할 기반을 잡을 수 있게 되었다고 한다. 청교도들이 도착하여 땅을 개간하고 나무을 베어 가장 먼저 교회당을 건축하고, 그 다음에 학교를 건축하고 난 뒤 자기 집을 지을 만큼 믿음 위주의 삶을 살았다는 사실은 이미 주지(周知)하고 있는 바와 같을 것이다. 우리는 신앙의 자유를 찾아 떠난 청교도들을 통해 무엇을 추론할 수 있을까?

첫째, 자유는 타인에게 속박을 받지 않고 하지도 않는다.

둘째, 자유를 찾는 여정에 고난은 있으나 중단하지 않아야 한다.

셋째, 자유는 자신의 수고로 지켜진다.

넷째, 자유는 실천하는 생활을 통해 진가가 나타난다.

다섯째, 자유 한 자는 감사를 하는 사람으로 산다는 점이다.

오늘 우리나라는 공정과 평등의 사회, 복지를 표방하며 주52시간근무, 실업률을 낮추고자 청년구직수당 등을 지급하고 있으나, 그 결과는 초라하기조차 그지없다는 데 문제가 있다. 물론 사람이 사람답게 살기 위한 최소한의 가치로는 나무랄 데가 없다. 하지만 사람은 각 개인의 능력이 다르고 욕구와 여건이 다른데 평등해야 한다고 주장은 또 다른 불평등을 초래 하는 대중선동이 된다. 왜냐하면, 소수의 능력자를 제한하여 다수와 평등하게 만들 수는 있겠지만 다수가 소수의 능력자처럼 될 수는 없기 때문이다. 맑스의 공산주의가 해체되고 북한의 왕조국가를 낳았지만, 청교도 정신은 오늘날의 자본주의의 발달을 이끈 미국을 건설했다는 사실은 현실에서 역사가 증명하고 있다. 그러므로 '그리스도께서 우리를 자유롭게 하려고 자유를 주셨으니 그러므로 굳건하게 서서 다시는 종의 멍에를 메지 말라'(갈5:1)는 말씀을 재음미해야 하겠다.

(복음신문. 2019.12)

성탄, 소외된 사람들의 눈물을 새긴다...

12월을 맞을 때마다 우리는 유종의 미를 거두자라는 말에 익숙해 있었음을 깨닫게 된다. 이와 더불어 새해를 맞을 때마다 소망을 이루는 한해가 되라고 축복하곤 했었는데... 이 또한 염원에 가까운 것이 아니었나 싶다. 하지만 이 또한 삶의 형태이며 삶을 유지해 온 방식이 아닌가 싶어, 긍정과 부정의 간극을 되새겨 보았었다. 언젠가부터 성탄절은 상술과 결합하여 빨간 옷을 입은 산타클로스가 선물을 주는 날로 바뀌어, 이 땅에 오신 성육신 하신 예수의 탄생과는 상관없는 불신자들의 축제일로 인식되고 있는 것은 안타깝기만 하다. 그러기에 세속화된 이 시대에 교회의 사명을 재정립 할 책임이 우리에게 있다고 각성하며 우리의 마음가짐을 바꿔야 할 때가 아닌가 싶다. 성탄절을 예수의 나심을 기리는 날로 찾는 노력을 게을리하게 되면, 교회의 맛을 잃어버리고 결국은 세상길에 버려진 신세가 될지 모른다. 이렇기에 성탄절을 맞을 때마다 성육신(聖肉身)의 의미를 되새기며 지내기 위해 우리의 해야 할 일은 무엇일까? 아기 예수가 태어나던 날에 들에서 양을 치던 목자에게 천사는 '하나님께 영광, 땅에서는 하나님이 기뻐하시는 사람들 중에 평화'(눅2:14)라고 찬송하였다. 예수의 탄생은 이 땅에 영원하고 참된 평화를 가져오는 위대한 계기가 되었다. 하지만 예전이나 지금도 인간 사회에는 갈등과 싸움이 끊이지 않고 온갖 근심, 걱정, 불안 공포를 야기 시키는 사건들이 계속 발생하고 있다. 또한 지구촌 곳곳에서는 전쟁의 소문이 끊이질 않는다. 인간의 힘으로는 진정한 의미의 세계평화를 기약할 수 없다. 세계평화를 위한 선진국들의 각종 회담조차 자국의 실리를 앞세우기 때문에 그 실효성을 거두기가 어렵다. 이렇게 말한다고 해서 우리나라는 예외라고 하기도 어설프다. 그것은 얼마 전 북으로 송환한 2명의 선원들의 기사를 보면서 아파 오는 마음을 어쩌지 못하고 있기 때문이다. 북한에서 그 2명의 선원들은 16명을 죽인 범죄자이니 북송을 요구했다는 정부의 발표가 있었다. 그 말을 그대로 믿는다고 해도, '그동안 어떤 사정에 의해서 북한에서 우리나라로 넘어 온 군인, 외교관, 민간인을 파렴치한 범죄를 저지른 자들이라고 선전을 안한 적이 있었는가? 북한으로 가기를 그토록 원했던 2명의 선원을 눈을 가리고 손을 묶은 채로 판문점으로 데려갔는가? 죽더라도 북한으로 돌아가겠다는 그들이 안대를 풀자 왜 놀란 듯 땅바닥에 주저앉았을까? 판문점으로 가는 중에 발전된 우리나라의 모습을 보여주면 귀순의사를 밝힐까 두려운 어떤 조건이 있었나? 사진기자에 의해 스마트폰의 문자가 찍히지 않았으면 이런 사실은 영원한 비밀로 묻히지 않았을까?'라는 의문이 들었다. 이런 의문이 풀어지는 계기는 얼마 지나지 않아 드러났다. 선원 2명을 북한에 강제 북송을 통지한 날 김정은의 방한 초청 친서를 우리 대통령이 보냈다는 것이다. 이것이 설사 직접적인 연관은 없다 해도 정부의 북한 초청 의지가 간절히 드러나는 때라는 점에서 정부 관리들 사이에는 이런 분위기가 조성되어 있었을 것이라는 생각은 비합리적일까. 이는 한국에 올 예정이었던 탈북민 10명이 베트남 당국에 체포된 뒤 한국 외교부에 도움을 요청했지만 아무런 조치를 해주지 않아 중국으로 추방됐다는 소식을 접하며 떨쳐버리기도 어렵게 되었다. 왜 하필이면 인권을 내세운 정권에서 소소한 인권은 무시하는 일이 발생하는가? 이렇게 안타까운 마음으로 글을 쓰고 있는 것은 이들에게 아직도 애정이 남아있기 때문이 아닌가 싶다. 이 글을 쓰면서 마음에 흥얼거리는 노래가 있었다. 그것은 어린이들이 청아하게 부르던 '크리스마스에는 축복을/ 크리스마스에는 사랑을/ 주님과 만나는 그 날을 기억하며' 노래가 마음에 흥얼거리고 있었다. 이번 성탄절에는 소외된 사람들의 눈물어린 그 현장에서 '크리스마스의 평화(Shalom)'를 나누고 싶다.

(복음신문. 2020.1)

2020년, 희망을 노래하다

지난해는 참으로 다사다난했다. 물론 세월의 흐름 속에서 희로애락(喜怒哀樂)이 없었느냐마는 작년 말에는 그렇게 익숙한 '유종의 미'를 거두자고 말하기를 주저했던 것 같다. 이는 각자의 이익에 따라 갈등과 반목으로 정치는 정치대로, 경제는 경제대로, 사회는 사회대로 애증을 폭발한 한해가 아니었나 싶어서이다. 이런 진영논리는 대한민국의 국민으로서 공존의 의미와 국가나 개인의 미래의 삶에 대한 계획조차 부정하는 것처럼 여겨질 정도였다. 그러기에 다시는 이런 갈등과 분열이 되풀이 되지 않았으면 하는 마음에서인지, 아니면 이처럼 소망이 없고 희망을 잃어버린 가운데 맞이하는 2020년도조차 의기소침하게 맞이해야 한다면 너무도 비참할 것 같아 희망을 노래하고 싶은 것이다.

2020년도를 맞이하여 가질 수 있는 희망은 무엇일까?

1. 주택과 부동산의 안정화이다. 이 정부는 2017년 집권 이후부터 부동산 투기와 전쟁을 방불케 할 만큼 수많은 대책을 발표했다. 집값 상승의 움직임이 포착되면 즉시 규제강화 정책을 펼치며 도망가는 아파트값을 추격하여 반드시 추가대책을 마련하곤 하였다. 2018년 9월 13일 913대책이라 불리는 주택시장안정대책 발표에 이어 2019년 12월 16일에는 주택시장안정화방안을 기습적으로 발표함으로 부동산 가격을 안정시키겠다는 의지를 분명히 표명하였다.

2. 탈원전 정책이다. 이 정부의 탈원전 정책으로 지금 짓고 있는 원전 외 추가건설은 하지 않기로 결정한 결과 고리1호기 폐로가 결정되었다. 이는 2016년 12월 당시 더불어 민주당 문재인 전 대표가 재난영화 '판도라'를 보고 '비록

(원전사고) 확률이 수백만분의 1 밖에 안 되더라도 사고 발생 가능성이 있다면 우리가 막아야 한다.'고 말함으로 촉발되었다. 그리고 작년 12월 24일에는 원자력안전위원회가 월성 1호기 영구정지를 표결로 확정하였다. 이렇게 탈원전을 진향해 가면서도 해외에 한국형 원전을 수출하겠다는 투지는 여전하다. 이 얼마나 멋진 정책인가? 이 정부는 자신들의 정책에는 일체의 타협이나 조율 없이 밀어붙이는 추진력을 갖고 있다. 이들은 어떤 사람들인가? 민주화 운동에서 국가정보기관에 잡혀서도 자신의 의지를 꺾지 않았던 사람들이다. 결국 이 정부는 집권당 대표가 밝혔듯이 자신들의 50년 집권을 위해 무소의 뿔처럼 혼자서 가더라도 결코 물러섬이 없이 추진할 것이라고 생각한다.

타협과 조율이 없이 추진하는 이런 것이 문제라고 생각하는 사람들이 있다. 과연 그런가? 아니다. 52시간 근무제와 근로최저임금제 도입 과정을 살펴보자. 이 정부는 저녁이 있는 삶이란 명분하에 주52시간 근무제를 시행하였다. 저녁이 있는 삶의 명분을 위해 감당해야 할 많은 단점부분들을 검토를 하지 않았거나 간과한 것 같다. 외국에서 일하고 있는 한국 근로자들은 이 52시간제에 저촉이 되어 근로현장에서 배제되는 일이 발생되고 있다고 한다. 그래서인지 300인 미만 기업 주 52시간 근무제 유예기간 확대하여 2021년부터 시행하겠다고 수정도 할 줄 안다. 이와 더불어 근로최저임금제 도입 역시 대선 공약이었던 최저임금 1만원을 정하겠다고 하였으나 그동안 시행하는 과정에서 자영업자들이 인건비를 견디지 못하고 폐업하는 현상이 지속되자 올해는 8,520원으로 수정하였다. 이런 면에서 지금까지는 자신들을 지지하지 않는다고 그렇게도 배척하던 국민들에게서 마음을 얻으려고 하는 정책적 행위가 아닌가 하는 실 낮 같은 희망이라도 바라볼 수 없기 때문이 아닌가 싶다. 그렇기 때문에 전년도의 정치 경제 사회적인 현실이 어렵고 힘든 여건이 개선될 여지가 엿보이지 않았다는 점에서 '의인의 소망은 즐거움을 이루어도 악인의 소망은 끊어지느니라'(잠10:28)는 말씀을 되새기며, 2020년도 희망을 노래하는 것은 꿈꾸듯 넋두리라도 해야 숨을 쉴 것 같다는 점이다.

(복음신문. 2020.2)

우한폐렴에서, 교회의 위기를 보다

2020년도를 맞으며 희망을 노래했건만 그 역설적 의미처럼 우한폐렴이라는 새로운 형태의 코로나 바이러스의 질병에 우리나라뿐만 아니라 세계가 긴장을 하고 있다. 이 신종 코로나바이러스감염증은 2019년 12월 12일 우한시의 화난(華南)수산시장의 야생동물 판매상점에서 발원한 것으로 추정되고 있어 우한폐렴이라고 불리다 변명(變名)이 되었다. 첫 감염자가 발생한 이후 원인 모를 폐렴이 집단적으로 확산되자 12월 31일 원인미상 폐렴의 집단 발생 사실이 WHO에 보고되었고, 1월 7일 이 질병의 병원체가 신종 코로나바이러스인 것으로 밝혀졌기 때문이다. 이 신종 코로나바이러스에 대해 긴장을 갖기 시작한 것은 WHO에서는 긴급회의를 통해 규정에 의해 전 세계적으로 가장 심각한 전염병의 경우에 사용하는 규정으로, '국제 공중보건 비상사태(PHEIC)'를 사상 6번째로 선포했다는 점에서다. 그런데 일관성 없는 정부의 대처가 사람들을 더 불안하게 한 요인이 아닐까 싶기도 하다. 보건복지부는 우한 교민을 귀국시킬 때 고열 등 유증상자까지 전세기에 태울 것인지 등 탑승 기준을 놓고 장·차관이 다른 말을 하였고, 교육부는 일부 교육청이 초·중·고 개학을 연기하려 하자 '안 된다'고 제동을 걸더니 며칠 만에 '된다'고 입장을 바꿨다. '무증상자 감염'이 없다고 하더니 감염자 입국 제한 필요성이 제기되자 하루아침에 '그럴 가능성이 크다'고도 했다. 2일에는 중국 후베이성 방문 외국인의 입국 금지 등 대책을 발표하고 '선제적이고 과감한 방역 대책'을 보도 자료도 배포했으나, 이날 발표된 주요 방역 대책이 바로 그날 밤 두 번 뒤집혔다. 문대통령은 1월 28일 국립중앙의료원을 찾아 정부의 총력 대응태세를 강조하면서 이들과 악수도 하지 않았다는 기사가 나오고 있는 것에서 우한폐렴의 심각성을 우리만 모르는 것이 아닌가 싶은 생각이 드는 것이다. 우한폐렴으로 인해 예방적 조처로 사람들이 모이는 곳은 자제하면 좋겠다는 정부의 공문이 있었는데, 이 내용에는 마스크를 쓸 것, 사람과 밀착하여 앉지 말고 거리를 두도록 할 것 등이었다는 것이다. 확진자가 다녀간 극장, 상가, 병원 등이 휴점 내지는 잠정폐쇄하는 걸 보면서, 교회도 예배 회집을 못하는 사태가 벌어지는 것은 아닐까 하는 불안한 마음이 엄습했었다. 초중등교의 졸업식을 단출 하게 행사하고, 몇몇 대학에서는 졸업식과 입학식을 연기 내지는 취소하는 일이 벌어졌고 다른 대학들도 질세라 동조하고 있는 형국이다. 이는 우한폐렴 확진자가 다녀갔다는 이야기만 나와도 정부의 시책에 따르지 않은 대학으로 낙인이 찍어 휴교를 시켜야 한다거나 어떤 불이익을 주어야 한다는 국민청원과 SNS의 악플을 견뎌낼 수 있을까 하는 불안감 컸으리라 생각하게 된다. 물론 이것은 다수가 밀집하는 장소를 의미하는 것이겠지만 교회도 예외가 될 수 없다는 점에서 한국 교회의 위기까지 올 수 있겠다는 심각한 생각이 들었다. 마스크를 끼고 설교를 할 수도 없고 찬양을 할 수도 없다. 어느 교회에서는 성도들이 다들 마스크를 끼고 있는데 목사님은 왜 마스크를 착용하지 않았다고 하여 당황스러웠다는 이야기도 들린다. 독감 등 유행성 질병 돌 때엔 스스로 조심하자고 했지 이처럼 당혹스런 일들을 담화에 돌린 적은 없었다. 그런데 왜 이번만은 유독 유난스럽게 느껴질까? 이런 우려 속에 서울의 어느 교회가 예배회집을 못하고 영상 예배를 드리는 일이 벌어졌다. 신앙의 문제도 정부시책에 따를 수밖에 없는 현실과 비난을 보면서 일제 강점기에 일어났던 '신사참배' 결의를 했던 교단들의 아픔이 떠올랐다. 지금이야 그 때의 '신사참배' 결정이 옳았냐 아니냐를 따지고 논쟁하지만, 그 당시에 압력이 어떠했을까가 오버랩(overlap) 되면서 포퓰리즘(populism) 정국에서 소금과 빛의 역할을 제대로 하지 못하는 한국 교회의 위기를 느꼈던 것이다. 그런데 이는 나 혼자만의 치기어린 생각이길 바라며, '그가 너를 새 사냥꾼의 올무에서와 심한 전염병에서 건지실 것임이로다'(시90:2)는 간구가 고통당하는 이 땅에 속히 임하시길 기도한다.

(복음신문. 2020.3)

코리아 포비아(Korea phobia)

대한민국이 어쩌다 이런 대우를 받게 되었는가!

세계가 앞을 다퉈 한국에 문을 걸어 잠그고 있다. 문재인 대통령은 지난 달 3일에 우한폐렴으로 고통을 당하는 '중국에 대해 그들의 어려움은 우리의 어려움으로 연결된다'며 '이웃국가로서 할 수 있는 지원과 협력을 아끼지 말아야 한다'고 했지만, 결국 우리에게 돌아온 세계의 반응은 차갑고 냉정했다. 일생에 단 한 번뿐인 신혼여행을 떠난 한국인 부부들을 격리한 아프리카의 섬나라 모리셔스가 결국 입국금지 조치를 내리며 그들을 되돌려 보냈다. 이스라엘은 성지순례를 간 한국인들을 입국 거부하며 타고 온 비행기로 2시간 만에 다시 돌려보냈다. 뿐만 아니라 성지순례 중인 관광객들도 여행이 중단되었고 이스라엘에서 제공하는 비행기로 귀국시킨다고 한다. 대구를 출발해 베트남 다낭에 도착한 관광객 20명 등 탑승객 전원도 시내 병원에 일시 격리되는 어려움을 겪었다. 이런 일들이 매일 새로운 뉴스로 돌아오는데 중국에서까지 이런 일을 당하고 있으니 참 어이가 없다. 중국 산둥성 웨이하이에 입국한 한국인들이 도착 직후 코로나 19 방역의 하나로 중국 당국에 의해 한때 격리되었다. 한국은 중국 여행객 입국 금지를 하지 않았으나 중국이 먼저 자국민들의 안전을 위한 조처이긴 하지만 야속하다는 생각이 든다. 그들의 선택은 누가 뭐라 해도 자국민 보호가 우선이었기 때문이다. 이로 보건데 자국민의 안전을 도모하지 못한 우리 정부의 안일함을 탓하지 않을 수가 없다. 왜 이토록 세계는 한국인을 기피하는 현상이 일어났을까? 이것은 그럴 만한 이유가 있다. 우리나라에서 하루 확진되는 환자 수가 중국을 추월하는 일이 심심찮게 벌어진 까닭이다. 중국 우한에서 벌어지던 일이 불과 한 달여 만에 한국에서 벌어지는 기막힌 상황이 벌어진 것이다. 환자 수가 폭증하며 병상을 구하지 못한 환자가 1천600명을 넘어섰다. 환자가 병원 밖에서 숨진 일도 잇따랐다. '무엇보다 국민 안전이 우선'이라던 문재인 대통령의 말은 허언이 된 것이다. '사람이 먼저'라는 이 정부의 구호는 '(중국)사람이 먼저'가 된 형국이 된 것이 안타깝기만 하다. 지금의 수모는 대한의사협회는 일찌감치 '감염병 관리의 핵심은 해외 유입 환자 차단'이라고 무려 7차례나 중국인 전면 입국 금지를 촉구했고 질병관리본부장도 '고위험군이 덜 들어오는 입국 금지가 당연히 좋다'고 밝힌 바 있다. 하지만, 결국 문 대통령은 이 모두를 무시하고, 중국 시진핑에게 전화해 '중국의 어려움이 우리의 어려움'이라고 하였기에 중국에 대해 즉시 입국 금지를 하지 않은 까닭이다. 이런 와중에 우리 정부는 중국에 마스크 300만장을 보내겠다고 발표를 하고는 사회적 문제가 일어나자 정부가 보낸 것이 아니라 민간단체와 외교부가 보낸 것이라고 해명하므로 외교부는 정부조직이 아닌 것처럼 오도하는 '웃픈' 현상이 일어나기도 했다. 왜 이 정부는 의료전문가들이 중국인 입국을 전면적으로 금지해야 한다는 의견을 무시한 것일까? 문 대통령이 '중국은 우리의 최대 인적 교류국이면서 최대 교역국'이라고 한 결과일 것이다. 결국은 우리 국민의 안전보다 경제를 선택한 것이며 결과는 세계적으로 고립되는 수모를 받게 된 것이다. 발열이나 기침 같은 증상이 없는 무증상 감염자가 속출하며 전문가 집단의 판단이 옳았음이 입증되고 있다. 대만, 러시아, 몽골, 북한 등 일찌감치 중국을 봉쇄했던 나라들은 지금껏 그 효과를 보고 있다. 앞에서 '국민 안전 우선'을 말하고 뒤에선 '장기 집권 우선'을 한 결과라 할 수 있을 것이다. 코리아 포비아를 벗어날 수 있는 길은 '마스크를 쓸 필요가 없다', '우리 방역과 의료체계, 시민의식은 세계 수준'이라고 오도한 정부요인들의 사과가 선행되어야 책임지는 제대로 된 방지책을 제시할 수 있을 것이다. 글을 마칠 즈음 대통령이 마스크의 공급이 원활하게 이뤄지지 않음을 사과했다. 이를 단서로 '자기만 먹이는 이스라엘 목자들은 화있을진저'(겔34:2)의 말씀을 되새기며, 자기 진영 사람들만을 위한 정책에서 전 국민을 아우르는 정부의 진솔한 정책이 이루어져 코로나19가 속히 사라지고 '코리아 포비아'가 아닌 '코리아 웰컴'(Korea Welcomes)가 되는 국격을 되살리기를 기대한다.

(복음신문. 2020.4)

4월의 선택

어렸을 때였을 것이다. 4월을 잔인한 달이라고 표현하는 것을 들었던 때가... 이말에 토를 달거나 의문을 갖지 않고 수용하는 것은 어린 아이의 특징이기도 하거니와 선생님의 말씀은 당연히 받아들이는 스펀지(sponge)와 같은 마음이었기 때문일 것이다. 이 때 예를 든 이야기가 엘리엇이 '4월은 가장 잔인한 달'이라고 했다는 근거를 대고 있었으니 딱 거기까지였다. 그 때에는 4·19 혁명을 떠 올리며 수긍하였는데, 시간의 흐름 속에서 4월에 불행하고 좋지 않았던 사건들이 이어져 왔다는 것을 떠올리게 된다. 제주 4.3사건(1948년), 4.16. 삼풍백화점의 붕괴(1994년), 청해진 해운 세월호 침몰 사고(2014년) 등이다. 그런데 내 자신도 깨우치는 나이가 되었을 때, 엘리엇의 '황무지(The Waste Land)' 시(詩)의 내용 '4월은 가장 잔인한 달이다. / 죽은 땅에서 라일락을 싹 틔우고/ 기억과 욕망을 뒤섞으며/ 잠이 든 뿌리를 봄비가 흔들어대는 달이다.'로 시작하고 있는 것은, 곱고 아름다운 새 생명과 꽃이 피어나기까지의 고통과 인내를 뜻하는 4월을 노래한 시인의 역설적 표현이었던 것을 알게 되었다. 메마른 대지에서 새싹이 돋아나기 위해, 겨우내 앙상한 나뭇가지에서 새 움이 돋아나기 위해 그 생명은 그 단단한 땅을 헤집고 쏟아나야 했고, 나무는 그 메마른 땅에서 물줄기를 빨아들여 새순을 키워왔다는 사실이다. 그러므로 엘리엇이 말하는 잔인한 4월의 고통은 어둡다기보다는 환희의 새 생명으로 이어지는 신비의 상징이었던 것이다. 그러기에 겨울에 휘몰아쳤던 눈보라는 망각의 눈(雪)은 모든 고통을 견뎌내도록 대지를 덮어 겨울을 따뜻하게 지낼 수 있도록 했다는 구절은 시리도록 아름다운 삶의 의미로 다가왔다. 그러기에 '잔인한 4월'은 단어의 뜻 그대로 어둡고 고통스럽고 잔인한 4월을 뜻함이 아니라 생명을 탄생케 하기 위한 아픔의 과정이 아니었나 싶다.

대체로 4월에 있는 부활절은 아름다움과 승리 등을 상징하는 종려나무(the Palm)로 '호산나'를 외치며 예수님의 예루살렘 입성 당시 메시야가 오신다며 개선하는 왕처럼 환영하던 유대의 군중들이, 권력의 욕심에 눈이 먼 지도자들의 여론몰이 계략에 따라 예수를 죽이라고 돌변하는 민중들의 뜻에 따른다는 미명하에 예수님을 십자가에 못박아 죽이는 사태가 벌어진 이후에 일어났다. 부활의 승리와 영광은 고통과 고난의 한 주간을 지나며 이어지는 것이었다. 그러기에 이 좋은 계절, 그야말로 봄이 절정에 이르러 가는 기쁨의 4월을 더는 '잔인한 4월'이라 말하거나 사용하지 않았으면 하는 것이다. 올해는 부활주일이 지나고 21대 총선이 있다(아마 이글이 지면에 게재됐을 때는 이미 총선결과가 나왔으리라, 이 결과는 궁금하긴 마찬가지 일게다). 대한민국의 미래를 선택하는 중요한 의미를 갖는다. 이 선택의 결과에 의해 절규하는 측과 환호하는 측이 있을 것임에 분명하다. 하지만 이것이 끝이 아니라 대한민국이라는 거대한 나라가 진행해 나가는 역사 속에 한 축이었다는 점을 잊어서는 안될 것이다. 어느 한 세대나 진영이 독식을 하는 것이 아니라 영욕의 세월을 지나 오늘의 대한민국을 이뤄왔듯이 그 민의가 모여 그리고 세월이 흘러가며 그 방향성은 물줄기처럼 생겨날 것이다. 이 역사의 물줄기를 급격히 바꾸려고 한다면 그 저항 또한 만만치 않았음이 지난 세월의 역사 속에 분명하기 때문이다. 그러기에 승자 독식이 아니라 민의의 결과를 겸허히 받아들이되, 세계 속에 자랑스러운 대한민국을 이어나가야 할 중차대한 책임의식을 가져야 할 것이다. 지금까지 내편 아니면 적처럼 여기거나 백안시했던 잘못된 진영논리에서 벗어날 때서야 비로소 통일된 미래 대한민국의 위대성을 바라볼 수 있다는 점을 잊지 않았으면 한다. 구약성경 열왕기상 12장에 보면, 유대왕 르호보암 왕이 여로보암과 이스라엘 온 회중이 지나친 고역과 조세를 감해 달라는 요구가 있었다. 이에, 노인들의 충고를 듣자고 해놓고 '그렇게 해주라'고 하자, 그는 친구들에게 다시 물어 자신의 속마음에 맞는 '그 멍에를 더욱 무겁게 하라'는 말을 선택한 결과가 이스라엘의 분열이었음을 간과하지 않기를 바라는 마음이다.

(복음신문. 2020.5)

어린이의 꿈을 오염 시키지 않아야

가정의 달로 지키고 있는 5월은 신록의 계절마냥 희망과 생명을 품고 있는 듯하다.

채널을 돌리다 우연히 보게 된 TV 어느 방송국 프로그램에 힘들고 험난하고 어려운 길을 오래 동안 걸어가 학교에 도착하여 공부를 하는 어린이들을 다루는 것을 보게 되었다. 이 프로그램을 볼 때 드는 생각은 우리나라도 당시 초중고학교를 다니기 위해 산길을 1~2시간을 다녔다는 이야기를 들었던 터라 어려운 때의 우리나라를 생각하며 그 어린이들의 수고로움과 함께 그만한 고통과 바꿀 수 있었던 꿈을 떠오르며 재밌게 보곤 했었다. 그 어린이들에게 PD가 '뭐가 되고 싶냐'고 물으면 그들은 자신들의 꿈을 티 없는 얼굴로 이야기 하곤 한다. '선생님이 되고 싶어요.', '의사가 되고 싶어요.', 이들에게 '왜요?'라고 물으면 '아픈 엄마를 고쳐드리고 싶다'거나 자기들처럼 어려운 학생들을 가르치고 싶다고 대답을 하는 그 표정에서 이 얼마나 진지하던지 잠시 그들의 꿈이 이루어지기를 기도하곤 한다. 만약 그들이 그런 꿈을 가지게 된 이유에 대해 '안정된 직장이잖아요.', '돈을 많이 벌잖아요.' 했다면, 그들이 꾸는 꿈은 어른들에 의해 오염된 아이어른을 보는 것 같았을 것이고, 그들이 처한 현실 속에서 과연 가능할까 하는 생각이 먼저 들었을 터이다. 하지만 현실은 가난하다해도 그 어린이들이 꾸는 꿈을 막을 수는 없는 듯하다. 꿈은 현실과 동떨어져 있다. 현실과는 거리가 있다. 하지만 현실성 없는 꿈들이 오늘 날 과학의 문명을 이룩했고, 막연한 꿈을 이뤄냄으로 많은 사람들에게 귀감이 되는 일을 우리는 수없이 봐왔다.

미국에서 개인의 생일을 국경일로 정한 날이 두 번 있다. 초대 대통령인 워싱턴의 생일과 루터 킹 목사의 생일이다. 특히 루터 킹 목사는 당시 미국 사회의 주류였던 백인들에 의해 흑인들은 백인들과 식당에서 마주앉아 식사도 못하고, 버스도 같이 탈 수 없었고, 심지어 흑인들 교회와 백인들 교회가 구분되어 있었던 그 시절, 꿈을 꿨던 것은 'I Have a Dream'으로 유명한 '나는 꿈꾸노라. 언젠가 나와 내 아이들이 피부색이 아닌 인격에 따라 평가되는 날이 올 것을 나는 꿈꾸노라. 언젠가 흑인 소년소녀들이 백인 소년소녀들과 손을 잡고 형제자매로 같이 지내는 날이 올 것'이라는 그 당시에는 환상 같은 꿈을 이루고자 흑인 인권운동을 펼친 결과라 하겠다. '폴 포츠(Paul Potts)'는 휴대폰 외판원이었고 40대의 평범한 가장이었으나, 영국의 한 TV 오디션 프로그램 Britain's Got Talent에 출연하여 세계적인 오페라 가수로 등극한 그가 우리나라 TV 방송에도 출연하여 인기를 실감하게 한 것은 뛰어난 외모가 아님이 분명할 것이다. 왜냐하면 그는 뇌종양을 앓아서 건강하지도 않았고, 쇄골이 부서져서 오랫동안 중환자로 있었으나 어릴 때 교회 주일학교에서 찬양대로 활동하며 성악가의 꿈을 포기하지 않고 계속 도전하여 이룬 성공 때문이 아닐까 한다. 구약성경에 나오는 요셉은 '꿈꾸는 자'라는 별명을 형들에게서 들었다. 그리고 그는 자신이 가진 꿈으로 말미암아 타박과 미움을 받고 결국에는 팔리는 신세가 되었다. 하지만 그는 팔린 신세가 되었다고 해서 인생을 막살지는 않았다. 자신의 꿈을 위해 이성의 유혹에도, 물질의 유혹에도 흔들림 없이 정결한 삶을 살았던 것이다. 만약 요셉이 형들의 타박에 의해 꿈을 버리거나 말하지 않았다면 세상에서 우연히 이룬 성공으로 기억이 되었겠지만, 하나님이 주신 꿈을 가지고 살아서, 결국 꿈대로 이루어지는 축복의 사람이 되었다. 하나님이 주신 꿈을 가진 사람은 결국 꿈을 이루게 되는 것이다. 사람들은 어렸을 때, 큰 꿈을 가지게 된다. 이 때 '너희 가정이 뒷받침 할 수 있겠느냐'고 하거나 '미꾸라지도 붕어도 행복한 세상을 만들어 줄 터니 그런 허황된 꿈은 꾸지도 말라'는 말로 꿈을 오염 시켜서는 안될 것이다. '꿈이 있는 백성은 망하지 않는다.'라는 말이 있다. 지원금이나 물질로 현실에 안주하도록 해서는 안된다. 어린이는 꿈과 이상으로 미래를 바라보며, 젊은이는 꿈의 괴리를 절감하며 현실을 살고, 노인은 이루지 못한 꿈을 아쉬워하며 과거를 회상하며 산다. 꿈은 현실 측에서 끊임없이 삶의 동기를 부여하고 도전하게 하고 결국 꿈을 이룰 수 있다는 소망을 갖도록 해야 가정과 나라가 굳건해지는 길이 아닌가 한다.

2.

논문

2-1. 성경에 나타난 군복무와 양심에 관한 고찰

－소위 양심적 병역거부자에 대한 대법원(유죄)판결 중심으로－

I. 서 론

우리 헌법은 건국헌법이래 종교의 자유를 양심의 자유와 함께 규정했었으나(제12조 1항), 1962년의 (제3공화국)헌법에서부터 종교의 자유와 양심의 자유가 분리되어 독자적 기본권으로 오늘에 이르고 있다. 작금 '소위 양심적 병역거부'에 관한 논란이 사회적 이슈로 떠오르고 있는 가운데, 남부지원 이정렬 판사가 소위 양심적 병역거부자에 대한 무죄 판결은 사회적 충격을 안겨 주었다. 이 소위 양심적 병역거부자에 대한 무죄판결로 인해 많은 사람들이 향후 법적인 판결에 귀추를 기울이고 있을 때, 춘천과 성남 지원에서의 유죄판결로 인해 더욱 혼란스러움을 겪으며, 법원은 이에 해당하는 모든 판결을 보류하며 대법원의 판결을 기다리게 되었고, 대법원은 사건의 중대함으로 인해 빠른 시일 내에 판결하겠다고 하였고, 지난 7월 15일에 대법원은 소위 양심적 병역거부자에 대한 처벌할 수 있는지에 대해 상고기각을 통해 유죄판결을 내림으로써 법적인 공방은 일단락을 지었는데,[1] 그 요지는 아래와 같다.[2]

---

1) 대법원은 법원마다 각각 다른 판결로 논란을 낳았던 이른바 '양심적 병역거부'에 대해, 1, 2심에서 병역법 위반 혐의가 인정돼 징역 1년 6월을 선고받은 23살 최모씨에 대한 상고심 선고 공판을 "이 사건을 기존의 판례를 바꾸거나 대법관 사이에 의견이 일치하지 않을 때 이뤄지는 전원합의체 판결로 선고한다"고 밝혔었는데, 지난 7월 15일 대법원 전원합의부(주심 윤재식 대법관)는 최모씨에 대한 상고심에서 "유죄가 인정된다"며 징역 1년6월을 선고한 원심을 확정함으로써, 엇갈린 판결로 인해 사회적 논란을 불러온 하급심의 '양심적 병역거부' 사건은 일단락지어지게 되었으나, 이 판결은 소수의견을 통해, 분단국가에서의 국방의 의무와 병역 거부자에 대한 대체 복무 마련을 위한 노력은 게을리 해서는 안된다는 점을 나타내고 있다.

2) 대법원(http://www.scourt.go.kr), 대법원2004도2965.

◇이른바 양심적 결정에 따른 병역거부행위에 대하여 병역법 제88조 제1항에 의하여 처벌할 수 있는지 여부(적극)

〈다수의견〉

1. 우리 헌법은 제39조 제1항에서 "모든 국민은 법률이 정하는 바에 의하여 국방의 의무를 진다"고 규정하고 있는바, 이와 같은 국방의 의무는 외적으로부터 국가를 방위하여 국가의 정치적 독립성과 영토의 완전성을 수호할 의무로서 국가의 존립을 가능하게 하는 가장 기본적인 의무라고 할 것이고, 특히 남북이 분단되어 여전히 서로 군사적으로 대치되고 있어 불안정성과 불가예측성이 상존하는 우리나라의 특수한 현실적 안보상황을 고려하면 국방의 의무는 보다 강조되어야 한다. 병역의무가 제대로 이행되지 않아 국가의 안전보장이 이루어지지 않는다면 국민의 인간으로서의 존엄과 가치도 보장될 수 없으므로, 병역의무는 궁극적으로 국민 전체의 인간으로서의 존엄과 가치를 보장하기 위한 것이라고 할 것이고, 종교적 양심의 자유가 위와 같은 헌법적 법익보다 우월한 가치라고 할 수 없는 이상 그 자유가 제한된다 하더라도 이는 헌법상 허용된 정당한 제한이라고 할 것이다.

2. 피고인이 그의 양심상의 결정에 반하여 현역입영에 응할 것을 기대할 가능성이 있는지 여부는 사회적 평균인의 관점에서 판단하여야 하는바, 사회적 평균인의 관점에서는 피고인이 현역입영에 응하는 것이 불가능하다고 보기는 어려우므로, 적법행위의 기대가능성이 없다고 볼 수 없다.

〈반대의견〉

절대적이고 무조건적인 종교적 양심의 결정에 따라 병역의무를 거부한 피고인에게 국가의 가장 강력한 제재 수단인 형벌을 가하게 된다면 그것은, 피고인의 인간으로서의 존엄성을 심각하게 침해하는 결과가 될 것이

고 형벌 부과의 주요 근거인 행위자의 책임과의 균형적인 비례관계를 과
도하게 일탈한 과잉조치가 될 것이며, 형벌의 본래적 목적 역시 충족될 수
없을 것이고, 특히 피고인에게는 실정 병역법에 합치하는 행위를 할 가능
성을 기대하기 매우 어려워 보이므로, 이러한 경우에는 국가의 형벌권이
한 발 양보함으로써 개인의 양심의 자유가 보다 더 존중되고 보장되도록
하는 것이 상당하다고 할 것이다. 그러나 이 판결에 대해서도 사회의 다양
한 의견이 있는 것처럼 기독교계도 진보와 보수계가 다른 목소리를 내고
는 있지만, 소위 양심적 병역거부에 대해 대체적으로 반대하는 목소리가
높은 것은 사실이다.

이에 신앙과 양심의 자유를 위해 국방의 의무에 충실하여 국가와 민족
의 안녕을 위해 군복무를 마친 젊은이와 앞으로 국방의 의무를 수행하여
야 할 젊은 신앙인들에게 병역의 의무를 다하는 것은 비양심적인가에 대
한 의문에 답하기 위해, 이 논고를 마련하게 되었다. 물론 신학계에서 조
차 아직까지도 양심은 절대적으로 병역거부라고 하는 논리가 우세하지 않
고 소수자에 대한 인권이라는 측면에서 다뤄지고 있으나, 병역의 의무와
양심의 자유와의 대립각이 높아지고 있는 이 때, 병역의 의무도 실천신학
적 관점에서 용납할 수 있는 것이지를 성경적 의미를 신학적 관점에서 다
뤄보고자 한다.

II. 본 론

1. 소위 양심적 병역거부에 대한 기독교계의 입장

소위 말하는 양심적 병역거부자에 대한 다양한 의견이 사회는 물론 법
원에 이르러 그 파장이 커지고 있는 것처럼, 기독교계에서 많은 논란을 낳
고 있지만 그 해결에 일치된 의견을 도출하기에는 한계를 가지고 있는 것

으로 보인다. 왜냐하면, 한국기독교교회협의회(KNCC) 인권위원회는 지난 2004년 5월 21일 법원의 양심적 병역거부 첫 무죄 선고에 대해 "병역법상 입영 또는 소집을 거부하는 행위가 오직 양심상의 결정에 따른 것으로서 양심의 자유라는 헌법적 보호 대상이 충분한 경우에는 정당한 사유에 해당 한다"고 하여 각각 무죄 판결을 내린 것에 대해 환영하며, 하루 속히 대체복무제 실시를 통해 이 땅의 평화를 갈망하는 수많은 젊은이들을 범법자로 내몰지 말기를 촉구하고 있는 반면, 한국기독교총연합회(대표회장 길자연 목사)는[3] "비록 1심 판결이지만 병역기피 확산으로 이어져 국가안보를 위태롭게 하며 국민들의 위화감이 조성될 것 크게 우려 한다"며, 이번 판결은 헌법의 '양심의 자유'만 근거로 했을 뿐 '종교의 자유'와 특정종교의 병역 거부를 연관지어 판단하지 않음으로써, "이번 판결은 헌법의 양심의 자유 실현보다 악의적 병역기피 양산으로 이어져 군의 사기저하와 국민 위화감 조성뿐만 아니라 국가안보를 위태롭게 할 소지가 크다."고 밝히고 있다. 그리고 한국교회언론회(대표 이승영 목사)도 "(이번 법원의 판결이) 헌법에 보장된 양심의 자유를 인정했다는 것으로 보인다."며 "상위법인 헌법에서 보장하는 것을 하위법인 병역법에서 제한한 것에 대한 반발로 보인다."고 판결의 의미를 풀이하면서도, 세 가지 점을 들어 법원 판결이 문제가 있다고 지적하고 있다.[4] 이처럼 소위 양심적 병역거부의 문제가 기독교

---

3) 한국기독교총연합회(http://www.cck.or.kr)

4) 첫째, "'양심에 의한 병역기피' 문제가 한 개인의 문제로 끝날 것이 아니라 사회적 합의와 제도적 뒷받침이 되어야함에도, 이에 대한 충분한 준비 없이 법원이 무죄로 선고하는 것은 다른 사회적 문제를 양산할 수 있다." 둘째, "헌법이 보장하는 '양심의 자유'와 함께 헌법 37조가 말하고 있는 국민기본권인 '공공복리' '국가질서유지' '국가안전 보 장'을 위해서는 권리를 제한하고 있는데, 이중에 병역의무와 국가안전보장과는 관련이 있으므로 병역기피를 제지하는 것을 무조건 헌 법정신에 어긋났다고 보기는 어렵다." 셋째, 병역기피 문제가 '양심'과 '비양심'의 양극화로 치달을 수 있다는 점에서 법원 판결을 반대했다. 특히, "특정 종교를 신봉하는 이들의 병역기피 문제는 결코 양심이 아니라 그들의 신념에 불과하다"며, "이들이 말하는 양심을 공공연히 사용할 때 군복무를 충실히 하는 같은 또래에게 상대적으로 '비양심'의 굴레를 씌우는 것"이라고 지적하고 있다.

계에서 공론화되기 시작한 것은 김두식 변호사가 1999년 "복음과 상황"에 "여호와의 증인과 그 인권"을 기고한 것이 그 효시라고 한다.[5] 여기에서 김 변호사는 "우리나라에서 병역면제는 더 이상 부끄러움이 아니라 부러움의 대상이 되었고, 국가 지도층 인사들이나 그들의 자식들 가운데 적지 않은 사람들이 병역면제를 받고도 당당하게 생활하고 있다"고 지적하면서, "신앙적인 이유로 집총을 거부했다가 최대 형량인 3년형을 받고도 사회에 나와 온갖 불이익을 당하는 여호와의 증인 신도들에 대해 우리 사회는 인권적인 차원에서 배려해야 할 때"임을 지적하며, "여호와의 증인 신도들을 위해 무조건적인 병역면제를 주장하기보다는 병역을 대신할 대체복무의 기회를 문명국가답게 합리적으로 강구할 것"을 제안하였으나, 그 당시에는 교회적으로 큰 반향을 이끌지 못하다가 "한겨레 21"의 신윤동욱 기자가 여호와 증인의 양심적 병역거부자들이 처한 상황을 관심 있게 다루면서,[6] 양심적 병역거부의 문제는 2000년도 초부터 지금까지 사회 각계각층으로 확산되는 추세에 있다. 2002년도부터 우리 사회는 양심적 병역거부의 문제에 대한 실마리를 풀기 위해 광범위한 찬반토론이 On-Li과 Off-Line에서 광범위하게 진행되고 있는데, 지난 2002년 2월 18일 「한국기독교협의회 인권위원회」와 「전국목회자 정의평화실천협의회」가 기독교회관 2층 강당에서 연합으로 주최한 토론회와 동년(同年) 3월 25일 프레스센터 19층 기자회견장에서 대한변호사협회가 주최한 토론회가 있었으며, 최근에

---

5) 김두식, "여호와의 증인과 그 인권", 복음과 상황 (1999년 7월호), p.40-45. 김두식 변호사는 이후에도 한겨레 21 제 369호 (2001. 8. 2일자)에 "기독교도 양심적 병역거부했다"(36-37)는 글을 기고함으로써 양심적 병역거부의 논쟁을 가속화시켰고, 동일한 주제를 정리하여 단행본(칼을 쳐서 보습을: 양심에 따른 병역거부와 기독교 평화주의, 뉴스엔조이 2002년 3월 출판)으로 냄으로써 소위 양심적 병역거부의 전문가로 자리매김을 하고 있다.

6) 신윤동욱, "차마 총을 들 수가 없어요," 한겨레 21 제 345호 (2001. 2. 15일자), p.28-29; 신윤동욱, "이단의 가시관 쓴 대체복무제", 한겨레 21 제 367호 (2001. 7. 19일자), p.28-29; 신윤동욱, "입법추진은 계속 된다", 한겨레 21 제 369호 (2001. 8. 2일자), p.38.

는 올해는 「대한예수교장로회 인권위원회」에서 2004년 7월 18일 한국교회100주년기념관에서 양심적 병역거부문제에 대한 공청회가 있었는데,[7] 이 토론회와 공청회는 지금까지 부분적이고 산발적으로 논의되던 양심적 병역거부의 문제를 가장 심도 있고 종합적으로 다루었다는 점에서 그 의미가 크다고 할 수 있으나, 개인의 양심 혹은 공공의 선에 중심을 두느냐에 따라 그 의미와 판단이 달라지고 있어 평신도들에게는 매우 혼란을 야기하고 있는 실정이다.

2. 해방직후 북한에서 생성된 기독교의 반공사상

한국 기독교가 반공적 사상을 견지하며 병역의 의무를 거부감 없이 받아들인 이면에는, 해방 이후 남북이 미국과 소련에 의해 분할 통치되는 과정 속에서 북한이 보여준 종교정책에 기인한다고도 할 수 있다. 즉, 남북한을 미국과 소련이 분할 통치하는 상황 속에서 기독교세력이 강한 평안남북지방을 중심으로 한 기독교 지도자는 민족의 근대국가형성을 위해 '건국준비위원회'에 적극적인 동참하고 기독교세력의 정치정당 조직운동에 참여하여,[8] 조만식 장로를 중심으로 한 서북 기독교민족주의 세력은 1945년 11월 3일 "민족독립, 남북통일, 민주주의 확립"을 핵심정강정책으로 하여 '조선민주당'을 창당하며, "반제반봉건 민주주의혁명" 노선을 내건 좌파계열과 정치적으로 협력하는 뜻에서인지 좌파계열의 인사 최용건(부당수), 김 책(서기장 겸 편집부장)도 중요간부직에 포용되었다. 이처럼, 좌파인사를 배제하지 않았고 좌우합작 성격의 조직구성을 하였던 것은 북한의 기독

---

7) 한국기독교교회협의회 (http://www.kncc.or.kr/board_view.asp?no=115&dbname=bbs_49&page=2&key=&st=off&sw=off&sc=off)

8) 한국기독교역사연구소, "북한교회사", p.384. 평남건국준비위원회(위원장 조만식), 황해도 건국준비위원회(위원장 김응순목사), 평북자치위원회(위원장 이유필장로), 용천군 자치위원회(위원장, 함석헌) 등.

교 민족주의자 계열이 첨부터 사회주의계열과 분리하거나 대결하려는 의도보다는 정치적 이념과 사상의 차이를 초월하여 통일민족국가 형성을 희망하였다는 것을 알 수 있다.[9] 그러나 신탁통치문제로 우파기독교 세력과 좌파 공산주의 세력간의 갈등을 계기로, 조만식은 당수직을 1946년 2월에 사퇴하고 우파세력은 축출당하여 상당수가 남하하였고, 해방정국에서 평북지방의 기독교 정당결성의 사례로서 신의주의 한경직 목사·윤하영 목사를 중심으로 1945년 9월에 창당한 '기독교사회민주당'과 김화식 목사·김관주 목사 등을 중심으로 결성된 '기독교자유당'이 있다. 이 두 정당의 결성은 해방정국에서 '미소공동위원회'가 평양과 서울에서 열리면서 국가의 틀을 짜는 과정에 기독교적 이념과 민의를 반영하자는 동기가 깔려있었다. 그러나 기독교 사회민주당은 1945년 11월에 있었던 '신의주 학생시위사건(운동)'의 배후세력으로 지목되어 소련점령군 당국에 의해 결정적으로 약화되었고, 기독교자유당도 1946년 2월 8일 소련의 후원 하에 구성된 '북조선인민위원회'(위원장에는 김일성, 서기장은 목사 강양욱[10]의 세력에 의해 북한인민정권의 전복 혐의를 받고 급속히 약화되었다.

위의 사례에서 보듯이 해방정국 초기에 북한지역에서 기독교 민족주의 세력은 공산주의세력과 잠정적 단계로서 상호인정과 상호합작의 태도를 보였지만 점차 기독교세력은 공산주의 세력에 의해 밀리거나 배제되면서 우파 기독교세력과 좌파 공산주의세력은 갈등의 골이 깊어가고 반목관계로까지 발전해 가게 되는 과정에서 북한기독교 지도자들과 신도들 수만명이 남하(南下)하면서, 자연스레 남한의 기독교는 반공주의 노선을 갖게 되는 중요한 한 가지 원인이 되었다.[11]

---

9) 그러나 1946년 2월에 구성된 '북조선임시 인민위원회'(위원장 김일성, 부위원장 강양욱목사) 단계에서는 기독교 민족주의자들은 대부분 배제하였다.

10) 강양욱 목사는 김일성(모친의 이름은 강반석)의 외삼촌이다.

11) 안병무 박사(전, 한신대학교 교수)는 그의 "그리스도와 국가권력"을 통해, "광복이후 공산

3. 기독교적 관점에서의 국가

국가란 일반적으로 국민과 영토와 주권의 3가지 요소로 구성된다. 즉, 일정한 영토를 가지고, 특정한 정부를 가진 국민들이 이룩한 정치공동체라 정의 할 수 있다. 그러므로 국가는 반드시 정부를 가진다는 점에서 다른 사회적 공동체와는 구별된다. 정부뿐만 아니라, 이 정부의 행정력이 미치는 특정한 영토를 구비해야 한다. 따라서 집시들처럼 자기들 나름대로의 왕이나 통치자가 있다하더라도 영토가 없는 경우에는 진정한 의미에서의 국가라고 인정할 수 없다.[12]

그렇다면 국가는 어떻게 발생되었는가?

물론 모든 국가는 동일한 방법으로 시작되지는 않았음은 분명하다.

기독교적 관점에서의 국가는 하나님께서 인간의 본성 가운데 심어주신 "사회적 본능"(social impulse)의 결과라고 생각하고 있다.[13] 그렇다면, 하나님께서 이 땅위에 국가를 세우시고 주신 기능은 무엇인가? 하나님은 일반은총(Common Grace)의 영역에서 악한 자를 벌주시고 선(善)[14]한 자에게 상주시기 위해서이다. 그러므로 국가는 개인들, 가족들, 교회, 사회와는 구별된바 국민들 전체의 "공동의 선"을 추구할 책임을 갖는 것이다. 또한 타락 이후의 상태에서는 개인들과 사회 속의 정의의 수행(administration of justice)을 특히 책임져야 하는 것이다. 이 책임을 위해 성경은 로마서 13장에서 권세 앞에 복종하기를 요구하고 있는데, 여기에서 나

주의에 가장 피해를 입은 장본인으로서 철저한 반공운동으로 애국심을 나타냈다"고 기술하고 있다.(韓國아카데미叢書6(敎會와國家), 文學藝術社(서울,1984),p.240.

12) 서영일, "敎會와 國家", 기독교문서선교회(서울, 1984), p.84.

13) Ibid., p.85.

14) 여기서 말하는 "선"(goodness)이란, 개인들의 행위에만 국한 된 것이 아니라, 국가전체로서의 차원에까지 이르는 것을 말한다.

오고 있는 권세(ejxousiva)은 특정한 권력을 지칭하기 전에 권력 자체의 근원 즉, 권력은 하나님께 속한다는 것이다. 그러므로 권세는 '하나님을 섬기는 한 가지 일에만 종사하는 권력'이라는 대전제 하에서 ①선을 행하는 자에게는 공포의 대상이 되지 않고 행악자에게만 두려움의 대상이 되어야 하며, ②민의 양심과 일치되는 통치권이 있어야 한다는 조건이 있어야 한다. 이런 전제를 뒤집어 보면 ①하나님을 섬기는 봉사정신이 없고, ②선과 의를 행하는 자에게 공포의 대상이 되고, ③민의 양심을 짓밟는 권력이라면 하나님이 준 것이 아니라는 것이다.[15] 그러므로 국가는 구속의 중보자로서의 그리스도에게 속해 있는 특별은총 영역의 기관은 아니라 하나님의 일반은총의 영역에서 세워졌다 해도 창조주로서의 삼위일체 하나님의 통치아래 있음[16]을 인식하여야 하며, 신자는 신앙의 자유를 가족과 이웃이 누리도록 보장해 주는 국가의 존립을 위해 희생과 순교를 하고 있음을 우리는 성경의 역사 속에서 찾을 수 있으므로, 국가는 자신의 권력이 하나님의 통치 아래에 있음을 인식하여 국민에게 신앙의 자유를 보장해 주어야 할 책임이 있다.

4. 정전론(theory of just war)

1) 전쟁의 개요

전쟁이란 "둘 이상의 서로 대립하는 국가 또는 이에 준하는 집단간에, 군사력을 비롯한 각종 수단을 사용해서 상대의 의지를 강제하려는 행위 또는 그 상태"[17] 즉 여러 형태의 집단이 상호관계에 있어서 무력적으로 충

---

15) 韓國아카데미叢書 6, "敎會와國家", 文學藝術社(서울,1984), p.240.

16) 서영일, "敎會와 國家", 기독교문서선교회(서울, 1984), p.92.

17) 동아세계대백과사전 24, 동아출판사,(서울:1984), p.479.

돌하는 투쟁현상'이지만, 전쟁이란 상호 개인과 사회, 국가 간에 일어나는 충돌로 그 가능성은 늘 상존한다고 할 수 있다. 전쟁은 인류 역사 속에서 국가 공동체의 출범과 함께 시작되어 현재까지 지속되고 있는 무자비한 괴물이요 악마의 종합예술이라고도 한다.[18] 그러나 모든 사람 개개인은 누구든지 전쟁을 원하지는 않으며, 平和를 위해서 라는 명분으로 戰爭을 하고 있음은, "그대가 평화를 원하거든 전쟁을 준비하라(si vis pacem, para bellum)", "평화는 전쟁에 의해서 얻어진다(pax quaeritur bello)"는 말처럼, 전쟁 없이는 평화를 얻기가 힘들다는 것으로, 전쟁을 통해 얻은 '평화도 전쟁을 준비한다(pax paritur bello)'고 하였다.[19] 전쟁의 원인 중의 하나는 왕의 탐욕과 자국(自國)의 이익을 위해 평화 등의 그 어떤 명분을 내세우는 배반에 있음을 성경에서도 지적하고 있다.[20]

"이들이 십 이년 동안 그돌라오멜을 섬기다가 제 십삼년에 배반한지라"(창14:4)

"곧 그 다섯 왕이 엘람왕 그돌라오멜과 고임왕 디달과 시날왕 아므라벨과 엘라살왕 아리옥 네 왕과 교전하였더라"(창14:9)

그러므로 전쟁이 없었던 때는 없었는데, 원시 전쟁에서는 모든 사람이 전투원으로 병기는 곤봉, 석도, 궁실 등을 사용하였으며, 전쟁의 성격은 집단의 습관과 제도 등의 특수성 때문에 각각 상이하며 소규모적이었으나, 한 종족이 완전히 파멸될 때까지 무제한적으로 싸우는 성격을 지니고 있었다고 한다.[21] 그렇기 때문에 평화를 위해서라도 먼저 전쟁을 알고 대처할 수밖에 없다는 말이다. 인류의 마지막 심판이 있기 전까지는 전쟁은

---

18) 강사문, "전쟁할 때와 평화할 때", 한국기독교 신학논총 26, 한국기독교학회편, (서울,2002), p.27.

19) 김홍철, "전쟁론", 민음사(서울,2002), p.112.

20) 창14:1~:9 참조.

21) 육군본부 편찬, "국방학", 교학사(1988, 서울), pp.136~p.137.

계속될 수밖에 없을 것이다. 왜냐하면 인간의 정치적 慾望은 끊임없이 계속되기 때문이다. 전쟁 專門家들에 의하면 역사 이래 지금까지 약 5,600년 동안에 크고 작은 전쟁이 14,500번 있었고, 약 35억명이 생명을 잃었다고 한다. [22]

2) 정전론(theory of just war)

전쟁이란 공격자와 방어자 쌍방간의 싸움인데 주로 공격자가 자기 공격의 정당성을 주장하며 자기의 뜻을 관철하기 위하여 적대자를 공격함으로 전쟁이 발발한다. 선전포고의 구실은 자기의 이득과 주장에 있음이 물론이지만 종종 그 명분이 인류의 번영과 평화를 위해서, 평화를 보전하기 위해서, 독재자, 이교도와 야만인을 제거하기 위해서, 악보다 더 큰 선을 위해서, 악을 제거하고 정의를 위해서 불가피한 조처라고 주장한다. [23] 정전론은 역사적으로 고대 헬라의 플라톤과 아리스토텔레스의 논의에서도 흔적을 찾을 수 있으나, 보다 분명하게는 고대 로마의 키케로까지 소급될 수 있을 것이다. 그러나 오늘날과 같은 모습을 갖추기 시작한 것은 어거스틴과 토마스 아퀴나스를 비롯한 기독교 사상가들에 의해서였으나, [24] 현재에 이르기까지 계속 논란의 대상이 되고 있다. 기독교에서 전쟁의 정당성을 주장하게 된 것은 초대교회의 평화주의 시대를 지나 주후 4세기 경 로마가 기독교 국가가 된 이후 로마제국이 수행하는 전쟁을 변증할 필요가 생겼기 때문이다. 십자가로 로마의 황제가 된 콘스탄티누스 대제는 군대의 힘으로 이교도들을 정복하기 시작하면서 십자가를 창으로 바꾸는 상황 속에서

---

22) 이춘근, "세계전쟁의 원인 및 유형과 그 특징을 분석한다.", 목회와 신학 60 (1994.6),pp.46~p.49

23) 김홍철, "전쟁론", 민음사,(서울,2002), pp.17~18. R. H. Bainton, "전쟁, 평화, 기독교",(서울, 대한기독교서회,1981), p.119, p.314 참조.

24) 김태현, "정전론 연구", 서울대학교 대학원 외교학과 석사학위논문, 1983 p.9 이하 참조.

처음으로 정당 전쟁론을 주장한 사람은 암브로스(St. Ambrose)이다. 그는 로마제국의 고급 관리를 지낸 사람으로 "성직자의 의무"라는 논문에서 정당전쟁(just war) 개념을 주장하였다.[25] 암브로스(St. Ambrose)는 모세나 여호수아의 전쟁을 예로 들면서 "전쟁은 악인을 심판하는 하나님의 심판행위이므로 전쟁은 정당하다. 그러나 성직자는 전쟁에서 제외되어야 한다."고 하였으며, 이 후 정당전쟁론을 체계화한 사람은 어거스틴(A.D. 354-430)이다. 그는 첫째로, 합법적인 권위(lawful authority)에 의한 전쟁명령은 때로는 불가피하기 때문에 전쟁이 허용되어야 한다고 하였다. 그러나 그는 전쟁을 일종의 필요악으로 생각하며,[26] 교회의 정의에 부합되며 불가피하게 이루어진 전쟁이라면 교회는 국가가 수행하는 전쟁에 적극 참여해야 된다며, 모세가 애굽 사람을 죽인 것은 하나님 명령에 순종한 폭력이므로 죄가 되지 않는다고 하였다. 둘째로, 악한 집단을 징벌키 위해 전쟁을 한다 할지라도 그 악한 집단을 개선시키고 악에서 구하려는 사랑의 동기가 선행되어야 한다고 하였다. 때로는 전쟁이 평화의 수단으로 정당화되는 것이다. 셋째로, 어거스틴의 정당전쟁론의 근거는 전쟁으로 얻은 평화는 승자와 패자가 공유해야 한다는 원칙이다. 불가피하게 적을 살해하고 폭력을 사용한 것인 만큼 승자도 패자와 화해하고 피차 평화를 공유해야 한다는 것이다.[27]

이 후 13세기의 성 아퀴나스(St. Thomas Aquinas, 주후 1225~1274)는 어거스틴의 이론에 다음 세 가지 조건에 ① 최상의 주권을 가진 권위에 따라 전쟁을 할 수 있다. ② 정당한 원인, 즉 악행을 하는 자의 잘못에 대해 공격할 수 있다. ③ 바른 의도, 즉 선을 증진시키고 악을 제거하기 위해-에

---

25) 이장식, "전쟁과 그리스도인", 군진신학 (육군군종감실 편, 1985), p.292.

26) 맹용길, "군진신학의 기독교 윤리적 과제 : 정당전쟁론을 중심으로", 군진신학 (육군군종감실 편, 1985), p.171., 이장식, "전쟁과 그리스도인", p.293 참조.

27) Ibid, p.292.

부합되면 정당전쟁이 될 수 있다고 하였다.[28] 이 정전론은 근대 민족국가의 절대주의의 시대에는 국가이성(raison d'Etat)에 의한 전쟁론이 더욱 유력한 것이 되었지만,[29] 오늘날 전쟁에 관한 국제법의 기초를 닦는데 기여하였다. 평화주의자들은 무조건 전쟁을 피해야 된다는 것이고, 정전론자들은 조건에 따라 피해야 된다는 것이다. 예를 들면, 평화주의자들은 강도에 의한 희생자들을 없애기 위한 선한 목적이라도 힘을 사용해서는 안되며, 정전론자들은 선한 자를 해치는 강도를 제거하기 위해 경우와 조건에 따라 힘을 사용할 수 있다는 입장인 것이다. 전쟁은 사라져야한다. 그러나 남의 것을 탐내는 강한 자의 야욕이 이 세상에서 사라지지는 않을 것이다. 그렇다면, 얼마만큼 전쟁을 방지하고 평화를 이루는데 유용성이 있는지에 대해 관심을 가져야 할 것이다. 정전론의 이론에 의해전쟁 자체가 정당성를 인정받는 것은 아닐 것이다. 단지 우리의 삶을 평화롭게 하기 위한 정당한 원인이 있을 때에는 최후 수단으로 전쟁이 정당화될 수 있을 것이다. 그러면서, 악을 제거한다는 전쟁이 더 큰 악을 제거한다는 전쟁이 더 큰 전쟁을 생산하고 있다는 사실에 평화주의와 정전론의 한계라 할 수 있다.

5. 성경에 나타난 군(軍)

1) 구약에 나타난 군(軍)

구약성경에서 전쟁에 관한 기사를 처음으로 접하는 것은, 조카 롯이 포

---

28) 맹용길, "군진신학의 기독교 윤리적 과제", p.172.

29) Michael Walzer, "Just and Unjust War",(New York,1997), p.63.
이러한 이론은 근대이전에 이미 르네상스 그리고 이후의 휴머니즘 법학에서 생긴 것으로서 홉스와 그 이후의 근대 사상은 그 연장선상에서 배양된 것이며, 또 홉스의 국제관계론은 많은 이들이 생각하듯이 국내적 자연상태론을 국제적으로 확장한 것이 아니라 거꾸로 국제관계의 무정부성에서 홉스의 자연권 사상의 착상이 얻어진 것이라는 흥미로운 주장에 대하여는 Richard Tuck, The Rights of War and Peace - Political Thought and the International Order from Grotius to Kant,(Oxford University Press, 페이퍼백 판, 2001).

로로 잡혀갔다는 소식을 들은 아브라함이 구하기 위해 가신들을 동원한 사건이라고 할 수 있다(창14:1~:24). 이 사건에 대해 칼빈(Calvin)은 '아브라함이 그의 가신들을 무장 시켜서 공식적인 전쟁을 수행했던 것이 과연 합법적인가?'라고 의문을 제기하며, 아브라함이 경솔하게 전쟁을 시도하지 않고 침략을 받아 포로가 된 조카를 구한 것은 하나님에 의하여 인정을 받은 것이라며, 하나님의 제사장인 멜기세덱에게 전리품의 십분의 일을 드렸고 멜기세덱은 아브라함에게 하나님께 복이 있기를 간구하며 칭송한 사실을 들고 있다.[30] 더욱이 중요한 것은 이 전쟁에서 얻은 물질 중 전쟁에 났던 소년들의 먹은 것을 제하고 전부 소돔 왕에게 돌림으로써 물질의 탐욕으로 인한 전쟁에 자신이 가담한 것은 아님을 분명히 드러내고 있다. 이처럼 한 국가는 자신의 의지와는 상관없이 침략을 당하여 자존적 지위를 지키기 위해 전쟁을 하게 되는 불가피함을 갖게 될 때가 있다. 구약에서 이스라엘은 전쟁의 승리는 하나님의 뜻을 세우는 것이 필수적임을 나타내고 있음을 볼 수 있다. 즉, 이스라엘의 430여년의 역사 속에서 하나님의 뜻을 구현하고 정의와 공의를 실천하여 하나님의 길을 잘 따른 왕으로서는 히스기야 왕과 요시야 왕 둘 뿐이며, 전쟁에서 왕들이 승리한 것은 하나님의 뜻을 따른 왕들이었고 반대로 하나님의 뜻을 거역하고 따르지 않은 왕들은 전쟁에서 패배하였다는 것이다. 따라서 왕들에게 있어서 전쟁에서의 승패는 그들이 하나님 편에 서 있었느냐 또는 하나님의 뜻을 잘 준행하였느냐에 따라 결정되었다. 다윗과 골리앗의 싸움에서 승리한 다윗이 '여호와의 구원하심은 칼과 창에 있지 아니함을 이 무리(불레셋)로 알게 하리라. 전쟁은 여호와께 속한 것인 즉 그가 너희를 우리 손에 붙이시리라'(삼상 17:47)고 선언하고 있음에서 보듯이 전쟁의 승패는 칼과 창에 있는 것이 아니라 하나님께 속한 것이며, 구약성경은 전쟁의 승리가 군사와 무기에 있는 것

---

30) John Calvin, '舊約聖書註釋', 新敎出版社(서울, 1978), pp.386~387.

이 아니라 하나님을 믿는 신앙에 있음을 강조하고 있다. 여호수아 시대에 왕은 없었지만 여호수아는 하나님의 사람으로 하나님의 명령에 순복한 사람이었다. 때문에 가나안 주민들과 전쟁을 하는 과정에서 하나님은 여호수아와 이스라엘 백성들에게 승리를 주었다. 즉, 여호수아는 하나님 편에 서 있었다. 하나님은 여호수아에게 가나안 땅에 사는 아모리 적군들을 격퇴할 수 있는 용기와 지혜를 주었다(수 6-12장). 그런데 가나안 땅의 백성들은 아무 잘못도 없는 데 여호수아 군사들은 그들에게 공격을 감행하였는가? 여호수아와 이스라엘 군사들은 정복자(征服者)들인가? 왜 가나안 땅의 이방 군사들은 패배했는가? 물론 '여호와 하나님은 이스라엘의 편이고, 가나안 사람들의 편이 아니기 때문이다'고 말할 수 있다. 그러나 이러한 문제는 여호와 하나님의 역사운행의 원리에서 파악된다. 이미 여호수아보다 400여년 전에 하나님은 아브라함에게 가나안 땅을 약속의 땅으로 주시면서 약속하셨다: '네 자손은 사대 만에 이 땅으로 돌아오리니 이는 아모리 족속의 죄악이 아직 관영치 아니함이니라'(창 15:16) 가나안 땅에 사는 원주민인 아모리 사람들의 죄악이 아브라함으로부터 400년을 지나서 즉 여호수아 시대에 이르러서야 극에 달해 하나님의 심판을 받게 되었다는 것이다. 사사시대에도 하나님의 말씀을 순종했을 때에는 전쟁에서 승리하고 평화을 확보했지만 하나님의 뜻을 거역했을 때에는 심판을 받고 다른 나라의 속국이 되는 비운을 맞이하였다. 즉, 이스라엘 백성들이 하나님 보시기에 악을 행하여 결국 메소포타미아 왕에게 패하고 8년을 종살이 했으나, 잘못을 뉘우치고 회개한 결과 사사 옷니엘을 보내어 메소포타미아 왕과의 전쟁에서 승리한 후 40년간 평화가 지속되었다고 한다(삿3:7~11). 따라서 전쟁의 승패는 인간의 군사나 무기에 있는 것이 아니고 우리가 하나님 보시기에 공의를 행하고 하나님 편에 서 있을 때만이 승리가 우리에게 주어짐을 성경은 역사를 통해 교훈한다. 전쟁이 하나님의 뜻을 성취하는 것이라 해도 전쟁의 주최는 백성들이 아니라, 백성들의 원에 의해 세움을 받은 왕에 의해 발발하게 되는데, 이는 이스라엘 백성들이 사무엘 선지자에게 왕을 세워 줄 것을 요구하였을 때, 하나님은 왕은 백성들에게 병역의 의무를 지울 것이며 세금을 무겁게 지우며 종처럼 부릴 것이라고 하나님은 경고를 주고 있음을 볼 수 있다.

"그러므로 그들의 말을 듣되 너는 그들에게 엄히 경계하고 그들을 다스릴 왕의 제도를 알게 하라 사무엘이 왕을 구하는 백성에게 여호와의 모든 말씀을 일러 가로되 너희를 다스릴 왕의 제도가 이러하니라 그가 너희 아들들을 취하여 그 병거와 말을 어거(馭車)케 하리니 그들이 그 병거 앞에서 달릴 것이며 그가 또 너희 아들들로 천부장과 오십부장을 삼을 것이며 자기 밭을 갈게 하고 자기 추수를 하게 할 것이며 자기 병기와 병거의 제구를 만들게 할 것이며 그가 또 너희 딸들을 취하여 향료 만드는 자와 요리하는 자와 떡 굽는 자를 삼을 것이며 그가 또 너희 밭과 포도원과 감람원의 제일 좋은 것을 취하여 자기 신하에게 줄 것이며 그가 또 너희 곡식과 포도원 소산의 십일조를 취하여 자기 관리와 신하에게 줄 것이며 그가 또 너희 노비와 가장 아름다운 소년과 나귀들을 취하여 자기 일을 시킬 것이며 너희 양떼의 십분의 일을 취하리니 너희가 그 종이 될 것이라."[31]

하나님의 이러한 지적은 하나님을 떠난 백성들의 요구로 세워지는 왕권에 대한 원초적인 회의와 경계라고 할 수 있는데, 그것은 하나님의 지배를 떠난 권력은 비대해져서 백성을 왕의 종으로 혹사케 할 위험성을 경고하면서도 하나님은 허락하셨다는 것은 국가와 권력은 필요악적 의미라 할 수 있을 것이다.

2) 신약에 나타난 군(軍)

---

31) 삼상8:9~17

신약시대에는 군(軍)에 관한 기사가 많이 나타나 있지 않다. 이것은 당시의 유대 배경이 로마의 속국이었으므로, 군인이 된다고 하는 것은 로마의 신민만이 누리는 특권에서 기인한다고 할 수 있을 것이다. 그러면서도 군인과 관련된 기사가 종종 나타나고 있는데, 이를 살펴보면 다음과 같다.

(1) 세례요한의 견해

세례요한이 요단강에서 세례를 베풀 때, 찾아와 자신들의 책무에 대해 묻는 군인들에게 누가복음 3:14에서 "군병들도 물어 가로되 우리는 무엇을 하리이까 하매 가로되 사람에게 강포하지 말며 무소하지 말고 받는 요를 족한 줄로 알라 하니라"고 답하고 있다.

이 내용에서 세례요한은 군인의 질문에 대해 3가지로 대답하고 있음을 볼 수 있다.

① 사람에게 강포(强暴)하지 말며: 남의 것을 빼앗지 말며
② 무소(誣訴)하지 말고: 거짓으로 고발하지 말고
③ 받는 요(料)를 족한 줄로 알라: 받는 급료를 만족하게 알라는 의미이다.

이 말의 공동적 의미는 군인이 갖는 무기의 힘(권력)으로 타인에게 해를 주지 말고 자신의 현실을 만족하게 여기라는 의미일 것이다. 그러므로 예수 그리스도를 십자가에 처형하는데 동참한 사건이나, 예수께서 죽으셨다가 사흘 만에 부활하신 그 무덤을 지켰던 군인들에게 대제사장이 돈을 주며 예수의 제자들이 예수의 시신을 도둑질해 갔다며 주장에 함께 동참했던 군인들의 행동[32]은 의롭지 않은 것임에 분명하다.

---

32) 마28:12,:15 "그들이 장로들과 함께 모여 의논하고 군병들에게 돈을 많이 주며, 군병들이 돈을 받고 가르친 대로 하였으니 이 말이 오늘날까지 유대인 가운데 두루 퍼지니라" 참조

군인에 대한 위와 같은 부정적 개념에도 불구하고, 사도 바울은 군인들에 대해 긍정적인 면에서 성도들을 권면하고 있음을 엿볼 수 있다.

"그러나 에바브로디도를 너희에게 보내는 것이 필요한 줄로 생각하노니 그는 나의 형제요 함께 수고하고 함께 군사 된 자요 너희 사자로 나의 쓸 것을 돕는 자라"(빌2:25)

"네가 그리스도 예수의 좋은 군사로 나와 함께 고난을 받을지니"(딤후2:3)

"자매 압비아와 및 우리와 함께 군사 된 아킵보와 네 집에 있는 교회에게 편지하노니"(몬1:2)

이처럼, 사도바울에게 있어서 군인에 대한 긍정적인 면을 동역자들에게 사용하고 있음은 그 당시 로마 군인들의 충성심에 기인한다고 해도 과언은 아닐 것이다.

즉, "군사로 다니는 자는 자기 생활에 얽매이는 자가 하나도 없나니 이는 군사로 모집한 자를 기쁘게 하려 함이라"(딤후2:4).

이 또한 예수 그리스도의 방문을 감당치 못하겠다며 명령만 내려달라는 백부장이 칭찬을 들은 것도 같은 맥락이라고 볼 수 있다.[33]

로마 군인의 충성심에 대한 기록은 주후 79년 8월 24일 이탈리아 남서부에 위치한 폼페이 시가 베수비오 화산이 폭발하면서 쏟아 부은 화산재에 묻히고 말았을 때, 미처 피하지 못하고 묻힌 사람들은 한결같이 화산의 반대방향에 위치한 성문 쪽을 향해서 죽어 있었지만, 성문을 지키던 로마군

---

33) 눅7:8 (저도 남의 수하에 든 사람이요 제 아래에도 군병이 있으니 이더러 가라 하면 가고 저더러 오라 하면 오고 제 종더러 이것을 하라 하면 하나이다)

인들은 자신의 위치에서 정자세로 죽어 있다고 하니, 생명을 위협하는 화급한 상황에서도 군인의 임무를 다하는 로마의 군인은 전도자들에게 요구되는 충성심의 본이 되었던 것이다.[34] 이처럼 사도바울은 군인의 계율과 충성에 대해 깊이 이해하며 장점을 이해하고 있어 그들의 직무에 충실할 때, 명령을 받아 행한 군인들에게 잘잘못을 따지지 않고 명령을 내린 지휘관의 책임임을 말하고 있음을 알게 된다.[35]

6. 성경에서의 양심

양심을 뜻하는 헬라어인 "suneivdhsi"와 라틴어 "conscientia"는 어원적으로 "함께 안다"는 뜻을 가지고 있다. 이것이 뜻하는 것은 양심이란 인간으로 하여금 자신이 도덕률 또는 하나님의 의지에 순응하고 있음을 알게 하는 지식 또는 인식이라는 것이다.[36] 양심적인 사람이 자신의 의지보다 높은 어떤 의지와 함께 안다는 사실은 인간이라면 누구나가 갖는 보편적인 특징이다. 인간의 의지에 대해 무엇을 요구할 권리를 가진 의지가 있는데, 이 의지가 곧 하나님의 의지이다. 사람들은 이것을 가리켜 법 또는 도덕률이라고 하는 것이다. 모든 사람이 가지고 있는 양심은 기본적으로 하나님의 법에 반응하는데, 그것은 양심이 하나님의 법에 비추어 본 것을 우리 인간에게 전달하여 인간으로 하여금 이 양심의 지시에 따르거나 아니면 묵살하도록 하기 때문이다. 이에 신구약 성경에 나타난 양심에 대하여 살펴보고자 한다.

---

34) 그리스도교회연구소(http://kccs.pe.kr/arch019.htm)

35) 마22:7 (임금이 노하여 군대를 보내어 그 살인한 자들을 진멸하고 그 동네를 불사르고)

36) Hallesby, 이현주 역, "양심", (서울:대한기독교출판사,1988),pp.9~10.

1) 구약에서의 '양심'

구약성경에 양심이라고 할 수 있는 명확한 단어는 없지만 '마음(leb)'[37] 란 말에서 양심이란 뜻을 찾을 수 있다. 이 단어가 사용된 예는 다윗이 "사울의 옷자락을 벰을 인하여"(삼상 24:5), 그리고 "인구수를 셈을 인하여"(삼하24:10) "마음"의 가책을 받았다는 것이다.[38]

구약성경은 하나님의 뜻과 관련하여 '옳음'을 정의하면서, 인간이 끊임없이 자신의 동기와 생각과 행위에 관한 도덕적인 판단을 내린다는 사실에 대해서 동의하고 있음을 볼 수 있다. 즉, 이성은 "여호와의 등불"(잠20:27) 로서 진실과 잘못뿐 아니라 선과 악의 문제까지도 밝혀준다. 양심의 기능은 마음에 기인하는 것으로서 죄인들을 꾸짖는 것(삼상24:5, 삼하 24:10)을 의미한다.[39] 양심을 의미하는 'suneivdhsi'''는 Septuagint(LXX, 70인역)에 단 한번 나오고 있는데,[40] 이것은 그 개념이 구약성경 세계의 삶과 사상으로부터 어떠한 특별한 윤색 없이 신약성서에 들어왔으며, 전적으로 이방세계로부터 그 의미를 받아들였음을 보여주는 것이다. 구약성경에 '양심'에 해당하는 낱말이 정확하게 나타나지 않는 것은, 하나님을 왕으로 인간을 하나님에게 순종하는 종으로 강조하는 히브리적 사고 때문이라고 할 수 있으나, 신약성경에서 양심에 대한 사상의 배경이 되는 부분으로는 많이 들어 있음을 볼 수 있다.[41]

2) 신약에서의 양심

예수님과 복음서의 저자들은 양심의 어둠을 아주 강력하게 경고하는 내

---

37) '마음(leb)'은 가끔 '뱃속'으로 번역되기도 하며, '심장'이 쓰이기도 한다.

38) 김찬국, "성서에 나타난 양심선언" 「기독교사상」 19호(1975.5),pp.20-21.

39) 이것은 신약성서 막3:5, 요일3:19 등에서도 나타난다.

40) "심중에도 왕을 저주하지 말며" (전10:20).

41) 이병철 편저, "양심" 「주제별성서대전」 (서울:로고스출판사,1983)

용이 있기는 하지만 직접적으로 '양심'이라는 표현을 사용하지는 않았다.

'...그러므로 네게 있는 빛이 어두우면 그 어두움이 얼마나 하겠느뇨?'(마6:23)

요한도 사람을 단죄하거나 안심시키는 마음에 대해서 말하고 있지만 직접적으로 '양심'이란 낱말을 사용하지는 않았다.

'지금부터 일이 이루기 전에 미리 너희에게 이름은 일이 이룰 때에 내가 그인 줄 너희로 믿게 하려 함이로라 내가 진실로 진실로 너희에게 이르노니 나의 보낸 자를 영접하는 자는 나를 영접하는 것이요 나를 영접하는 자는 나를 보내신 이를 영접하는 것이니라 예수께서 이 말씀을 하시고 심령에 민망하여 증거 하여 가라사대 내가 진실로 진실로 너희에게 이르노니 너희 중 하나가 나를 팔리라 하시니 (요13:19~21).

그리고 사도 바울은 '양심'이란 말을 가장 자주 사용하였는데,[42] 사도 바울에게 있어서 양심은 이미 행해진 행동을 비판적으로 판단하는 것뿐만 아니라 앞으로 이행할 의무를 포함하고 있는 것으로 간주된다는 것이다. 바울은 고린도 교회 성도들을 향해 "그러나 이 지식은 사람마다 가지지 못하여 어떤 이들은 지금까지 우상에 대한 습관이 있어 우상의 제물로 알고 먹는 고로 그들의 양심이 약하여지고 더러워지느니라"(고전8:7)는 말씀을 통해, 양심이 약한 자가 우상에 바쳐진 제물을 먹는 것을 금해야 한다고 주장함으로서 양심에 미래적 시각을 부여하고 있다.

여기에서 사도 바울은 약한 양심의 소유자는 우상에게 바쳐진 음식을 먹어서는 안된다는 지식을 가진 사람이고, 강한 양심의 소유자는 오직 하나님만을 믿는 신앙으로 우상에 바쳐진 제물을 초월할 수 있는 사람인데, 아

---

42) 고전8:7~12; 고전10:25-29; 롬2:14 등

무리 강한 양심을 가진 사람이라 해도 우상에게 바쳐졌던 음식을 먹음으로 약한 양심을 가진 사람에게 상처를 주어서는 결코 안된다고 강조하고 있음으로 볼 때, 바울이 말하는 양심은 우리의 행위가 선했는지 악했는지를 판단하는 내적 증인으로, 이 양심은 모든 사람에게 보편적으로 작용하는 기능이며, 이 기능은 인간에 의해 만들어지거나 개발되는 것이 아니라 전적으로 하나님에 의해 주어지는 것임을 알 수 있다.[43]

그러므로 인간은 양심의 판단을 함에 있어 그것이 단지 이성의 통찰에 그치는 것이 아니라 신앙에 의해 조명되는 것임을 깊이 인식해야 하는 것이다. 바울서신 외에 양심에 대한 언급은 사도행전, 히브리서, 베드로 전후서에 나타나고 있으나 그 의미는 바울이 언급한 양심과 다르지 않다.

3) 양심의 종류

신약성경에서 양심은 30번~33번 정도 언급되어 있는 '양심'은 여러 종류로 나뉘어 생각할 수 있다. 그 중에서도 선한 양심, 악한 양심, 강한 양심, 약한 양심을 대표적으로 꼽을 수 있다.

먼저 선한 양심을 살펴보면, 우리로 바른 길을 이탈치 않도록 하며(딤전 1:3-5), 승리케 하며(딤전1:18-19), 정직하게 하며(히13:18), 우리를 주님의 증인이 되게 하며(벧전3:14-17), 분별력을 주며(마6:22-23), 훈련되어져야 한다(히5:13)고 하였다. 그런데, 아무리 선한 양심을 소유했다하더라도 그 양심은 완전하거나 자족적일 수 없음을 알아야 한다. 신약성서는 중생한 인간의 양심도 완전무결한 것이 아니라, 신자의 도덕적 판단은 끊임없이 성장해야 하는 것이며, 선한 양심의 도덕성조차도 끊임없이 교육을 통해 성숙되어야 하는 것으로 설명한다. 악한 양심은 죄에 의해 더럽혀졌고(고전8:7), 선의 요구들과 비난과 가책에 무감각할 정도로 화인 맞았

---

43) Warren W.Wiersbe, 「양심」,나침판출판부역,(서울:나침판사,1984),p.14.

고(딤전4:2) 마침내는 바른 길을 벗어나 하나님과 선을 지향하는 일을 멈추게 된다. 히브리서 10:22에도 악한 양심에 대해 언급되어 있는데 이 같은 악한 양심으로 비롯되는 죽은 행실은 그리스도의 피로 깨끗해질 수 있다. 하나님을 거역하는 인간의 양심은 점점 더럽혀 질 수 있다. 양심이 인간의 주인이라면 하나님은 양심의 주인이시다. 내 것이 아닌 것을 함부로 더럽힐 권한은 어느 누구도 없는 것이다. 강한 양심은 영적 지식이 있고, 영적으로 훈련되어 있기 때문에 분별력이 있고(요7:7), 그리스도 안에서 자유를 누린다(딤전6:17, 약1:17). 그러나 강한 양심은 늘 약한 양심에 관심을 기울여야 한다. 강한 양심의 저돌적인 행사는 자칫 약한 양심에 상처를 줄 수도 있다는 것을 염두에 두어야 한다. 고린도전서 8장에서 바울이 말한 대로 지식과 양심은 병행하는데, 주 안에서 지식이 자라나며 사랑이 실천될수록 양심은 더욱 강해지게 된다.

7. 양심의 자유에 대한 헌법규정 및 판례

사회적 관심으로 대두되고 있는 소위 양심적 병역거부들로 교도소에 복역 중인 사람은 2004년 2월 현재, 521명이고, 매년 평균 600명 정도가 병역법위반으로 처벌받고 있으며, 지금까지 양심에 따른 병역거부로 처벌받은 자는 1만여명에 이르고 있다.[44]

이들의 대부분은 여호와의 증인에 속한 자들이지만, 지난해 불교도인 오태양의 병역거부로 소위 양심적 병역거부자들이 특정 종교에 국한된 문제가 아니라며 힘을 얻었다고 표현하고 있으나 병역거부의 주류를 이루고 있는 층은 변함이 없는 것은 확실하다.

이들이 주장하는 소위 양심적 병역거부로 인해 우리나라에서 처벌을 받

---

44) 한국기독교교회협의회, '교회와세계'(230호, 2004년8월호)

는 것은 2가지 형태이다.

첫째는 집총거부이다.

이는 군대에 입대하여 일단 군인신분을 취득한 자가 양심상 이유로 집총을 거부하고 총기를 수여받지 아니한 경우에 군형법상 항명죄로 처벌되고 있는데(군형법 44조), 이 경우 징역 3년형이 선고되어 확정과 함께 민간인으로 전역되고 있다.

둘째는 소위 말하는 양심적 **병**역거부이다.

이는 병역의무자가 자신의 신앙이나 양심상의 이유로 징병검사나 입영을 기피하는 등 군입대 자체를 거부하는 경우 병역법 위반으로서 처벌되는데(병역법 제87, 88조), 이 경우 1년 6월 내지 2년의 징역형이 선고되고 있다.

여기서 우리가 눈여겨봐야 할 것은 그동안 여호와의 증인들은 병역의 의무에 대한 저항보다는 입대하여 집총거부로 군형법상 항명죄로 처벌되었었는데, 김두식 변호사의 글로 인해 군형법보다는 민간인 신분으로서의 병역거부가 처벌규정이 미약함과 세계적으로 이슈가 되고 있는 양심적 병역거부로 변환하였음을 보게 된다. 그러므로 이들의 행동에는 국방의 의무는 이행하되 신앙적 문제로 병무 중 집총거부를 하던 모습은 사라지고, 병역의 의무를 부인하는 양심자유를 주장하는 것은 양심을 빙자한 행동에 불과하며 그들이 가지고 있는 신앙을 지키는 태도도 아니라고 지적하지 않을 수 없다. 헌법 제19조에는 "모든 국민은 양심의 자유를 가진다."라고 하여 양심의 자유를 기본권의 하나로 보장하고 있으나, "양심의 자유는 내부에 머무르고 있는 한(限), 절대적 자유이나 외부로 표현된 경우에는 그 한계를 넘은 경우 제한될 수 있다."고 하는 것이 우리나라 헌법학계의 다수설이자 판례의 입장이다. 또, 헌법 제20조에는 "모든 국민은 종교의 자유를 가진다."라고 규정하여 모든 종교활동을 보장하고 있으며, 특히 집총(執銃)

을 거부하는 특정 종교단체에도 종교의 자유를 허용하여 집회와 포교 등 모든 종교활동을 인정하고 있다. 그러나 신앙의 자유는 내심의 자유의 핵심이기 때문에 침해할 수 없으나, 그 밖의 종교적 행위나 종교적 결사의 자유는 그것이 대외적 행위이기 때문에 국가의 법질서를 해치거나 질서유지 및 공공복리를 위하여 필요한 경우에는 법률로써 제한이 가능하다고 한다.

금년 대법원이 소위 양심적 병역거부자에 대해 유죄 판결한 내용에 소수의견으로 대체 복무에 관한 노력을 게을리 해서는 안된다는 내용이 있긴 하지만 이 판결도 1969년 이래(以來) 수차례에 걸쳐 판결한 "헌법과 법률이 정하는 병역의무를 거부하는 것은 양심과 종교의 자유에 속하지 아니하므로 집총거부 및 군사교육명령 불이행 즉시 항명죄가 성립하고 처벌은 정당하다."고 한 판결의 맥을 잇고 있다고 할 수 있는데, 헌법재판소도 2004년 8월 26일 "병역법 88조 제1항 제1호 위헌제청"(2002헌가1)에 대해 "병역법 88조가 헌법에 위반되지 않는다"며 합헌결정을 선고함으로[45] 사실상 그 동안 논란에 종지부를 찍었다고 할 수 있는데, 이는 일반법원의 결정은 사건 당사자에게만 효력을 미치지만 헌법재판소의 결정은 모든 국가기관이 따라야 하기 때문이다. [46]

Ⅲ. 결 론

"양심적 병역거부"라는 용어는 외국에서 사용되고 있는 "conscientious objector"를 단순 번역하여 사용하는 강학(講學)상의 용어이다. 그렇지만 "양심"이라고 하는 것을 "어떤 일의 옳고 그름을 판단함에 있어서 그렇게 행동하지 아니하고는 자신의 인격적 존재가치가 허물어지고 말 것

---

45) 헌법재판소(http://www.ccourt.go.kr/precedent/month_read.asp)
46) 중앙일보 2004년8월27일(5면)

이라는 강력하고 진지한 마음의 소리"라고 정의할 때, 특정 종교의 교리나 개인적 신념에 따른 병역거부를 "양심적 거부"라고 하는 것은 적합한 용어의 사용이 아니라고 보기에, 필자는 이들이 집총거부에서 양심적병역거부를 내세우는 행위는 신념이 아닌 현실에서 자신들의 필요에 의해 유리한 쪽을 선택한 사람들이라고 사료되어 "소위(所爲) 양심적병역거부자"라는 용어를 사용하는 것이다.

지난 2004년 7월 15일에 대법원이 소위 양심적병역거부자들에 대한 판결은 소수의견으로 대체복무에 대해 밝히고 있는데 이는 성경에서 찾아 볼수 있다. 즉, "사람이 새로이 아내를 취하였거든 그를 군대로 내어보내지 말 것이요 무슨 직무든지 그에게 맡기지 말 것이며 그는 일년동안 집에 한가히 거하여 그 취한 아내를 즐겁게 할지니라"[47]

하나님은 새로 결혼을 하여 아내를 맞이한 사람은 병역 징집이 1년간 유예가 되어 아내를 즐겁게 하도록 한 사실에서 병역의 대체근무에 대해서는 더 연구해야 할 필요는 있다고 하겠으나 병역의 면제는 아님을 엿볼 수있다. 그러므로 인권이나 사회단체는 그 성격상 소수자의 권익 향상을 위해 병역의 의무보다는 양심의 자유를 우선한다고 주장을 할 수 있으나, 법조문으로 판결해야 하는 판사들이 현행법을 개인적 소신으로 해석하여 판결하는 것은 자신의 직무 위치를 망각한 처사라고 지적하지 않을 수 없다.

그렇다면, 신앙인인 우리가 병역의 의무를 통해 추구하는 덕목은 무엇일까?

이것은 신앙의 자유를 갖기 위함인데, 이 신앙의 자유는 양심에 의해 신앙을 고백하고 그 신앙에 따라 행동할 수 있는 자유를 포함하므로, 적극적으로 신앙을 갖고 신앙을 고백하고 동일한 신앙을 가진 사람들이 공동으

---

47) 신24:5

로 신앙의식(信仰儀式)을 거행하고 종교적 단체를 결성하여 선교와 교육 활동 등을 자유롭게 행할 수 있는 자유를 보장할 뿐만 아니라 소극적으로 신앙을 갖지 않고, 종교의식의 행사, 선교, 교육활동 또는 집회, 결사에 참여하지(강제당하지) 않을 신앙의 자유를 위해 병역의 의무를 수행하고 있음을 깊이 인식하여야 하는 관점에서, 국가 또한 병역의 의무를 수행하는 젊은이 신앙을 지킬 수 있도록 신앙생활 활동을 위한 제(諸)노력을 게을리 하지 말아야 할 것이다.

〈참고문헌〉

1. 김홍철, "전쟁론", 서울:민음사, 2002.
2. 맹용길, '군진신학의 기독교 윤리적 과제 : 정당전쟁론을 중심으로', "군진신학", 서울:육군군종감실 편, 1985.
3. 서영일, "敎會와 國家", 서울:기독교문서선교회, 1984.
4. 육군본부 편찬, "국방학", 서울:교학사, 1988.
5. 이장식, '전쟁과 그리스도인', "군진신학", 서울:육군군종감실 편, 1985.
6. 한국기독교역사연구소 편, "북한교회사", 서울:한국기독교역사연구소, 1996.
7. O. Hallesby, 이현주 역, "양심", 서울:대한기독교출판사, 1988.
8. Warren W. Wiersbe, 나침판출판부역, "양심", 서울:나침판사, 1984.
9. R. H. Bainton, 채수일 역, "전쟁, 평화, 기독교", 서울:대한기독교서회, 1981.
10. Michael Walzer, "Just and Unjust War", New York:Basic Books, 1977.
11. "한국기독교 신학논총 26", 서울:한국기독교학회 편, 2002.
12. "韓國아카데미叢書 6", '敎會와國家', 서울:文學藝術社, 1984.
13. "한겨레 21", 제345호(2001. 2. 15), 제367호(2001. 7. 19), 제369호(2001. 8. 2)
14. 김찬국, '성서에 나타난 양심선언', "기독교사상"19호, 서울:1975. 5.
15. 이춘근, '세계전쟁의 원인 및 유형과 그 특징을 분석한다', "목회와 신학" 60호, 서울:1994. 6.
16. 김두식, '여호와의 증인과 그 인권', "복음과 상황", 서울:1999. 7.
17. 한국기독교교회협의회, "교회와세계" 230호, 서울:2004. 8.
18. John Calvin, "舊約聖書註釋", 서울:新敎出版社, 1978.
19. 성경전서, 서울:대한성서공회,

20. 중앙일보(2004. 8. 27)
21. 김태현, "정전론 연구", 서울대학교 대학원 외교학과 석사학위논문, 1983.
22. 이병철 편저, "주제별성서대전", 서울:로고스출판사, 1983.
23. 동아세계대백과사전 24, 서울:동아출판사, 1984
24. 그리스도교회연구소(http://kccs. pe. kr)
25. 대법원 홈페이지(http://www. scourt. go. kr)
26. 한국기독교총연합회 홈페이지(http://cck. or. kr)
27. 헌법재판소(http://www. ccourt. go. kr)

2-2. 교회복지의 법원(法源)으로서의 성경적 이해

-교회법 제정을 중심으로-

Ⅰ. 서 론

한국 기독교의 역사는 사회복지의 역사라고 해도 과언이 아닌 한국교회는 제1회 "기독교사회복지엑스포2005"[1] 개막식 대회사를 통해 "사회복지사업의 70%를 감당하고 있는 한국 교회가 비판을 받아온 이유는 사회복지에 관심이 없어서가 아니라 '오른손이 하는 일을 왼손이 모르게 했기 때문'이다"면서 "교회가 사회의 빛과 소금이 되기 위해 사회를 움직이고 감동시킬만한 계기와 이미지를 만들어야 한다."고 하였다.[2] 이 말처럼 현재 전국적으로 사회복지사 자격증 취득자는 8만 5천여명에 달하고 있으면, 2만5천여명이 현장에서 활동하고 있다. 전문대학, 대학교, 대학원 등의 사회복지 관련학과 또는 학부는 250여개로[3] 이중 기독교 관련 대학이나 신학대학이 대부분을 차지하고 있으며, 이를 위해 한국교회 초기부터 '사회사업'을 필두로 시작하여 '복지사업'에 주력하며 많은 업적과 더불어 학문적 연구 업적을 낳았다. 한국교회의 이런 노력은 인간의 생명 존중을 강조하는 예수 그리스도의 사랑을 실천하기 위한 노력의 일환이라고 하겠다. 그러므로 본고(本稿)는 지금까지의 한국교회의 복지활동의 근거로서의 성경

---

1) '기독교사회복지엑스포'는 처음으로 한국 교회의 사회복지 활동을 총망라한 행사로, 전국의 70여개 사회복지, 해외구호 단체, 지역 교회 및 교단 사회복지재단의 참여로 전시회 및 세미나가 진행됐다.

2) 2005년 8월24일(수)~8월27(토)일까지 개최되었는데, 대회장 옥한흠 목사가 개막식 대회사를 하였다.

3) 인천일보, 2005년 3월 8일, 4면.

은 교회법의 법원(法源)이로서의 성격이 있음을 고찰해 보고 교회복지의
교회법제정에 대해 제언하고자 한다.

II. 본 론

1. 교회의 성질

1) 교회의 신학적 성질

교회의 성질은 크게 내면적 성격과 외면적 성격으로 나눌 수 있는데, 이
것을 일반적으로 각각 속성과 특성이라고 명명(命名)하고 있다.[4]

이 교회의 속성은 벌코프(L. Berkhof)가 말한 ①통일성(Unity) ②거
룩성(Holiness) ③보편성(Universal Catholicity)가 공동적 견해로 받
아들여지고 있다.[5]

그리고 교회의 특성으로는 ①진보성 ②초월성 ③불멸성 ④영광성 ⑤조
화성 ⑥진리와의 밀접성을 들 수 있을 것이다.

2) 교회의 실정법적 성격

교회에 대한 대법원의 판결은 "기독교의 교도들이 교리의 연구, 예배 기
타 신교(信敎)의 목적으로 구성한 단체"라고 정의하며, 교회뿐만 아니라,
교회법상 교회의 상부기구로 규정되어 있는 교단총회본부에 대해서도 이
를 비법인 사단으로 인정하고 있다.[6]

---

4) 남궁선, 교회와 정치, (서울, 도서출판 샘, 2005), pp.13~25.

5) 이 견해에 오우렌(G.Aulen) 교수는 사도성(Apostolicity)과 생명성(Lifety)을, 박형룡 박사
   는 사도성(Apostolicity)과 무오성(Faultless)을 주장하고 있다.

6) 이에 비하여 대법원은 천주교의 경우에는 천주교회의 일체적(一體的) 조직특성상 개개의 교
   회를 비법인 사단으로 보기는 어렵다는 입장을 취하고 있다.

이처럼 교회를 비법인 사단으로 인정하는 이유는, 우리나라 실정법상 법률행위를 할 수 있는 주체는 사람뿐인데[7], 모든 자연인은 태생적으로 누구나 권리능력을 가지므로 법률행위의 주체가 될 수 있지만, 법인[8]은 법률에서 정하는 일정한 요건을 갖추어야만 법률행위의 주체가 될 수 있는 권리능력이 인정되는데, 법인으로 성립되지 못한 단체를 '비법인 사단' 또는 '법인 아닌 사단'[9]이라고 부르는데, 이 같은 비법인 사단 중에서 가장 대표적인 예가 바로 '교회'이다.

2. 법원(法源)에 관한 소고

민법의 "법원(法源)"[10]이라는 말이 있는데, 이 말의 의미는 "법의 존립의 원인으로서의 현실적 사실, 무엇이 법이냐를 정할 때에 그 근거로서 드는 것"을 말하는데, 보통은 제정법과 관습법을 중요하게 여긴다.

이 법원(法源)에는 성문법과 불문법이 있는데[11] 그 의미는 다음과 같다.

1) 성문법(成文法)
성문법(written law)이란 '그 내용이 문지로 표현하고 문서의 형식을 갖추어 소정의 절차에 따라서 입법기관이나 행정기관 등의 제정,공포된

---

7) 이 사람에는 '자연인(自然人)'과 '법인(法人)'이 있다.

8) 이러한 법인에는 일정 목적과 조직 하에 모인 '사람들'의 단체인 '사단법인(社團法人)'과 일정한 목적 하에 바쳐진 '재단법인(財團法人)'의 두 가지가 있다.

9) 예를 들면, 종교단체, 친목단체, 학술연구단체, 동창회 등이 바로 비법인 사단이다.

10) 「법의 淵源」(sources of laws, Rechtsquelle)을 줄인 말로서 보통은 법의 존재형식의 의미로 쓰이고 있다.

11) 成文法은 문자로 표시되고 일정한 절차에 따라서 制定되는 法이며, 制定法이 아닌 법을 不文法이라고 한다.

법'을 말한다.

우리나라는 성문법주의를 취하고 있으므로, 성문법(혹은 制定法)이 당연히 민법의 제1차적인 법원(法源)을 이루고 있으며[12], 민법에 관하여는 성문민법전이 민법의 법원(法源)의 제일 중요한 것임은 말할 필요도 없다.

2) 불문법(不文法)

불문법(unwritten law)이란 '문장을 표현되어지지 않고 실제상 관행으로서 행하여지고 있는 법'으로서[13], 관습법(慣習法), 판례법(判例法), 조리(條理)의 세 가지[14]를 드는 것이 보통이다.

(1) 관습법(慣習法)

관습법(customary law)이란 '국가의 입법기관에 의하여 제정된 법률이 아니고, 사회적 관행으로 인하여 발생한 사회생활규범이 법질서의 구성부분으로 발전하여 법적확신 내지 법적인식에까지 높여진 때' 시행되는 것으로, 민법 제1조는 "민사에 관하여 법률에 규정이 없으면 관습법에 의하고 관습법이 없으면 조리에 의한다"고 규정하고 있어서, 성문민법전뿐만 아니라, 관습법도 민법의 법원(法源)임을 밝히고 있다.

(가) 관습법의 의의 : 관습법이라 함은 사회에서 스스로 발생한 慣行(慣習)이 사회의 법적확신을 수반하여 대다수인에 의하여 지켜질 정도로 된 것을 말한다. 다만 사회에서 행하여지고 있는 관습이 법으로 인정되기 위하여는, 사회의 법적확신이 필요하다. 따라서 관습법이 성립하려면, 먼저

---

12) 성문법에는 법률,명령,법원규칙,조약,자치법규의 다섯 가지가 있다.

13) 김용희. 법학개론, (서울, 경진사, 1986), p.84.

14) 관습법의 法源性은 민법 제1조에 의하여 인정이 되고 있으나, 판례법과 조리에 관하여는 그 法源性이 다투어지고 있으나, 이 관습법은 정부에서 행정도시이전을 시도할 때, 행정도시이전을 반대하는 측이 헌법재판소에 소를 제기함으로써 관습법의 法源性을 온 국민에게 각인시킨 바 있다.

관행이 존재하고 있어야 하고, 다음으로는, 그 관행이 법규범이라고 일반인에게 인식될 정도에 이르러야 한다.

(나) 관습법의 성립시기 : 관습법의 성립 시기는, 구체적으로는 법원의 판결에서 관습법의 존재가 인정되는 때에, 그 관습이 법적확신을 얻어서 사회에서 행하여지게 된 때에 소급하여 관습법으로서 존재하고 있는 것으로 인정되는 것으로서, 관습법은 그 성립시기가 매우 애매한 것이 특색이다.

(다) 관습법의 효력 : 관습법을 법원으로서 인정하는 경우에, 기존의 성문법을 개폐하는 효력(變更的效力)을 인정할 것인가, 또는 성문법이 없는 부분에만 이를 보충하는 효력(補充的效力)을 인정할 것인가는 지금도 다투어지고 있는 문제이다.

(2) 판례법(判例法)

판례법(case law)이란 '법원(法院)의 재판에 의하여 형성된다고 생각되는 법'을 말한다. 성문법주의를 취하는 우리나라에서는 법률상 판례가 법원(法源)이 되지 못하나, 사실상의 구속력은 가지고 있는 것은 부인할 수 없다. 법원조직법은 "상급법원의 재판에 있어서의 판단은 당해사건에 관하여 하급심을 구속한다."(법원조직법 제8조)고 되어 있어서, 상급법원의 법령에 관한 판단이 하급심을 구속하는 것은 오직 "당해사건"에 한하는 것으로 되어, 판례의 법원성(法源性)은 부정된다고 할 수 있다. 그러나 하급심에서 상급법원의 판결과 다른 판결을 내리게 되면, 상급법원에 가서 결국은 깨뜨려지기 때문에, 판례의 사실상의 구속력은 우리나라에서도 중요한 위치를 차지한다고 아니할 수 없다.

(3) 조리(條理)

조리(natural of thing)라 함은 '사물의 본질적 법칙 또는 사물의 도리를 말하며, 사람의 이성에 기하여 생각되는 규범'이다.

즉, 사회일반인이 보통 인정하는 사회통념이나 객관적인 원리 또는 법칙인데, 사람의 이성보다도 사물의 법칙이 조리의 본질적인 내용을 이루는 것은, 사람의 이성은 때와 장소에 따라서 변화할 수가 있으나, 사물의 법칙은 언제나 변화하지 않기 때문이다. 조리에 관하여 민법 제1조에 규정을 둔 것은, 어떤 사건을 재판하여야 하는 때에 그 사건에 관한 성문법이나 관습법이 모두 없는 경우를 위하여서이다. 이 때에 법관은 법이 없다는 이유로 재판을 거부하지는 못하고 자신이 조리라고 믿는 바에 따라서 재판을 할 수 밖에 없다. 조리의 법원성(法源性)에 관하여도 다투어지는 바이나, 조리를 법이라고 할 수는 없고, 부득이한 경우에 법원(法院)에 의하여 불가피하게 적용되는 것이라고 보는 것이 타당할 것이다.

3. 교회복지의 법원(法源)에 관한 소고(小考)

위에서 살펴본 바와 같이 신구약 66권은 정경으로 신앙과 행위의 유일한 표준이며 헌법의 법원(法源)이 된다. 그러므로 교회에서 행하는 복지활동에 대한 근거는 성경에서 찾을 수 있어야 한다. 교회의 복지활동에 대한 근거는 성경의 전반에서 찾아볼 수 있는데, 이제 구약과 신약을 나누어 복지에 대하여 어떻게 가르치고 있는지 그 뜻을 알아봄으로 복지의 법원적(法源的) 의미를 살펴보면 다음과 같다.

1) 성경에서의 근거

(1) 구약성경에서의 근거
하나님은 우주만물을 창조하시고 섭리하시며 역사를 주관하신다.
하나님의 역사적 주관은 특히 애굽의 압재에서 유대인들을 구원하신 출애굽 사건에서 증거 되었다. 이 사건을 통해 나타난 하나님의 뜻은 가난한 자와 약한 자의 권리를 보호하는 것을 골자로 한 이스라엘 백성과 하나님과의 계약으로 이어졌다.[15]

내용을 구체적으로 살펴보면, 구약의 사회복지 정신은 모세의 율법에 기초를 두어 하나님 경외와 이웃을 사랑하라는 것이었으며, 돌봄(복지) 혹은 봉사의 대상은 고아, 과부, 객으로서 국가적인 차원에서 보호하였다.

복지에 대한 구약에서의 사회적 분위기는, 히브리인들에게 있어서 복지는 보편주의였다. 가치 있는 대상, 가치 없는 대상의 구별이 없이 복지의 대상이면 누구에게나 적용이 되었다. 그러므로 구빈(救貧)의 대상들이 수치심(Stigma)이 들지 않도록 하였으며, 복지의 대상은 도움을 받을 수 있는 권리가 있음을 나타냄으로써 빈민이 비판의 대상이 되는 것이 아니고 구빈 할 수 있는 개인이나 사회가 얼마나 자선을 했느냐에 따라 비판의 대상이 되는 그야말로 파격적인 성격을 띤 복지였다.[16]

구약성경에 나타나는 복지의 규범으로는 약자 보호의 규범(출22장~23장), 담보물에 관한 규범(신24:10~13), 품삯에 관한 규범(신24:10~13), 추수에 대한 규범(레23장), 안식년의 규범(출23:10~11), 구제를 위한 십일조의 대한 규범, 희년 제도에 대한 규범(레25:1~7), 도피성에 대한 규범(민35:6~32)이 있었으며 이러한 규범 속에는 종교적인 인과응보의 사상을 보여주고 있다.

레위기25:1~7에 나타난 희년(禧年)은 7년마다 오는 안식년이 일곱 번 거듭된 다음 해 즉, 50년째의 해로서 속죄일(유대력 7월 10일)에 대제사장이 'shophar'(양각나팔)를 불게 되는 것을 신호로 모든 사람들이 닷새 동

---

15) 대한 예수교 장로회 사회선교지침, 1984년 제 69회 총회, p.61.

16) 장인협, "사회복지학 개론", (서울: 서울대학교 출판부, 1997), p. 80.

안에 조상의 땅으로 돌아가 15일에 시작되는 초막절의 큰 축제로, 이 희년에는 땅을 쉬게 하여야 하며 토지 소유권은 원래의 주인에게로 회복되도록 함으로써 부익부 빈익빈 현상이 고착화되는 것을 막고 고리대금을 금지하여 담보에 관한 새 규정을 마련하고 경제적으로 약한 자들을 해방시키는 제도인 것이다.

이 안식년과 희년의 정신은 하나님과 이스라엘 백성사이에 맺은 계약법으로, 히브리인들은 "고용 노예"가 있다 해도 "영구 노예"는 금지하는 등의[17] 이 정신은 예언자들에게 이어지고 왕도 계약법에 종속됨을 선언하였으며, 왕이 약한 자의 권리를 옹호하지 못하는 경우에는 예언자들은 신랄한 비판을 하였다.

이처럼 구약성경에서 여호와 하나님은 가난한 자와 약한 자의 권리 즉, 종, 나그네, 가난한 자에 대한 이해, 고아와 과부에 대한 이해 등 주위의 연약한 자들에 대한 하나님의 깊은 사랑과 관심과 동시에 생명의 질서를 유지시키는 피조물의 보존에 대한 하나님의 돌보심이 드러나고 있다.[18]

구약성경에서 '봉사'란 말은 히브리말로 'abodha'인데, 이 'abodha'에서 '섬기는 사람', '종'을 뜻하는 'ebed'이 나온다. 'abodha'는 '섬기다'라는 뜻으로 이해할 수 있는데, 이 말은 어떤 한 사람이나 한 무리의 사람들이 다른 사람이나 다른 한 무리의 사람들을 위해 정해진 기간이나, 또는 한평생 일함을 뜻한다.

여기서 우리가 한 가지 더 주의 깊게 보아야 할 것은 이 낱말이 때로 구약에서 사람의 사람됨에 속하는 것의 하나로서 '일하다'를 뜻한다는 점이다.

예를 들자면, '땅을 경작할 사람도 없었으며'(창2:5)에서 '경작'의 동사가

---

17) Fred H. Wight, 김정훈 역, "성지 이스라엘의 습관과 예의", (서울, 보이스사, 1994), p.402

18) 출애굽기 23:1~12

바로 이 'abodha'임을 들 수 있다.[19] 그리고 보면 섬김은 곧 사람이 사회관계 가운데서 사는 한 싫든 좋든 하게 되는 활동이요, 사람을 사람 되게 하는 것 가운데 하나로 볼 수 있다.

구약에서 사회봉사의 기본적인 바탕은 종교의식과 일상생활의 일치에서 찾아볼 수 있으면, 그 기본 내용은 사회적 약자를 우대하는 것에서 출발한다.[20] 이스라엘 사회 안에서 '봉사'를 말할 때 우리는 먼저 왕정이 시작된 다음, 예언자들이 본격적으로 나타나 활동에서 찾아야 한다.

그들은 종교의식과 일상생활이 서로 맞아들어 가야함을 외쳤다.

왜냐하면 이것이 곧 이스라엘 사회 안의 '봉사'의 기본 바탕을 가르쳐 준다고 보기 때문이다.[21] 사회적 약자를 섬김에 있어서 이사야는 "학대 받는 자를 도와주며 고아를 위하여 신원하며 과부를 위하여 변호하라."(사1:17)고 하며, 예레미야도 이와 비슷하게 "이방인과 고아와 과부를 압제하지 말며, 무죄한 자의 피를 흘리지 말고"(렘7:6) 한라고 하며, 예언자들은 그런 사람들을 돕는 방법까지 구체적으로 말하고 있다.

어버이가 없다고 해서 어린이의 권리를 그 누가 마구 짓밟을 때 그 억울함을 풀어주고, 남편이 없다고 해서 홀어미의 권리를 빼앗거나 빼앗고자 하는 일이 있을 때, 재판을 걸어서라도 그 권리를 다시 찾아 주거나 잃지 않도록 하라는 것이다. 뿐만 아니라 죄 없이 목숨을 잃는 일이 일어나지 않도록 미리 조심해야 한다는 것이다.[22]

---

19) 박동현, "구약성서에서의 사회봉사", 「교회 사회봉사총람」(서울: 대한 예수교 장로회 총회 출판국, 1994), p.114.

20) Ibid., pp.116~117.

21) 암 5:21~24, 사 1:10~17, 렘 7:1~15 참조.

22) 이스라엘 사회에서 약자들을 섬기기 위한 법으로는 출애굽기 20:24~23:12, 신명기 24:14~15, 레위기 19:34에 나타나 있다.

구약성경을 통해 나타난 복지의 사상을 통해 오늘날 우리가 받아야 할 교훈은 다음과 같다.[23]

첫째, 한국교회의 복지활동은 사회적 약자들을 위한 것이어야 하며,

둘째, 이러한 복지활동은 총체적이어야 한다는 것이다. 즉, 가난한 사람, 노숙자, 떠돌이, 나그네, 고아, 과부, 날품팔이꾼들이 일상생활 속에서 그렇지 않은 사람들로부터 업신여김을 당하고, 외면당하고, 짓눌리는 경우가 줄어들도록 하는 소극적인 계몽 차원의 일들은 두 말할 나위도 없고, 이들이 구체적으로 어떠한 경제, 정치, 법률, 문화 사건에 휘말려 들어 억울하게 괴로움을 겪고 있을 때, 교회는 이들 편에 서서 그들의 권리를 지키고 찾아 주는 일도 교회의 복지활동 영역이라는 것이다.

셋째, 기독교는 사회적 약자들뿐만 아니라 모든 사회 구성원의 삶을 좋게 만드는 일들을 해나감으로써 보다 넓고 적극적인 의미의 사회봉사를 할 수 있음을 구약성경을 통해 배울 수 있다.

(2) 신약성경에서의 근거

신약성경의 근거는 "이웃을 네 몸과 같이 사랑하라"[24]는 예수 그리스도의 말씀에 복지적 개념이 구체적으로 나타난다고 할 수 있는데, 이는 이웃 사랑에 대한 예수의 가르침은 무조건적이며 자기희생적인 사랑을 의미하기 때문이다.

신약성경의 증거에 의하면 예수 그리스도는 말씀과 행적을 통하여 하나님의 나라와 복음을 선포는 예수님의 생애에서 구체화되었다. 예수의 삶은 당시 유대백성들을 위한 무조건적 사랑과 연대로 예수께서 스스로를 굶주린 자, 목마른 자 그리고 나그네 된 자, 헐벗고 병든 자, 갇힌 자들과 동

---

23) 박동현, op. cit., 120~121.

24) 마태복음 5:43, 마가복음 12:31.

격으로 규정하셨음에서 분명하게 나타내심으로 자신이 메시야이심을 나타내셨다.

메시아로서의 예수는 심판의 보좌에 왕들을 불러 형제들에게 베푼 그들의 자비 행위에 근거하여 왕국을 기업으로 주실 것을 비유로 말씀하셨다. "내가 주릴 때에 너희가 먹을 것을 주었고 목마를 때에 마시게 하였고 나 그네 되었을 때에 영접하였고 벗었을 때에 옷을 입혔고 병들었을 때에 돌아보았고 옥에 갇혔을 때에 와서 보았느니라."(마25:35).

이 후 예수의 삶은 십자가 수난과 부활을 통하여 나타내셨고, 이를 체험한 제자들은 오순절의 심오한 성령 체험을 통하여 새로운 신앙 공동체를 창조하였는데, 그것은 자신의 물질을 나누어 궁핍한 자를 돌볼 뿐 아니라 모든 것을 나누는 공동생활을 실천(행4:32~5:11)하였다. 즉, 신약성경 나타난 복지사상은 '과부'와 '고아'를 매일 구제하는 것으로부터 시작되고 발달된 것임을 알 수 있다. 특히 사도행전에 보면, 헬라파 과부들을 보살피기 위하여 그리스도인들 중에서 집사(diakonos)을 임명하는데, 이들은 헬라 과부들이 등한시되어 불공평에 따른 곤란한 문제의 해결자로서 그 의무를 부여받은 이들은[25], 정직함과, 지혜와, 성령의 충만함을 지닌 집사들은 후일에 교회 내에서 자비의 일을 감독하며 필요한 구제를 위한 자금을 모으며 지출하는 모범적인 그리스도인 이었던 것이다.

위와 같이 이러한 집사들의 봉사(diakonia)가 신약성서에서 특별히 언급되었듯이 이는 그리스도인의 기본적인 신앙의 모습이었던 것이다.

사도 바울은 예루살렘의 가난한 이들을 위해서 주일에 헌금을 거두라고 하였으며(고전16:1~2), 또 예루살렘 공회는 바울에게 가난한 이들을 돕는 것이 사도와 전도자의 의무의 일부라는 사실임을 명심 시켰다(갈

---

25) 사도들에 의하여 임명을 받은 일곱 집사(행 6:1~6)들은 최초의 복지사 역할을 하였다고 해도 큰 이의는 없을 것이다.

2:9~10).

예수의 산상수훈에서 그의 제자들에게 적극적인 측면에서 "너희는 세상의 빛과 소금"(마5:13~14)이라고 말씀하셨다.

사도 바울은 예수 그리스도의 십자가와 부활의 사건을 통하여, 구원 사건을 그리스도 안에서 새로 창조되는 자유로운 삶으로 구체화하여 그리스도께서 우리로 자유케 하려고 자유를 주셨으니, 그러므로 '굳세게 서서 다시는 종의 멍에를 매지 말라'(갈5:1)고 하였다.

야고보는 부자들을 억압자로 보고 그들을 과부와 고아를 돌보는 것이 "정결하고 더러움이 없는 경건"(a pure religion)이라고 정의[26]하였다.

초대 교회의 성도들은 로마의 신앙적 억압 속에서도 순교자적 신앙을 가지고 하나님의 정의를 굳게 믿고 하나님의 나라, 즉 하나님이 저희와 함께 하셔서 모든 눈물을 씻기시며, 다시는 사망도, 애통함도, 곡하는 것도, 아픈 것도 없는 새 하늘과 새 땅이 임할 것을 소망하였다(계21:1~4).

이러한 메시아 왕국에 대한 소망은 하나님의 의로운 통치의 약속으로서 인류의 미래에 대한 소망이며, 이를 위해 오늘 날 우리가 노력하여 이루어갈 교회의 복지 사상에 나타난 덕목인 것이다. 특히, 신약성경은 눈먼 자에게 보게 함을, 앉은뱅이는 일어나 뛰며 찬양하며, 귀먹은 자가 듣도록 하는 치유사역을 통해 자립하여 자신의 삶을 영위할 수 있도록 하는 참여적 복지성격을 나타내고 있으므로, 신약성경에 나타난 복지사상은 구약성경의 개념보다 더욱 적극적이라고 할 수 있다.

이처럼 성경에의 복지적 사상은 기독교대학(원)을 중심으로 한 대학원을 통해 배출되는 많은 석,박사들의 논문을 통해 나타나고 있는 바, 교회의 복지에 관한 성경적 법원(法源)은 충분하다고 하겠다.

---

26) 야고보서 1:27.

2) 관습법

(1) 할라카(Halakhah)[27]

이 할라카(Halakhah)는 유대교 삶 전체에 영향을 미치는 규정으로, 살아가면서 필요한 실제적인 규정들을 의미한다. 이 할라카(Halakhah)의 주된 내용은, 다툼이 일어났을 때에 무엇을 해야 하며, 먹을 수 있는 것과 먹을 수 없는 것은 무엇이며, 입을 수 있는 것과 입을 수 없는 것은 무엇이며, 사업은 어떻게 해야 하며, 명절과 안식일을 지키는 방법과 하나님은 어떻게 섬겨야 하며, 인간과 동물은 어떻게 대해야 하는가? 등에 대해 기록하고 있는 이것을 유대교에서는 'Halakhah'라고 하는데, 이것은 일반적으로 '유대인들의 법'이라고 번역이 하고 있다. 이 할라카(Halakhah)는 'Torah'가 규정하고 있는 명령들이 주된 위치를 차지하고 있지만, 이외에도 여러 가지 내용으로 구성되어 있다. 즉, 역사적으로 랍비들이 오랫동안 가르친 내용도 'Halakhah'에 속하며, 이 모든 것은 동등한 구속력을 지니고 있지만, 이 둘의 법을 어겼을 때에 랍비들이 가르친 'Halakhah'는 성경에서 규정하고 있는 명령으로서의 'Halakhah'보다는 덜 엄격하며, 랍비들에 의한 'Halakhah'는 드문 경우이긴 하지만 상황의 변화에 따라 변

---

27) 히브리어 동사 '할라크'(걸어가다, 행하다의 의미)에서 유래된 이 말은, 유대교에서 유대인들의 종교생활과 일상생활 및 행동을 규제하기 위해 성서시대 이래로 발전해온 모든 율법과 규율로, 모세5경에 담긴 율법과는 아주 다르며, 시나이 산에서 받은 계시로부터 파생하거나 그것을 토대로 발전한 구전전승을 보존하고 나타내기 위한 목적을 지닌다.
할라카의 법률적인 성격은 역사·우화·윤리교훈(하가다)을 포함하는 랍비문학, 즉 '탈무드'문학의 법률 성격과 구분된다. 고대부터 존재한 할라카는 예를 들면 빚을 갚지 않을 경우 그에 따른 합법적인 형벌로 남의 종이 되는 것을 언급한 본문(왕하4:1)처럼 모세5경에 속하지 않는 성서 본문들로 확인된다.
유대교는 할라카의 지속적인 발전을 인정하면서도 언제나 시내산에서 받은 원래 율법의 해석으로 본다. 보수파 랍비들은 안식일 준수에 관한 할라카 같은 특정 할라카들을 현대 세계의 상황에 맞추어 적용하려는 경향이 있다. 개혁파 유대교에서 일부 유대인들은 할라카의 특정 계명을 충실히 지키지만 대개는 할라카를 무시한다. '구약성서'에 직접 관계된 율법에 대한 해석과 토론을 가리켜 미드리시 할라카라고 한다.

경시키는 일이 가능하다는 것이 차이이다. 'Halakhah'의 핵심내용이기도 한 613개 명령들은[28) 하나님께서 'Torah'를 통하여 이스라엘 백성들에게 주신 변경될 수 없는 절대 명령들이다. 살인하지 말라는 것과 같이 어떤 명령들은 그 의미가 명확하고 분명하기도 하지만, 식사 후에 감사기도를 해야 한다는 명령과 같은 것은 그 의미가 불분명한 것도 있다. 그리고 어떤 명령은 탈무드 해석에 의한 그 의미가 밝혀진 것도 있다. 어떤 명령들은 서로 겹친 것도 있다. 예를 들어, 안식에 쉬라는 긍정 명령은 안식일에 일하지 말라는 부정 명령과 겹쳐 있다.

이 할라카(Halakhah)의 중심사상을 잘 드러내고 있는 것은 "네 마음을 다하고 목숨을 다하고 뜻을 다하여 주 너의 하나님을 사랑하라하셨으니 이것이 크고 첫째 되는 계명이요 둘째는 그와 같으니 네 이웃을 네 몸과 같이 사랑하라 하셨으니 이 두 계명이 온 율법과 선지자의 강령이니라(마 22:37~40)이라는 예수의 가르치심에 잘 드러나 있다고 하겠다.

(2) 민하그(Minhag): 법적효력을 지니고 있는 관습

'Minhag'는 히브리어로 '관습' 혹은 '판례'라는 의미를 가지고 있는 말로, 종교적으로 구속력을 지니게 된 관습으로 발전한 것을 지칭한다. 예를 들자면, 중요한 명절의 두 번째 날은 원래가 'Gezeirah'에 속한 것이었는데, 이는 이스라엘 국경 밖에 살고 있던 유대인들에게 명절로 정한 그 날이 확실하지 않을 수가 있었으므로, 명절을 제 때에 지키지 못하는 실수가 될 수 있기 때문에 할라카(Halakhah)는 두 번째 날을 규정된 명절과 같이 지

---

28) 할라카를 이루고 있는 613개의 명령은 248개의 부정명령과 365개의 긍정명령으로 이루어져있다. 365개의 긍정 명령은 1년의 365일에 해당되는 것으로 매일 한 가지의 명령을 기억해야 함을 강조한다. 248개의 부정명령은 남자의 뼈 모두 248개 이루어졌다는 것과 관련이 있다. 어떤 명령들은 제사장이나 레위인에게만 적용되는 것도 있다. 랍비 이스라엘 메일 같은 분은 이스라엘 이외에서 지켜져야 할 명령으로서 77개의 긍정명령과 194개의 부정명령을 들고 있다. 이외에 토라 보호벽인 게제이라(Gezeirah)와 랍비에 의하여 제정된 법인 타카나(Takkanah)는 논술적 성격상 제외하였다.

키도록 제정하였다. 달력을 정확하게 계산하는 방법이 생겨난 후로 명절이 시작되는 날짜는 정확해 질 수 있었다. 따라서 추가적으로 지켜졌던 또 다른 날은 더 이상 필요가 없게 되었다.

그러나 랍비들은 그러한 관습을 중단하기보다는 'Minhag'로 계속 지킬 것을 결정하였는데, 이는 단순한 관습이 아니라, 명령이나 'Takkanah', 'Gezeirah'와 같은 효력을 지니는 할라카(Halakhah)의 한 부분이 되었다. 그러나 'Minhag'는 획일적으로 지켜지지 않고 각자가 속한 공동체에 따라 지켰는데, 예를 들어, 어떤 회당에서는 특정한 기도를 드릴 때 회중이 일어나는 관습이 있지만, 다른 회당에서는 기도하는 동안 앉는 관습이 있다.

이렇게 서로 다른 관습을 지니고 있는 사람이 다른 공동체의 회당에 갔을 때에는 자신이 속한 공동체의 관습(Minhag)을 지키는 것을 일반적으로 허용하고 있다.

4. 법을 가진 교회

1) 교회법을 가진 교회

교회는 교회의 고유한 조직과 운영, 그리고 신자들이 교회의 목적을 좇아 이루기 위하여 교회법을 가지고 있는데, 이 교회법은 이 세상에 자리 잡은 합법적인 교회의 권위로 제정한 법으로, "신자생활에 대한 규범"이라고 할 수 있다.

교회는 그리스도의 신비체를 지닌 불가시적 존재임과 동시에 가시적 존재로서의 신성함과 인간적인 면을 함께 지니고 있다.

이 교회를 다스리기 위해 법은 존재하는데, 하나님의 말씀 그 자체가 그리스도인에게 주어진 법이긴 하지만(시19:참조), 유형교회(有形敎會)의

화평과 질서를 위하여 하나님의 말씀 외에 주어진 법들이 있다.

그러므로 교회에도 법이 존재하는데, 신구약성경에 나타난 신(神) 제정법인 신법(神法)과 교회와 인간이 제정한 인(人) 제정법인 실정법으로 이루어진다.

우리가 말하는 교회법이란 실정법을 말하며 이것들은 교회제정법, 교회규칙 그리고 교회관습법 등으로 나눌 수 있는데, 그 구분은 다음과 같다.[29]

① 성경: 신구약 66권은 정경으로 신앙과 행위의 유일한 표준이며 헌법의 법원이 된다.

② 헌법: 교단 최고의 상위법이며 실정법이다. 유권해석권은 총회에 있다.

③ 해석서: 총회의 유권해석이며 헌법의 시행세칙이다. 개정안에서는 헌법에 통합된다.

④ 해석집: 역대총회의 헌법유권 해석집이며 판례집이다.

⑤ 규칙; 총회규칙, 재단관리 규칙, 연금관리규칙 등 노회규칙, 시찰회 규칙, 교회규칙, 각 자치단체 자치규칙을 가질 수 있으나 상회의 규칙과 상충 시는 상회의 규칙에 따른다.

⑥ 웨스트민스트 문답조례: 문답형태의 조례이다.

⑦ 구헌법: 재판의 판결시 참조하고 있다. 법 정신을 참고한다 하겠다.

⑧ 관습법: 관례, 전통, 관습은 관습법으로 인정받고 있으나 최하위에 속한다.

위에서 살펴본 바와 같이 신구약 66권은 정경으로 신앙과 행위의 유일

---

29) 대한예수교장로회 헌법을 기준으로 한 구분이며, 한국의 장로회 교단은 이 틀에서 크게 벗어나지 않는 공통적 형태를 유지하고 있다.

한 표준이며 헌법의 법원(法源)이 된다.[30] 헌법 혹은 장정(章程)은 교단의 최고의 상위법이며 실정법으로, 유권해석권은 총회에 있는데, 총회를 통해 나타난 이 유권해석은 판례의 성격을 지닌다. 그리고 총회나 노회, 시찰회, 교회 등의 자치단체들은 가가자의 자치규칙을 가질 수는 있으나, 상회의 규칙과 상충 시에는 상회의 규칙을 따라야 한다. 교회에서의 관례, 전통, 관습은 관습법으로 인정을 받고 있으나 최하위에 속하게 된다.

웨스트민스터 문답은 문답형태의 조례의 성질을 지닌다. 그리고 구헌법은 법정신의 참고로 활용되어, 재판의 판결 시 참조하게 된다.

2) 한국교회의 관습

현재 한국교회에서 시행하고 있는 신자 가족명부를 작성하는 교적부 업무는 한국교회의 고유한 제도로, 한국 교회법으로 명문화된 것은 1887년에 간행된 '한국교회 관습법'이라고 한다. 이처럼 한국교회는 세계의 다른 교회들과는 다른 전통들을 가지고 있는데, 그것은 바로 기독교 초기 선교사들의 눈에 비친 당시 한국사회의 구습으로, ①술 담배 아편 ②제사 문제를 비롯한 미신 우상숭배 ③지방관들의 부패 ④지나친 사법 행형 ⑤여권신장과 관련된 축첩제도 ⑥혼인, 장례의식 등을 꼽을 수 있는데, 축첩문제는 일찍이 사라졌지만 현대까지 교인들에게 요구되어지는 것으로는 술과 담배, 제사를 금하는 전통은 이어져오고 있다.[31]

이런 교회의 전통은 많은 논란과 문제를 야기하고는 있지만 한국교회에 가져온 가장 큰 공헌으로는 교회가 '거룩한 공동체'로서의 위치를 오늘날까지 유지하며, 사회에서도 인정하는 풍토가 조성되었다는 점에서는 교회문화로서의 긍정적 위치를 확보하였다고 하겠다. 그러나 주초문제가 엄격

---

30) 남궁선, pp.218~219.

31) 기독교신문 1555호. 2000.3.19.

함에도 불구하고 상당수의 교인들 사이에 갖는 괴리감이 있는데, 이 문제에 대한 각 교단의 규정을 살펴보면 다음과 같다.

주초금지를 교단 헌법에 명시하고 있는 경우는 그리 많지 않다.

기독교대한감리회의 1997년판 교리와 장정은, 제1편 역사와 교리의 제2장 교리에 들어 있는 사회신경에서 "우리는 올바른 인간교육, 건전한 생활, 절제운동(금주 금연 등)을 통하여 새로운 가치관의 형성과 도덕성 회복을 위해 앞장선다."고 밝히고 있고, 대한예수교장로회 예장총회 측의 경우는 헌법 세칙 제3조 교인의 의무에서 "교회의 직원은 성일(聖日)을 범하거나 미신 행위나 음주 흡연 구타하는 등의 행동이나 고의로 교회의 의무금을 드리지 않는 자의 직임을 면함이 당하고 교인으로는 의무를 이행하지 않는 자로 간주한다."고 정해 놓고 있다.

그런데 이 두 교단의 조항 사이에는 상당한 차이가 있다.

감리교의 사회신경은 주초문제를 '신앙의 문제'로 보는 것이 아니라 절제운동의 일환으로 보는 반면, 예장총회 측의 헌법세칙은 금주와 금연을 교회 직원의 임면을 좌우하는 조건으로 보고 있다는 점이다. 말하자면, 감리교는 음주와 흡연을 교회가 앞장서서 몰아내야 할 사회악의 하나로 보고 있는 반면 예장총회측은 교회의 직책을 맡을 수 없는 결격사유로 보고 있는 것이다.

반면 다른 교단의 헌법들은 주초문제를 명시하지 않고 있는 경우가 많다. 예컨대 대한예수교장로회 통합 측의 경우는, 제2 편 정치의 제8장 집사, 권사 제51조 집사의 자격에서 이 문제를 언급한다. 그러나 직접적으로 금주와 금연을 언급하는 것이 아니라, '디모데전서 3장8~10절에 해당한

자'라고 간접적으로만 언급돼 있다. [32)]

이에 반하여 기독교한국하나님의교회 장정은 술과 담배에 관하여 교의 (Teaching) 실제적 헌신(Practical Commitment) 에서 '여러 종류의 알콜 음료를 전적으로 금한다.'(제22번)고 하였으며, 제23번에서는 '여러 종류의 담배, 아편, 모르핀 등의 사용을 금한다.'고 분명하게 밝히고 있다.

이처럼 교단마다 주초문제를 둘러싼 법규정에 차이가 있는 것은 선교 초기 주초를 금하게 된 과정이 '신앙적'이나 '신학적' 관점에서 보는 차이이겠지만, 교회나 사회에 뿌리내린 관습이라고 해도 과언은 아니다.

5. 교회법의 사회법적 지위

교회는 자치의 규범으로 "교회헌법"을 마련해 왔다.

이 교회법은 사회에서 어떠한 지위를 가지며 그 파급범위는 어느 정도일까?

여기서 분명히 밝혀들 것은 교회법은 국가법에 속하는 것이 아니라는 점이며 교회법은 독립된 법체계를 지닌 것으로 어느 국가법보다 중요하고 더 큰 대상을 지니는 상위법이라는 점이라는 의식이 팽배했던 시절이었을 때에는 교회에 문제가 발생하였을 때, 교회는 가급적 그 테두리 속에서 해결되어 문제가 해소되는 방안을 모색하고자 하였다. 그러나 현대에 이르러 교회 내에서 발생한 문제들이 교회법에서 해결을 보지 못하고 사회법에 호소하는 경향들이 팽배하고 있는데, 이 때 교회헌법이 그 분쟁의 해결기준이 되는지 대법원 판례의 태도는 다음과 같은데, 이는 사회법적 안에서 교

---

32) 디모데전서 3장8절은 "이와 같이 집사들도 정중하고 일구이언을 하지 아니하고 술에 인박히지 아니하고 더러운 이를 탐하지 아니하고"라고 가르치고 있다. 어떻게 보면 술을 마시지 말라기 보다는 술에 탐닉하지 말라는 것으로, 해석하기 따라서는 간단한 음주는 할 수도 있다는 뜻으로 받아들여질 수도 있다.

회법이 갖는 지위를 아는 척도가 될 것이다.

1) 교회 내 분쟁이 있을시 교회헌법이 간접적 규범력이 있다.[33]

즉, 목회자의 안수자격 시비로 징계를 받은 회원이 명예훼손으로 제기한 사안에서 대법원은 교단총회의 규정과 지방회 규약을 예로 들며, '교단회원에 대한 징계는 교단의 지방회 월례회에서 결의하여 교단총회에 보고하고, 교단 정기총회가 최종적으로 징계 결정을 하도록 되어 있다'라고 하여 교단 헌법을 지적하고, 명예훼손에서 위법성이 조각되기 위한 요건인 공공의 이익[34]에 대하여는 '이 사건의 표현은 00지방회 시취위원회 또는 그 시취위원들이 지방회 규약의 규정을 무시하고 인격적으로 목사안수를 받을 자격이 없는 자로 하여금 목사안수를 받도록 하였다는 것을 지적하고 있기 때문에 적시된 사실이 객관적으로 볼 때 교단 또는 00지방회 교인들이라는 특정한 사회 집단이나 그 구성원 전체의 관심과 이익에 관한 것으로서 공공의 이익에 관한 것'이라고 판단하고 있는데, 이는 교회헌법의 규범력을 간접적으로 인정하는 것이며, 교회헌법 규정의 중요성을 알려주는 것이라고 하겠다.

2) 교단산하 지교회가 교단헌법을 무시할 수 없다.[35]

이 판결은 '교단총회 00노회에 소속된 원고교회가 설사 한 개의 교회로서 독자적으로 종교 활동을 하고 있는 말단종교단체라 하여도, 그 관리운영에 관한 종헌(宗憲)인 교단의 헌법을 무시하고 그 교회를 멋대로 관리, 운영할 수는 없다 할 것이므로, 교단총회 경북노회가 위 헌법에 따라 그에

---

33) 대법원 1999.6.8. 선고 99도1543 판결

34) 형법 제310조에 규정되어 있다.

35) 대법원 1972.11.14. 선고 72다1330 판결

소속된 원고교회의 장로에 대하여 그 면직판결을 하고 그 판결이 본인에게 통고되었다고 한다면, 그 판결이 당연무효 사유가 있다든가 또는 번복되었다는 등 어떤 특별한 사정이 없는 한, 면직판결은 그 효력을 지속하고 그 종교단체의 구성분자는 누구든지 이에 따라야 할 것'이라고 하여, 교단 노회가 그 헌법에 따라 면직한 장로는 장로로서의 대표자격이 없다고 판시하였다. 이는 교단헌법의 규범력을 인정하는 것을 전제하고 있으며, 종교단체 내부의 임용, 해임 등 절차의 중요성을 보여준다. 또한 이 판례에서 특기할 만한 판시로는 '그 판결이 당연무효 사유가 있다든가 또는 번복되었다는 등 어떤 특별한 사정이 없는한'이라고 하여, 종교단체 내부의 판결의 경우에도 무효의 사유가 존재할 수 있으며 반드시 그 재판을 번복할 수 있는 장치를 마련해 두어야 한다는 취지를 보이고 있다. 이 때 당연무효의 사유 및 취소, 변경의 사유는 일반적인 법원리가 적용되어야 할 것으로 사료(思料)된다.

3) 교회법에 의한 목회자 선임은 유효하다.[36]

'원고교회는 교단총회 경북노회에 소속하고 있는 지교회로서, 설사 2개의 파로 분파되어 있다 하더라도, 원고교회의 대표자는 어디까지나 위 00노회나 원고교회의 운영방법을 규율하고 있는 종헌인 교단총회 헌법의 정하는 바에 따라 선임되어야한다"고 하여, 목회자의 선임은 전적으로 교회의 헌법에 따른 것으로 판시하였다.

4) 교단법에 의한 권징은 유효하다.[37]

본 판결은 '종교단체의 권징결의는 교인으로서 비위가 있는 자에게 종교

---

36) 대법원 1975.12.9. 선고 73다1994 판결
37) 대법원 1981.9.22. 선고 81다276 판결

적인 방법으로 징계 제재하는 종교단체 내부의 규제에 지나지 아니하므로, 이는 사법심사의 대상이 되지 아니하고, 그 효력과 집행은 교회 내부의 자율에 맡겨져야 할 것인 바, 교단총회 총회재판국의 목사직 정직 등 결의에 불복하고 동 총회로부터의 이탈을 선언하여 독자적인 운영체제를 구축하여 교회의 권위와 질서에서 벗어난 목사에 대한 목사직 상실 및 타목사 파송결의를 위 교단 OO노회에서 하였다면 그 결의의 효력은 인정되어야 한다.'고 판시하여, 권징결의 자체는 사법심사의 대상에서 제외되어 그 당부를 판단할 수 없으나, 권징결의의 결과로서 목사직 상실 및 타목사 파송결의를 한 경우에 그 결의의 효력은 인정하였다.

Ⅲ. 결 론(교회복지법 제정을 위한 제언)

위에서 살펴본 바와 같이 교회의 복지활동에 관한 성경적 근거는 너무도 자명하여 교회법의 조문으로 제정하여도 전혀 문제가 되지 않을 것이며, 더욱이 교회법은 국가의 법에 의해 교회의 자치규범으로는 인정을 받고 있음을 살펴보았다.

그리고 한국교회는 사회가 알지 못하는 가운데 한국 사회복지의 70%를 차지하는 비중을 지니고 있다. 이러함에도 불구하고 한국교회는 복지의 활동의 법원(法源)으로 제시하고 있는 범위는 성경과 관련 신학논문으로 한정이 되어 있다. 이러므로 교인은 물론 사회의 다른 구성원들로부터 교회의 복지활동은 인정을 받지 못하고, 교회는 자신들의 선교적 목적을 위하여만 존재하며 활동하는 것으로만 인식이 되어 있는 현실이다. 그러나 이제는 한국 기독교의 역사가 복지활동의 역사로 전통과 관습을 이어왔으며, 이 관습적 행위가 건덕(健德)하여 교회와 신자들이 실행할 충분한 이유가 되므로 교회의 법으로 제정하여 그 당위성을 더욱 고취하여야 할 필요가 있다고 하겠다. 한국 교회가 약 20만 명의 교인이 있었을 때의 교회법의 틀을 유지하고 있는 한 현실에 일어나는 교회의 제문제를 해결하기에는 역부족이며, 미래지향성을 가지고 현실에 참여하거나 현실의 문제를 해결할 수는 없음을 인식하여, 이제는 한국교회도 이러한 다양한 문제들을 해결하기 위한 규범을 위해 교회복지의 규정을 제정해야 할 때라고 본다. 그러므로 한국교회의 주류를 점하는 장로교를 위시한 타 교단들의 헌법도 미국 장로회헌법처럼 여러 문화에 적합한 형식, 실천, 언어, 프로그램, 그리고 양육과 봉사의 다양성을 위해 모든 종족 그룹, 연령의 차이, 성 차이, 각종 신체장애자, 다양한 지역, 개혁교회 전통에 일관성이 있으면서 다른 신학적 입장에 있는 사람들이나 다양한 형태의 결혼 상태에 있는 사람들이 충분히 참여할 수 있도록 '포괄성'이 있어야 한다고 하였다.[38]

한국 하나님의교회 장정 제12장은 복지사업부에 관한 규정이 있는데,[39] 필요 요건을 약술하면 다음과 같다.

제1조 복지사업이사회는 매 2마다 집행위원회에서 임명하며(1항), 이 이사들은 모든 종류의 복지 시설 즉 보육원, 양로원, 미망인 복지관, 은퇴교역자 복지관에 대하여 책임을 지도록 하고 있다(2항 1).

사회사업국장(Social Services Director)의 자격(제3조 1항)으로는 사회사업대학에서 그 과정을 이수한 자로서 규정하고 있다.

그리고 Ministerial Care 사무실을 설치하여 도움이 필요한 목회자와 그 가족들의 양육과 상담을 제공하여 정서적, 영적건강의 회복을 위해(갈 6:1~2) 운영하고 있다.[40]

---

38) 뉴스 앤 죠이, 2004.12.30.

39) 3개조 12항으로 이루어져 있는데, 미국교단은 Church of God Minutes에는 제14장 DEPARTMENT OF BENEVOLENCES으로 나타나 있다.

40) 한영철 편저, 하나님의교회 교의.정치, (서울, 기독교한국하나님의교회출판국, 1996), p.53.

그렇다면 한국교회의 헌법에 교회복지관련법 제정의 중심내용을 다음과 같이 제언하며 글을 마치고자 한다.

① 교단 중심의 복지활동으로 응집력을 갖도록 하여야 한다.

이를 위해서는 교단에 보내는 상납하는 지교회의 십일조의 5%정도를 복지기금을 신설하여 상납하거나, 상납금의 일정금을 복지기금으로 지정하고 운영하도록 해야 할 것이다.

② 대형교회위주의 복지활동을 노회(지방회) 별로 집중화하도록 하여야 한다.

현재 대형교회 위주의 복지활동이 대부분으로, 이들의 사상적 근거는 예수께서 '왼손이 한 일을 오른손이 모르게 하라'는 가르침의 실천으로 수긍이 가는 점은 분명하나, 이처럼 개 교회별의 복지활동은 교회의 전도적 차원에 그 초점이 맞춰져 있음으로 인하여, 수혜를 받는 지역주민들은 부담을 안고 찾아오거나 회피를 하게 되므로, 전도활동에 지장을 받고 있는 점도 간과치 못할 사항이다.

그러므로 교회복지를 이용하는 사람들이 운영의 주체들의 헌신을 이해하며 감사히 받도록 하는 것은, 값없이 주라는 성경적 가르침을 이루는 교회복지의 순수한 정신을 이루는 방법이라고 하겠다.

③ 교단총회는 원하는 지교회 교역자들에게 복지관련 재교육을 통한 자격증을 취득하도록 하여야 한다.

이는 교단 교역자들의 사회적응 프로그램의 일환으로 복지사 자격을 취득하는 방안을 강구하되 총회산하 신학대학이나 교육기관이 협조하도록 하면 가능할 것이다.

위의 제언은 미비한 수준일 수는 있으나, 총회적 차원에서 교회복지의 실행을 강구하는 초보(初步)임에는 분명하지만, 이는 사회를 움직이고 감동시킬만한 계기와 이미지(Image)에 의지해온 한국교회에 교회복지의 지속 가능한 활동과 정착을 위해 교회법으로의 제정이 요건이라고 하겠다.

* 유장춘 교수는 "기독교시회복지운동의 방향과 전략"이란 글을 통해 기독교사회복지와 교회사회복지의 차이를 다음과 같이 밝히고 있으나,[41] 이 글에서는 구분하지 않았음을 밝힌다.

<기독교사회복지와 교회사회사업의 차이>

		기독교사회복지	교회사회사업
공통점	근거	성경적 신앙으로부터 출발한다.	
	관점	일반사회사업 프로그램 전반을 기독교적 관점에서 활용한다.	
	주체	기독교인이 주체가 된다.	
차이점	범위	거시적이다.	미시적이다.
	초점	기독교적인 신념체계를 중시한다.	교회라는 실천현장체계를 중시한다.
	조건	행위자의 신앙적 특징에 따라 결정된다.	행위자의 역할과 기능에 따라 결정된다.
	현장	사회복지체제와 전체사회를 현장으로 한다.	교회와 지역사회를 현장으로 한다.
	자원	교회를 포함, 사회복지체계 자원활용	교회의 자원을 주로 활용
	정체	기독교인이 주체 또는 보조자가 된다.	교회가 주체, 비기독교인이 보조자가 될 수 있다.
	논제	동기와 철학, 목적이 중심이슈다.	자원동원과 방법론, 조직적 체계가 중심이슈

---

41) 한국기독교사회복지협의회창립세미나 주제발표,(2002.6.10)

〈참고문헌〉

1. 단행본
김용희 저, "법학개론", 서울, 經進社, 1986.
남궁선, "교회와 정치", 서울: 도서출판 샘, 2005.
대한예수교장로회 사회선교지침, 제 69회 총회, 1984년.
박동현, "구약성서에서의 사회봉사", 「교회사회봉사총람」, 서울: 대한 예수교 장로
회 총회출판국, 1994.
서울대학교법학연구소 편저, "법학통론", 서울: 서울대학교출판부, 1986.
유동춘, 기독교시회복지운동의 방향과 전략, 한국기독교사회복지협의회창립세미
나 주제발표, (2002. 6. 10)
장인협, "사회복지학 개론", 서울: 서울대학교 출판부, 1997.
프레드 와이트(Fred H. Wight) 저, 김정훈 역, "성지 이스라엘의 관습과 예의",
서울: 보이스사, 1994.
한영철 편저, 하나님의교회 교의.정치, 서울: 기독교한국하나님의교회출판국,
1996.
형법, 小法典, 서울: 현암사, 2004.
Minutes, Church of God General Assembly, Cleveland: Pathway Press,
2002.

2. 언론
기독교신문, 2000. 3. 19.
뉴스 앤 죠이, 2004. 12. 30.
인천일보, 2005. 3. 8.

3. 대법원판례
대법원 1999. 6. 8. 선고 99도1543 판결
대법원 1972. 11. 14. 선고 72다1330 판결
대법원 1975. 12. 9. 선고 73다1994 판결
대법원 1981. 9. 22. 선고 81다276 판결

VIII. 에필로그(epilogue)

교수정년퇴임을 앞두고 지나온 『삶의 여정 가운데』 일어났던 순간들을 추억해 본다. 생각해 보면 꽤 긴 시간이 흘렀음을 깨닫는다. 이 흐름의 상황들을 한 권의 책에 다 담기에는 역부족임에 분명하다. 하지만 약 1,600년 동안 약 40명의 기록자들에 의해 완성된 신구약성경이 '구속사'로 그 맥이 일관된 사상을 갖는 것처럼, 설교나 논문은 그 원고에서 주님께 소명 받은 대로 사명을 다하는 사역자의 삶이 배어있어야 하는 것이 아닐까 하는 생각을 하게 된다.

40세 중반이 되었을 때 사랑을 주제로 설교하기가 주저되었다고 말을 한 적이 있었다. 젊었을 때에는 사랑을 원어적인 면에서, 교리적인 면에서 거리낌 없이 말을 잘 했었지만, 주님이 원하셨던 것은 사랑의 실천이었기에 자신의 부족함을 반추하곤 했었다. 그리고 50세가 넘어섰을 때는 죽음에 관한 설교를 의식적으로 피하고 있는 것을 깨달았다. 젊었을 때는 순교적 사명을 그렇게도 강조했었는데 말이다. 아마 이는 죽음이 추상적인 것이 아니라 가까이 와 있는 것을 세대였기 때문이었을 게다.

그러기에 설교는 교조적(dogmatic)이거나 각주를 달고 말하는 학문이 아니라 주님과의 사이에서 형성된 관계만큼 드러내는 것이기에 두렵고 떨림이 되는 것 같다.

이는 39세 되는 해에 학교를 떠나 YA회사에서 운영하는 '백학복지마을'에서 4년간 70세 대에서 90세에 이르는 25명~26명의 여성 어르신을 섬기며, 젊은 청년들과의 신앙생활을 지도하며 체득된 것이 아닌가 한다.

어떤 학생이 강의실에서 '설교와 강의의 차이점이 무어냐?'고 질문한 적이 있었다. 이 질문을 받고 곰곰이 생각해 보니 시작 할 때 차이가 있는 것이 생각이 난 것을 말한 적이 있었다. '강의를 준비하고 시작할 때 기도를 하는데, 강의는 이 학생들이 학문을 통해 자신의 전공을 살려 사회와 삶에서 성공하게 하소서'였고, '설교를 준비하고 시작할 때 기도는 이 설교를 듣는 자들이 주님을 바라보며 생명을 얻고 주께 소명 받은 삶을 살게 하소서'였다고. 아마도 이는 육신의 안녕과 영생을 바라보는 차이가 있었던 것이 아닌가 싶다.

퇴임기념책을 출간하자는 강청에 미약한 원고이나마 정리를 할 수 있었던 것은, 어렸을 때 박조준 목사님이 원고설교를 하셨다는 이야기를 듣고서 부터(이 원고는 1980년 중반에 어느 출판사에서 확인할 수 있었다). 꼬박꼬박 설교원고를 작성했기 때문이었다. 어린 아이에게 주어진 이야기가 목회자가 되어서도 그 영향을 끼쳤던 것이니 만큼, 오늘 날에 주님의 향기로 영향력을 주는 목회자가 그리운 때가 아닌가 하는 생각이 든다.

이 글을 쓰는 지금은 퇴임기념 및 출간기념일은 예배로 정해진 시간이다.

한영과의 인연이 신학생 때부터 교수정년까지 자그마치 47년의 세월이 흐르고 여기까지 올 수 있었던 것은 나 혼자 이룬 것이 아니라, 대자보를 붙이며 데모를 하던 학생들조차 학교와의 중개자로 믿고 따라 준 학생들, 다칠까봐 염려하며 아낌없이 협조하던 동료들과 사회 관계자들 모두가 고맙고 감사한 분들이 있었음이 주마등처럼 투영되고 있다. 이 모든 사람의 관계가 나의 「삶의 여정 속에서」 예수 그 분으로 인하여 지금의 나를 있도록 하였다고 믿기에 감사, 감사 할 뿐이다. 그리고 이 모든 감사는 주께서 주신 은총으로부터 인함이기에 하나님께 영광을 올리며, 펜을 놓는다.

2020. 8. 12.

학산의 연구실에서